湖南省一流建设学科法学（湖南师范大学）建设项目

德国刑法中
保安处分的正当根据

赵冠男◎著

湖南师范大学出版社

图书在版编目（CIP）数据

德国刑法中保安处分的正当根据／赵冠男著. --长沙：湖南师范大学出版社，2024.10. — ISBN 978 - 7 - 5648 - 5492 - 8

Ⅰ. D951. 668

中国国家版本馆 CIP 数据核字第 2024WT9548 号

德国刑法中保安处分的正当根据

Deguo Xingfa zhong Baoan Chufen de Zhengdang Genju

赵冠男　著

◇出　版　人：吴真文
◇责任编辑：彭　慧
◇责任校对：张晓芳
◇出版发行：湖南师范大学出版社
　　　　　　地址/长沙市岳麓区　邮编/410081
　　　　　　电话/0731 - 88873071　　0731 - 88873070
　　　　　　网址/https：//press. hunnu. edu. cn
◇经销：新华书店
◇印刷：湖南省美如画彩色印刷有限公司
◇开本：710 mm×1000 mm　1/16
◇印张：13. 75
◇字数：220 千字
◇版次：2024 年 10 月第 1 版
◇印次：2024 年 10 月第 1 次印刷
◇书号：ISBN 978 - 7 - 5648 - 5492 - 8
◇定价：59. 00 元

目　录

绪　论

一、研究背景与意义：后劳教时代的保安处分

劳动教养（简称劳教）制度的废止标志着中国人权保障和法治事业的重大进步。在我国，保安处分的研究一直是与劳动教养制度的改革"捆绑"在一起的，更为具体地说，对保安处分思想和理论的研究以及对域外保安处分规范与制度的考察，实际都是围绕着保安处分能否成为劳动教养的改革方向这一问题展开的。如此看来，劳动教养的彻底废除而非渐进改革，使得可期的保安处分的答案虽然仍在，但待解的劳动教养的问题已经不在了，从而很有可能出现保安处分研究"无枝可依"的尴尬局面。然而，劳动教养措施彻底废除与保安处分研究戛然而止之间并不存在绝对的单线关联，"松绑"之后的保安处分研究依然有推进和深入的可能和必要。

首先，作为预防导向的行政性处罚措施的劳动教养的废止，仅仅代表着对如何进一步对劳动教养措施进行改革这一问题画上了句点，所具有的警示意义主要在于，一者对行政性或刑事性处罚措施的设置应以人权保障为目的和限制，应讲求制度的正当目的和措施的合法性质，以期防止权力对权利的恣意侵害；二者在规则设计和制度运作上须对之施以严格的程序限制，以期防止制度异化和权力滥用。在此之外，一方面劳教废止并非同时意味着作为劳动教养主要处罚对象的、以屡教不改为典型特征的潜在犯罪人群①或者说危险个人②的犯罪预防问题得到了解决，当下热议的劳动教

① 陈忠林. 我国劳动教养制度的法律困境、价值危机与改革方向——关于制定《强制性社会预防措施法》的设想［J］. 法学家，2004（4）：121－132.

② 周光权."危险个人"的确定与劳动教养立法［J］. 法学，2001（5）：28－29.

养的"对象分流"问题恰恰说明，① 劳动教养不在了，但劳动教养所待解决的问题仍然还在。对于劳动教养的合法性质疑和正当性批判主要集中在劳动教养侵犯人权和程序违法等制度构建和规则设计的技术层面；在价值层面上，预防性处遇措施所追求的犯罪预防目的并未失却其正当性、合理性、必要性甚或紧迫性。另一方面，劳教废止亦非必然证明了我国现存的预防性行政性处罚措施全部属于侵犯人权的失当制度，因而劳教废止理应推倒类似措施接连废除的多米诺骨牌，更非必然说明了保安处分制度在我国没有存在的余地或存活的土壤，另外绝非当然意味着个别预防导向的犯罪预防和犯罪人改善措施与我国的犯罪惩治体系水火不容。

其次，劳教废止之所以可能引发对保安处分研究必要性的怀疑，一是因为对保安处分研究过于功利的立场，仅将其作为劳教改革的备选方案之一，因而对其研究难免片面；二是由于我国学界对劳动教养和保安处分的相似性所素来形成的一致认识，即保安处分制度或者保安措施在我国亦已存在，且与域外的保安处分具有可比性，因而不存在借鉴的必要。② 特别是出于劳动教养与保安监禁均以完全责任能力人为科处对象、均以行为人屡教不改为条件、均以剥夺行为人的人身自由为手段、均以预防行为人再次实施犯罪为目的，从而将二者简单地等同，相应地，在劳教废止之后讨论

---

① 要而言之，按处置对象的不同类型，主要存在将劳动教养"违警罪化"、"轻罪化"和"保安处分化"三种路径。主要参见：莫洪宪，王登辉．从劳动教养事由的类型化看制度重构 [J]．法学，2013（2）：19 - 26；王刚．我国劳动教养制度之废除与法律制裁体系之完善 [J]．政治与法律，2014（1）：78 - 87；卢建平．法国违警罪制度对我国劳教制度改革的借鉴意义 [J]．清华法学，2013（3）108 - 125；梅传强．论"后劳教时代"我国轻罪制度的建构 [J]．现代法学，2014，36（2）：30 - 41；时延安．劳动教养制度的终止与保安处分的法治化 [J]．中国法学，2013（1）：175 - 191；刘仁文．劳教制度的改革方向应为保安处分 [J]．法学，2013（2）：5 - 11；刘仁文．保安处分与中国行政拘禁制度的改革 [J]．法治研究，2014（6）：13 - 20；刘仁文．后劳教时代的法治再出发 [J]．国家检察官学院学报，2015，23（2）：146 - 154，176；刘仁文．废止劳教后的刑法结构完善 [M]．北京：社会科学文献出版社，2015．就后劳教时代的刑法改革现实观之，因我国刑法体系中并不存在成型的违警罪、轻罪以及保安处分制度，原有的劳动教养对象事实上只能以是否具有刑事可罚性为界限予以犯罪化或非犯罪化。对于这一略显单一的改革方案的批判意见，参见：袁林，姚万勤．用刑法替代劳教制度的合理性质疑 [J]．法商研究，2014，31（6）：88 - 97．

② 侯保田．我国现行法中的保安处分 [J]．法律科学，1994（4）：7．

保安处分制度的引入问题，也就只是新瓶装旧酒的老把戏。① 以保安处分，特别是保安监禁作为劳动教养的可能替代，确实既不恰当、也不现实，既不可行、也不可取，但原因并不在于二者的相似性，而是因为二者的差异性。在我国学者看来，劳动教养与保安处分之间好似只差一层行政处罚与刑事制裁之间的"窗户纸"。② 然而，保安处分的刑事制裁属性恰恰使其与劳动教养之间有了本质的区别。最为明显的是，对于所有保安措施的科处而言，"肇因行为"，即行为人已经实施了符合犯罪构成要件并因而具有刑事违法性的法益侵害行为，或者是行为人的行为已经构成了犯罪，属于对行为人判处保安处分的硬性条件，这能够最低限度地保证行为人对于社会而言是具有一定的人身危险性的，能使保安处分实际地成为犯罪行为的法律后果，是保安处分被规定在刑法当中以及保安措施属于刑事制裁措施而非行政处罚措施的决定性原因，也是法治国家的必要构建和法治原则的必然要求。在法治国家框架内，保安处分的正当性依据在于，通过着眼于具体犯罪人的人身危险性而对其科处和执行特殊预防导向的保安处分，达到预防其再次犯罪从而保护社会的目的。在其背后，实质上是社会免受犯罪侵害的整体利益与具有人身危险性之行为人的个人权益之间的博弈与权衡。而保安处分的正当性所在，就是对于更为重要的社会整体利益的保护。仅仅以表面的相似推断劳动教养与保安监禁、行政处罚与保安处分之间的同质性，失之偏颇且失于武断，有让保安处分替劳动教养"背黑锅"之嫌。

再次，虽然我国学者对域外保安处分的研究和介绍由来久矣，但鉴于将我国已有的行政性犯罪预防措施与保安处分等同并相应地命名为保安措施的认识前见，以及以保安处分作为劳教改革的可能药方的功利立场，我国学者所指的保安处分，实际上主要是针对完全责任能力人科处的、以行

---

① 对于以保安处分取代劳动教养的"换汤不换药式"改革方案的批判，参见储陈城. 劳教违法行为的归宿——基于对"保安处分说"和"二元分流说"的批判分析 [J]. 法学，2014（8）：105 - 113. 其中，反对将劳动教养保安处分化的理由主要在于，保安处分对再犯危险性的预测缺乏准确性，容易异化为新的劳动教养，因此不宜采用。不得不说，仅以行为人再犯可能性预测不够准确为由将保安处分与劳动教养简单等同并由此否定保安处分的正当根据，只能被认为是基于对保安处分的误解和偏见所得出的片面结论。

② 张桂荣. 行政性保安处分制度的构建——以改革劳动教养及相关制度为视角 [M]. 北京：群众出版社，2010.

为人多次实施越轨行为为条件的、以剥夺行为人人身自由为手段的、以预防行为人实施犯罪为目的的社会防卫措施，以《德国刑法典》中所规定的六种保安措施为参照，其所指的仅仅是《德国刑法典》第 66、66a、66b、66c 条所规定的保安监禁措施。从制度定位和规则设计上看，保安监禁与劳动教养可谓全无相似之处。而且保安监禁这一德国刑事处罚体系当中最为严厉并且极其残酷的处分措施当下再次面临异常严峻的考验。从欧洲人权法院到德国联邦宪法法院，接二连三的违法、违宪判决使得保安监禁四面楚歌。在多个被判处保安监禁者所提起的宪法诉讼的判决当中，德国联邦宪法法院更是判定保安监禁的相关条文全部违宪。可以断言，保安监禁绝对是整个保安处分制度的正当性证明当中最为薄弱的一环。正因为此，保安处分所经受的批判和质疑往往是从保安监禁开始，在不少情况下，批判者甚至把保安监禁当成了保安处分的代表或者代名词。对于《德国刑法典》中所规定的，除了保安监禁以外的其他保安措施，如剥夺自由的收容于精神病院、收容于戒除瘾癖机构和非剥夺自由的吊销驾驶执照、职业禁止、行状监督，我国学者却知之甚少或者了无兴趣。然而，恰恰是对无责任或者限制责任能力者所科处的保安处分，才构成保安处分制度的核心和典型，也具有颇多可资借鉴之处。只见树木不见森林，因保安监禁的不可行推定保安处分的不可取，值得反思。

因此，劳教废止对于保安处分研究而言，既是挑战，也是机遇。挑战性的一面在于，使社会和个人双受其害的劳动教养，使得公众认识到了预防性的犯罪制裁措施所可能具有的破坏法治和侵犯人权的邪恶力量，因而着眼于具体犯罪人再次实施犯罪的人身危险性而对其科处和执行特殊预防措施，目的指向和预防导向的保安处分的风险显然大于诱惑；而机遇性的一面在于，解开了为劳动教养改革献计献策的束缚，更为全面和深入的保安处分研究变得更为可能。

二、研究主题与内容

独立于劳动教养的改革与废止，对于保安处分制度本身的研究主要集中在两个方面：一是对域外现存的保安处分制度的介绍和考察；二是对域外制度的可能的借鉴意义，或者说保安处分与中国刑法关系的梳理和研究。

二者之间，域外制度介绍应为中国刑法改革的前提和基础。考虑到在域外制度的合理构建与中国刑法的深化改革之间并不存在必然联系，换言之，域外现存的保安处分制度即便再为先进，也不能推导出增设保安处分是中国刑法应然的改革方向的结论，因此，域外制度只能成为中国保安处分制度建构的可能的参考或参照。知其然且知其所以然，中国刑法是否需要增设保安处分，无疑应以对保安处分之正当根据和合理基础的考察为依据，亦即，借鉴域外的保安处分制度，首先应当弄清保安处分是不是一项正当、必要、合理和可能的制度。因此可以说，保安处分的正当根据既是中国刑法中保安处分改革的前提所依，也是对域外保安处分制度介绍和研究的重点所在，是域外与中国保安处分制度研究的联结纽带和关键节点。

保安处分要求戴着有色眼镜去考察犯罪人群，从其产生至今却一直被批判者们戴着有色眼镜对待。就保安处分在我国相关研究中的总体印象而言，对保安处分的评价有着天壤之别，一方面其被褒扬为与缓刑和假释并列的现代刑罚理性化道路上的"三驾马车"，[①] 被视为刑法人道化、科学化和现代化的标志，[②] 另一方面又被贬斥为法西斯暴政的残留，是对犯罪人的刑外加刑，出了一个监门又进一个监门；一方面被憧憬为文明国家的未来制度，另一方面又被斥责为警察国家的过时残留。对于保安处分认识和评价上的分裂和对峙，表明对这一制度的研究和定位仍然存在问题。

不容忽视的是，在世界范围内，以刑罚和保安处分作为刑事制裁体系的双轨制构造，仍然是一个有力的事实存在，保安处分制度未见式微亦未陷危机。[③] 另外，对于精神病人之类的无归责能力的犯罪人，几乎所有国家的法律都会对之规定相应的处置措施，而不会对之听之任之；在罪责报应的刑罚之外，对犯罪的有效预防也是刑事制裁措施所需要重点追求的目标和考虑的对象。因此，在罪责之外，在刑罚之外，不论如何对之命名，不论将之如何定位，多数国家的刑事制裁体系都不大可能是完全单线式的。

保安处分作为刑罚之外刑事制裁体系的重要组成，在德国、奥地利、

① 甘雨沛. 比较刑法学大全（下册）[M]. 北京：北京大学出版社，1997：1150.
② 苗有水. 保安处分与中国刑法发展 [M]. 北京：中国方正出版社，2001：1.
③ Meier, Bernd-Dieter, Strafrechtliche Sanktionen, Berlin 4. Auflage 2015, S. 221.

瑞士等德语国家体现得最为典型，德国刑法中保安处分的理论与实践素来是学者关注和研究的重点所在，对于德国相关制度的考察，无疑能够帮助我们更为全面和深入地认识保安处分。取其精华而剔除糟粕导向的法律借鉴当然需要以对域外制度知根知底的研究为前提，即便是亦步亦趋的法律移植，所需学习的也不仅仅是几个条文、几部法律、几个部分或者几处机构，而需要在制度现实的表面背后去发现制度发展的来龙去脉和制度运作的根本机理。申言之，批判式的法律移植和借鉴，需要以对保安处分的基础性问题的研究为前提，其中，保安处分的正当性根据就是最不可回避也最为基础根本的论题（之一）。而且，条文规范和制度机构虽不可生搬硬套，但思想论争和理论探讨却是能够相互切磋的，因此，更趋思想性和理论性的保安处分的正当性根据也应当是适于比较研究的。

19、20 世纪之交的刑事古典和现代学派之间的学派之争最终落实为刑事制裁体系中刑罚与保安处分的双轨制结构；1933 年生效的"惯犯法"正式在《德国刑法典》当中增设了保安处分制度。就德国刑法中保安处分的理论和实践来看，制度困境与实践难题实则并不鲜见，观念革新和制度改革依然正在进行。可是，保安处分制度的必要性和正当性未曾成为一个真正的问题，也就是说，深信保安处分是一项正当的、必要的制度，是传统的刑罚措施的不可或缺的补充或替代，是理论和实务各界的一致共识。相应地，对于保安处分的正当根据，德国通说的表述大致为：在法治国家框架内，通过着眼于具体犯罪人的人身危险性而对其科处和执行特殊预防导向的保安措施，达到预防其再次犯罪和保护社会的目的。这实际上是社会免遭犯罪侵害的整体利益与具有人身危险性的社会个体的个人权益之间的博弈与权衡，而保安处分的正当根据，就在于对更为重要的社会整体的安全利益的保护。

然而，对于德国刑法的"局外人"而言，这一德国学者习以为常的表述略显抽象和晦涩，原因在于：第一，保安处分的正当基础的这一标准答案并非一日之功，而是观念进化、理论进步和制度演进的产物，唯有清楚其"从何处来"，才能明白其"向何处去"；第二，保安处分的正当根据——保护更为重要的社会安全利益，既有其内在机理和逻辑脉络，亦有其规范落实和制度体现，不清楚其由来与体现，也难谓弄懂了正当根据本身。相应地，一者考察保安处分思想的产生和发展的历史过程是必要的；二者对保安处分正当根据的具体内容进行阐述是必须的。可以说，保安处分的正当基础及其具体内容对于德国学者而言并不陌生，但从学理论争和法理论证两个方面，对保安处分正当与否这一问题进行系统而全面的考察，实则是因应中国刑法的改革之需，对德国刑法中保安处分的理论与实践的相关部分的再次组合，目的就在于对保安处分的正当根据的全方位、多角度展现。这种处理方式可能带有一定的风险，因为对德国刑法教义学现有框架的突破容易导致理论构建的异化，可是，对德国刑法中保安处分的研究并非意在对其亦步亦趋地模仿，而是超越式考察和创造性利用，只要并未任意地裁剪甚至有意地曲解德国保安处分制度，以明确的问题意识为指导，对德国保安处分进行研究和考察，不仅是可能的，而且是必要的。

此外，本书无意也无力对中国刑法中引入保安处分的现实可能和制度条件进行规划和论述，一则是因为，对于保安处分是否属于中国刑法的改革方向这一问题，需要综合中国当下的社会现实、制度背景、司法实践和理论现状进行分析。其中，理论上的证阐和拔高当然是其中至为关键的一环，与之相较，司法实践当中是否存在建构保安处分制度的实证支撑和制度基础，是更为重要的问题。二则是鉴于，在理论上廓清保安处分的正当根据，实则是域外保安处分对于中国刑法的最可借鉴也是最应研究之处，"四海之内皆同此理"，理论的说服力虽然取决于并落实为制度的执行力，但并非完全取决于此，换言之，在中国刑法中，保安处分实际上能否获得认可是一个问题，保安处分制度正当与否是另外一个问题。因此，对德国刑法中保安处分的正当根据的考察，最终（可能）能够说明，（至少在德国法律和刑法体系当中，）保安处分是一项必要的、正当的制度。而这一考察及其结论至少（间接地）将中国刑法改革和保安处分引入推进了一步，亦即，保安处分能够成为中国刑法改革的可能选项。至于中国刑法最终是否真正接纳保安处分，以及中国刑法中的保安处分实际应当如何构建，则属立法政策和社会政策上的通盘考量和权衡。

三、国内外研究现状

（一）国内文献综述

我国学者对保安处分的研究主要是与劳动教养的改革之需联系在一起

的。赵秉志的《刑法学总论研究述评：1978—2008》（北京师范大学出版社
2009 年版）第二十五章梳理了我国学者对保安处分所进行的研究的大体脉
络，其中至关重要的一维就是保安处分对于我国刑法的借鉴意义，这一问
题的背后实际上是劳动教养等预防性行政措施的改革问题。董振宇的《中
国保安措施要论》（吉林大学法学院 2006 年博士论文）对我国现行法中所
存在的犯罪预防导向的行政措施进行了历时性、体系性的梳理。在陈兴良
的《劳动教养制度与中国法制建设问题研讨（一）——劳动教养之权力归
属分析》、杨建顺的《劳动教养制度与中国法制建设问题研讨（二）——劳
动教养法律规范的缺陷与辨析》中，在《中外法学》2001 年第 6 期所刊载
的"中国劳动教养立法研讨会"的会议文章以及储槐植、陈兴良、张邵彦
主编的《理性与秩序——中国劳动教养制度研究》（法律出版社 2002 年版）
论文集中，在赵秉志、杨诚主编的《中国劳动教养制度的检讨与改革》（中
国人民公安大学出版社 2008 年版）一书中，保安处分对于劳动教养改革的
可借鉴性得到普遍认可。戴玉忠、刘明祥的《犯罪与行政违法行为的界限
及惩罚机制的协调》（北京大学出版社 2008 年版）主要涉及行政性保安措
施的合法性问题。姜爱东的《违法行为教育矫治法立法研究》（群众出版社
2010 年版）和张桂荣的《行政性保安处分制度的构建——以改革劳动教养
及相关制度为视角》（群众出版社 2010 年版）则是对保安处分制度的中国
化改造，即认可保安措施的行政处罚属性。

在劳教废止之后，时延安的《劳动教养制度的终止与保安处分的法治
化》（《中国法学》2013 年第 1 期）、刘仁文的《劳教制度的改革方向应为
保安处分》（《法学》2013 年第 2 期）、刘仁文的《保安处分与中国行政拘
禁制度的改革》（《法治研究》2014 年第 6 期）、刘仁文的《后劳教时代的
法治再出发》（《国家检察官学院学报》2015 年第 2 期）以及刘仁文的《废
止劳教后的刑法结构完善》（社会科学文献出版社 2015 年版）倡导以此为
契机建立具有中国特色的刑法化、司法化和法治化的保安处分制度。

因为我国刑法中保安处分规定的欠缺，我国学者对保安处分制度的专
门研究大多止于对域外制度的介绍，保安处分一章成为多数外国或比较刑
法学的必要章节，如甘雨沛、何鹏的《外国刑法学》（北京大学出版社 1985
年版），赵秉志的《外国刑法原理（大陆法系）》（中国人民大学出版社

2000 年版)，张明楷的《外国刑法纲要》（清华大学出版社 2007 年版），马克昌的《比较刑法原理：外国刑法学总论》（武汉大学出版社 2012 年版），保安处分之制度概述、发展历史、理论体系、适用对象、措施种类、实体规定、适用要件、科处执行等，构成对保安处分介绍的大体结构。马克昌的《近代西方刑法学说史》（中国人民公安大学出版社 2008 年版）对刑法理论尤其是新派学者观点中与保安处分相关的部分进行了简要的梳理。

苗有水的《保安处分与中国刑法发展》（中国方正出版社 2001 年版）和徐久生的《保安处分新论》（中国方正出版社 2006 年版）是对保安处分制度进行专门研究的著作。结构安排基本上沿用了前述外国刑法学或比较刑法学教科书所采用的体例安排，所考察的范围也主要集中在德国、瑞士、奥地利等具有代表性的采用"双轨制"模式的国家。对于保安处分的正当性基础，并未有专门、详尽和深入的论述。其中，《保安处分与中国刑法发展》从保安处分产生的时代根源——经济根源、社会根源、新派教育刑论的肥沃土壤以及保安处分的思想基础——作为哲学基础的实证主义、作为法哲学基础的社会法学派的思想和作为保安处分的刑事基础理论的社会防卫论和新社会防卫论两个方面对保安处分的时代和思想根基进行了探讨。新派教育刑论、实证主义、社会法学派、社会防卫论和新社会防卫论等部分涉及了保安处分的正当根据这一论题，但思想梳理不成体系且观点介绍多有谬误。

翟中东的《刑法中的人格问题研究》（中国法制出版社 2003 年版）、陈伟的《人身危险性研究》（法律出版社 2010 年版）、文姬的《人身危险性评估方法研究》（中国政法大学出版社 2014 年版）及吕新建的《危险个人的法律控制研究》（苏州大学法学院 2013 年博士论文）所探讨的犯罪人的危险人格、犯罪人的人身危险性评估及犯罪人的再犯可能性预测等概念，属于保安处分科处和执行的核心概念，从犯罪预防的角度而言，对于刑罚与保安处分而言同样重要。刘夏的《德国保安处分制度中的适当性原则及其启示》一文（《法商研究》2014 年第 2 期）对适当性原则在保安处分法上的适用作了简明的介绍。

（二）国外文献综述

《德国刑法典》第 61—72 条规定了作为犯罪的法律后果的改善和保安

措施，以法律规定为依托、以法院判例和学说理论为资源，法律评注（Kommentar）能够为保安处分的了解和研究提供详尽而系统的阐述。较有代表性的有：结构严谨、内容全面的莱比锡刑法典评注（Leipziger Kommentar StGB），观点新颖、体系清晰的慕尼黑刑法典评注（Münchener Kommentar zum StGB），观点翔实、立场传统的 SS 刑法典评注（Schönke/Schröder Kommentar zum StGB），内容丰富、观点先锋的 NOMOS 刑法典评注（Nomos Kommentar zum StGB），结构简练、语言平实的体系刑法典评注（Systematischer Kommentar zum StGB）以及由最高法院 Thomas Fischer 法官编写的贝克简明刑法典评注（Beckscher Kurz-Kommentar zum StGB）。在刑法典评注当中，既可以读到刑法典条文的详细阐释，也可以找到法院重要判例的基本观点，更可以见到代表性学说的观点交锋，能够对保安处分的历史与现状、理论与实践、实然与应然、实体与程序形成全面而直观的认识。

在刑法教科书当中，Welzel（Das deutsche Strafrecht，Berlin 11. Auflage 1969）、Jakobs（Strafrecht，Allgemeiner Teil. Die Grundlagen und die Zurechnungslehre，1993）、Jescheck（Strafrecht，Allgemeiner Teil，5. Auflage 1996）和 Roxin（Strafrecht，Allgemeiner Teil，Band 1，4. Auflage 2006）所著的教科书对保安处分的论述较为详尽。Meier 的《刑事制裁（Strafrechtliche Sanktionen）》和 Streng 的《刑事制裁——刑罚裁量及其基础（Strafrechtliche Sanktionen. Die Strafzumessung und ihre Grundlagen）》是具有代表性的与刑事制裁相关的教科书，相关部分对保安处分进行了细致论述。根据其中的通说观点，保安处分的正当性依据就在于对更为重要的社会安全利益的保护。

李斯特《刑法中的目的观念》一文是学派之争的导火索，其中提出的目的刑罚观念及具体展开为保安处分制度的构建提供了制度框架和规范设计。李斯特的观点主要见于其两卷《刑法论著和演讲》（Strafrechtliche Aufsätze und Vorträge，Band 1（1875—1891）；Strafrechtliche Aufsätze und Vorträge，Band 2（1892—1904），Berlin 1905）。Binding 主要在《德国刑法概况（Grundriss des Deutschen Strafrechts）》（Leipzig 7. Auflage 1913）中质疑和反拨了李斯特的新派观点。Exner 的《保安措施理论（Die Theorie der Sicherungsmittel）》（Berlin 1914）一书对李斯特的保安处分思想进行了有力的论证和推进。Vormbaum 的《现代刑法史导论（Einführung in die moderne

Strafrechtsgeschichte）》（Berlin，Heidelberg 2. Auflage 2011） 能够为了解学派之争的背景和内容提供参考。Schmidt 在《德国刑事司法史导论（Einführung in die Geschichte der Deutschen Strafrechtspflege）》（Göttingen 3. Auflage 1965）中对学派之争进行了观点和立场上的梳理。Stäcker 的《李斯特学派及其对德国刑法发展的影响（Die Franz von Liszt-Schule und ihre Auswirkungen auf die deutsche Strafrechtsentwicklung）》（Baden-Baden 2012），使读者能够对李斯特的刑法思想及其后续影响形成全景式的、历史性的认识，也能够发现李斯特思想对于保安处分制度形成和发展的决定性影响。Frisch 所撰《马堡规划与保安处分（Das Marburger Programm und die Maßregeln der Besserung und Sicherung）》（ZStW 1982） 一文对马堡规划、李斯特思想、新派观点与保安处分之间的关系进行了细致的梳理。

Stooss 的《瑞士刑法典预备草案：总论（Vorentwurf zu einem Schweizerischen Strafgesetzbuch. Allgemeiner Teil）》（Basel 1893） 和《瑞士刑法典预备草案之动议：总论（Motive zu dem Vorentwurf eines Schweizerischen Strafgesetzbuch）》（Basel 1893），使读者能够对 Stooss 的保安处分思想和双轨制构想形成全面的认识。Kaenel 的《卡尔·斯托斯和刑法后果的双轨制（Carl Stooss und das zweispurige System der Strafrechtsfolgen）》 （schwZStrR 1984） 对 Stooss 与双轨制之间的关系进行了梳理。

Nowakowski 的《论预防性措施的法治国家性（ZurRechtsstaatlichkeit der vorbeugenden Maßnahmen）》（FS von Weber，Bonn 1963） 系统论证了法治国家的基础对于保安处分制度构建的意义，开启了对保安处分正当性的规范性证成。Stree 的《犯罪后果与基本法——论刑罚及其他刑法措施的合宪性（Deliktsfolgen und Grundgesetz. Zur Verfassungsmäßigkeit der Strafen und sonstigen strafrechtlichen Maßnahmen）》 （Tübingen 1960） 以法治原则为标准对整体的刑事制裁体系的合宪性进行了考察。Bae 的《刑法典中的保安处分法上的比例原则（Der Grundsatz der Verhältnismäßigkeit im Maßregelrecht des StGB）》（Frankfurt a. M. 1985） 阐述了作为保安处分之正当根据与限制的比例原则。其后，Frisch 的《刑事法律后果体系中的改善与保安措施（Die Maßregeln der Besserung und Sicherung im strafrechtlichen Rechtsfolgensystem）》（ZStW 1990） 则尝试性地实际运用了法治国家原则和比例原则对保安处分

的正当性进行论证。对于人身危险性评估或曰再犯可能性预测，在实证研究和经验方法不断进步的前提下，Frisch 的《刑法中的预测决定——论经验知识的规范功用及未知情况下的决定（Frisch, Wolfgang, Prognoseentscheidungen im Strafrecht. Zur normAllgemeiner Teiliven Relevanz empirischen Wissens und zur Entscheidung bei Nichtwissen）》（Heidelberg 1983）重点探讨了经验知识的规范性，试图构建规划化的人身危险性预测标准。在此方向上进一步的推进是 Dessecker 的《危险性和适当性——对保安处分法的研究（Gefährlichkeit und Verhältnismäßigkeit. Eine Untersuchung zum Maßregelrecht）》（Berlin 2004），以对行为人的人身危险性为基础，以比例原则为限制，Dessecker 试图为所有的保安措施寻找到一个统一的正当性基础。Kaspar 的《预防刑法中的比例原则与基本权利保护（Verhältnismäßigkeit und Grundrechtsschutz im Präventionsstrafrecht）》（Baden-Baden 2014）将比例原则和基本权利保护作为预防性刑法的限制和界限，不论是刑罚还是保安处分，对于犯罪的预防应当以基本权利的保护为目的和限制，以比例原则为根据和界限。

对于保安监禁，Kinzig 在《有待检验的保安监禁——对一项措施现状的理论与实证检验（Die Sicherungsverwahrung auf dem Prüfstand. Ergebnisse einer theoretischen und empirischen Bestandsaufnahme des Zustandes einer Maßregel）》（Freiburg i. Br. 1996）中以实证数据为基础，质疑了保安监禁的必要性和实用性。Laubenthal 的《保安监禁的复兴（Die Renaissance der Sicherungsverwahrung）》（ZStW 2004）梳理了 1998 年改革以来引致的保安监禁的扩张适用。Mushoff 的《刑罚—保安处分—保安监禁：对罪责与预防关系的批判考察（Strafe-Maßregel-Sicherungsverwahrung. Eine kritische Untersuchung über das Verhältnis von Schuld und Prävention）》（Frankfurt a. M. 2008）从罪责与预防的关系的角度，按刑罚到保安处分到保安监禁的脉络，重点厘定刑罚与保安处分之间的界限，并对保安监禁的扩张适用提出批判。Bender 的《事后适用的保安监禁（Die nachträgliche Sicherungsverwahrung）》（Frankfurt a. M. 2007）梳理了备受争议的事后性保安监禁的现状与问题。Bartsch 的《保安监禁：法律，执行，现存问题（Sicherungsverwahrung. Recht, Vollzug, aktuelle Probleme）》（Baden-Baden 2010）对保安监禁前段改

革的进程和效果进行了论述。对于欧洲人权法院和德国联邦宪法法院的违约和违宪判决以及随后的保安监禁改革的研究成果主要有：Streng 的《联邦宪法法院判决之后的保安监禁未来（Die Zukunft der Sicherungsverwahrung nach der Entscheidung des Bundesverfassungsgerichts）》（JZ 2011），Kinzig 的《保安监禁法新规（Die Neuordnung des Rechts der Sicherungsverwahrung）》（NJW 2011），Schöch 的《联邦宪法法院对保安监禁之判决（Das Urteil des Bundesverfassungsgerichts zur Sicherungsverwahrung）》（GA 2012）以及 Höffler 和 Kaspar 的《为什么界分要求解决不了保安监禁的问题——兼及刑事双轨制裁体系的窘境（Warum das Abstandsgebot die Probleme der Sicherungsverwahrung nicht lösen kann. Zugleich ein Beitrag zu den Aporien der Zweispurigkeit des strafrechtlichen Sanktionssystems）》（ZStW 2012）。

四、研究方法与思路

循保安处分的发展脉络，本书主要从学理思辨与法理争辩两个向度对保安处分的正当性基础进行发掘，研究的对象集中在《德国刑法典》中所规定的保安措施的历史和现实以及理论和实践之上。主要运用的是法律阐释、文献梳理、概念厘清、理论论证等基本的文本研究方法。

研究主体共分五个部分："保安处分的思想形成"探讨在保安处分思想提出和展开的过程中与其正当性相关的理论论争；作为其结果，"保安处分的制度成型"主要探讨"双轨制"的首次提出和保安处分的正式入刑；以之为前提，"保安处分与法治国家"讨论法治国家框架内保安处分正当性的制度基础及其具体表征；立基于此，"保安处分与比例原则"主要探析保安处分如何依据比例原则获得和维持其正当性；从理论关照实践，"保安处分的危机与应对"立足于保安处分的实践，着眼于双轨制或曰保安处分的危机，对保安处分的正当性予以进一步的检视。

第一章　保安处分的思想形成

保安处分，不论是思想形成还是制度成型，在很大程度上都是 19 与 20 世纪之交的那场著名论战的产物，论战双方的代表人物分别是刑法古典学派的坚守者宾丁（Karl Binding，1841—1920）和刑法现代学派的发起人李斯特（Franz von Liszt，1851—1919）。李斯特于 1882 年在马堡大学发表的题为"刑法中的目的观念（Der Zweckgedanke im Strafrecht）"① 的就职演讲以及之后孜孜不倦的组织、出版和演讲活动，② 使得"李斯特学派"得以成长壮大，也将新旧两派的学派之争推向深入。虽然从结果上看，学派之争最终体现为德国刑事制裁体系之"双轨制（Zweispurigkeit）"格局的形成，但在传统的刑罚措施之外增加与之并列的保安处分措施，并非新派学者的原初主张，而是新旧两派论争、对抗、妥协和折衷的产物。因此，对于了解保安处分之思想内涵而言，旧派学者的抗辩与新派学者的主张同样重要。其中，李氏《刑法中的目的观念》一文确立了刑法现代学派的思想内核，是新派学者的"宣战书"，也是新旧两派论争的"风暴眼"。因此，对学派之争的考察以之为中心展开。

---

① 该文最先发表于李斯特所主编的《整体刑事法杂志》，Liszt, Franz von: Der Zweckgedanke im Strafrecht, Zeitschrift für die gesamte Strafrechtswissenschaft, 3 (1883), S. 1 - 47；并于之后收入李氏的《刑法论文和演讲录》，Liszt, Franz von: Strafrechtliche Aufsätze und Vorträge, Band 1 (1875—1891), Berlin 1905, S. 126 - 179；在本文发表 100 周年之际，以《从复仇到目的刑罚》为题再版，Liszt, Franz von: Von der Rache zur Zweckstrafe: 100 Jahre "Marburger Programm" von Franz von Liszt (1882), neu hrsg. von Heribert Ostendorf, Frankfurt a. M. 1982；2002 年出版的版本添加了科勒教授（Michael Köhler）的引言，Franz v. Liszt: Der Zweckgedanke im Strafrecht (1882/83), mit Einführung vom Michael Köhler, Berlin 2002. 若无特别标注，本文引用的均为《刑法论文和演讲录》中收录的论文。

② 比如创办《整体刑事法杂志（Zeitschrift für die gesamte Strafrechtswissenschaft）》，组建"国际刑事法协会（Internationale Kriminalistische Vereinigung）"以及组织"刑事法研讨会（Kriminalistisches Seminar）"。

第一节　学派之争的时代背景

　　刑法制度的演进以及相应的刑法知识的推进都并非凭空发生，对于学派之争，也就不能完全剥离和孤立地进行考察和评价。对于跨地区、国家甚或法域的比较刑法考察，对于跨时代、时期甚或世纪的刑法史学考古，以及对于同时跨越时间和空间的域外刑法（思想）史研究，"语境论"的立场和视角则更显必要，同时当然也更为困难。因此，在正式进入双方论战的场域之前，有必要对论战发生的社会和知识背景进行简要的描述和铺陈。

一、德国社会的转型

　　在大多数以工业革命为起点的先行发展的工业国家，19 世纪后半段的社会环境一片纷繁：工业繁荣、人口爆炸、城市扩张……社会的发展呈现两极相反的面向：一方面，现代化带来了物质世界的飞速扩张，轻易解决了人类千百年来一直面临的生存危机，这是人对自然宣战的一次伟大的胜利。但另一方面，繁荣的背后往往蕴藏着危机，对于第一期现代化过程中出现的诸多社会问题，原有的社会治理手段捉襟见肘，治理危机愈发凸显。在德国，1873 年爆发的金融危机导致雏形初具的银行和证券机构纷纷破产，引发了一直持续到十九世纪结束的经济萧条。① 仅仅依靠市场这只看不见的手显然难以解决上述问题，政府的角色逐渐由自由主义的守夜人过渡为调控主义的干预者。在立法层面，国家角色的蜕变最为直接地体现在经济和民事立法当中对放任主义的背弃；更为值得注意的是，在社会立法领域，对于无产工人这一不稳定群体，采取恩威并施的处置方法，一方面以面包黄油为其提供社会援助，另一方面以鞭子大棒对之进行教育驯化。"社会问题"的解决由最初的宗教式的或社会性的慈善义举变成了由国家强力实施

---

　　① Rosenberg, Hans, Wirtschaftskonjunktur, Gesellschaft und Politik in Mitteleuropa 1873—1896, in: Hans-Ulrich Wehler（Hrsg. ）, Moderne deutsche Sozialgeschichte, Köln, Berlin 3. Auflage 1970, S. 225 ff.

的规训事业。① 可以说，处于从传统的农业社会向现代的工业社会转变的"转型期"，这是世纪之交的德国社会所面临的最大现实，相应地，为有效解决这一时期所出现的特殊问题，政府角色和国家形象的强硬转型也就具有了天然的正当性。

与刑法改革之需直接相关的是社会治安形势的恶化。按照学者的主观观感和形象描述，"我们生活在一个疾病缠身的时代，处于一个紧急例外的时期，犯罪之风骤然恶化并迅猛扩散，但愿这会是一个将迅速消逝的时代症状。"② 李斯特所给出的犯罪统计数据为之提供了更为客观和直观的说明：在普鲁士，1880—1881 年间，76.47% 的犯罪人属于再犯；这一比率在全部被监禁者当中为 64.03%；两者结合，再犯率大概为 70%。在全部的 7033名再犯者当中，82% 是属于两次或者更多次犯罪；其中 27% 是六次或者更多次犯罪；在全部被监禁的 21327 名再犯者当中，66% 是属于两次或者更多次犯罪；其中 22% 是六次或者更多次犯罪。这两组数据的平均数大概为74% 和 24.5%。③ 从中可以看出，首先是李斯特所重点关注的再犯或惯犯的形势极其严峻，十者有七的再犯率不可谓不高；此外，考虑到当时的人口数量，犯罪的基数和犯罪人的总量当然并不算低。社会治安形势的恶化和犯罪形势的严峻应是不争的事实。另外，再犯率畸高同时也说明了另外一个问题：对于愈加频发的犯罪的惩治，彼时的德国刑事司法体系显然缺乏切实有效的手段和办法。

二、思想范式的变迁

经济基础和上层建筑之间交互影响，社会变迁与思想演变相伴相生，故而每个时代都会有其特有的精神。作为最为伟大的思想和社会运动，发生于 17、18 世纪的启蒙运动带领人们走出了中世纪的黑暗岁月。作为启蒙

---

① Vormbaum, Thomas, Einführung in die moderne Strafrechtsgeschichte, Berlin, Heidelberg 2. Auflage 2011, S. 120.

② Aschaffenburg, Gustav, Das Verbrechen und Seine Bekämpfung, Heidelberg 3. Auflage 1921, S. 239.

③ Liszt, Franz von, Strafrechtliche Aufsätze und Vorträge, Band 1（1875—1891）, Berlin 1905, S. 168.

思想的内核，"人的理性为万物立法"的理性主义迅猛兴起，从思想潮流到社会运动甚至是暴力革命，最终凡人取代诸神而成为主体，政府取代教会来进行治理。到 19 世纪后半期，理性主义业已深入人心，人的理性的天然正当和绝对正确，已经内化为常识性的思维模式。

然而，思想的生命力与魅惑力均在于其"变动不居"。第一次工业革命所带来的生产力的跨越式发展，使得人类真正见识到了科学的巨大力量，"赛先生"以其魅力和魔力征服了、惊呆了本来对之将信将疑的普罗大众。继"自然神""宗教神"相继被赶下神坛之后，"科学神"的祭起渐渐动摇了"理性神"的绝对统治地位。"只有科学才是真正的科学"，这种看似是简单的语义重复的表述恰恰说明了科学在人们心目中的崇高地位。笼统地称之为科学可能还略显宽泛了一些，科学在此其实主要指的是自然科学，数学、物理更是科学中的佼佼者，以数学为基底的哲学转向的发生亦可追溯于此。到了 19 世纪后半期，科学主义特别是相信科学的朴素观念已经深得人心，实践导向的经验主义发展迅猛，有力地冲击着理性主义者所建筑的形而上学的坚固堡垒。

其中最具代表性和影响力的思想当属达尔文的进化论。虽然原初版本的进化论意在发现和探索自然意义上的人类"从何处来"的问题，因此与社会治理并无直接的关联，但进化论中"优胜劣汰"的铁律的象征意义是巨大的，作为其变体，"社会进化论"或者说"社会达尔文主义"旋即成为社会发展和历史演进的有力解释工具。马克思所提出的"螺旋式上升、波浪式前进"的唯物史观，可以看作是一个历史版本的进化论。于是，恩格斯将下面这段话写在了马克思的墓碑上：如同达尔文发现了有机自然的进化规律一样，马克思发觉了人类历史的发展规律：一个直至今日隐藏在意识形态化的过度繁荣之下的简单事实，即人类在能够开展政治、科学、艺术、宗教及其他活动之前，首先必须吃饭、睡觉、居住和穿衣。[①] 始于启蒙运动的理性精神，马克斯·韦伯意义上的"世界的祛魅"借势于势不可当的科学主义得以进一步推进。借助于科学的力量，所有的未解之谜终将获得确定的答案，此为现代人类的坚定信仰。

---

① Marx, Karl/Engels, Friedrich, Werke, Band 19, Berlin（DDR）9. Auflage 1989, S. 335.

与之相应，知识获取和科学研究的核心途径，亦由理性思辨与逻辑推演转向了科学发现与实证考察，实证主义逐渐成为主流的研究方法。作为实证主义的代表人物，孔德（Auguste Comte，1798—1857）将人类思维的历史划分为了三个阶段：先是神学、宗教的幼年阶段，再是形而上学式的青年阶段，最后是实证主义的成年阶段。在实证主义的高级阶段，人们"把力量放在从此迅速发展起来的真实观察领域，这是真正能被接受而且切合实际需要的各门学识的唯一可能的基础"①。

具体到法学研究领域，"法实证主义（Rechtspositivismus）"作为基本的研究方法得以确立，② 其基本立场在于对借由理性推衍所获取的自然法或理性法想象的拒斥，而将其研究对象限制在对法内法外之真实存在的实证分析。法实证主义又可分为狭义和广义两类研究流派，狭义的法实证主义所指的是"法律实证主义（Gesetzespositivismus）"，其研究对象仅限于国家所颁布的现行有效的"实证法"；广义或者说一般的法实证主义则通过借助自然科学、心理科学、社会科学等各个领域的方法和路径，切实了解法律的实际运行。可以说，前者是对书面上的法律的静态分析，而后者是对行动中的法律的动态考察。当然，法实证主义并非将正义、公平等法律价值视若无物，不过是将其置于实证考察和分析的对象之外，作为对结论和结果的一种软性约束，公平正义当然值得追求，但并非总能实现；逻辑分析和理性推衍之类的思维方法在法实证主义的领地也并非全无用武之地，对于实证法律体系的分析以及实证研究结论的归纳，逻辑和理性确实不可或缺，理性思维能够穿针引线，甚至画龙点睛，但不能喧宾夺主，甚或无中生有，也就是说，研究的对象、方法和结论都必须是来自和面向实证的。与时代精神紧密相连，19 世纪末盛行的法实证主义并非仅限于将研究的目光紧紧锁定在实定法之上，而是尝试引入其他学科的科学方法，将法学从概念丛林和体系束缚中解放出来，使法学真正地蜕变为法律研究之科学，而其路径和方法无疑应为实证主义。升级版本的名副其实的实证主义法学"源自

---

① ［法］奥古斯特·孔德. 论实证精神［M］. 黄建华，译. 南京：译林出版社，2014：9.

② Vormbaum, Thomas, Einführung in die moderne Strafrechtsgeschichte, Berlin, Heidelberg 2. Auflage 2011, S. 121.

深植心底的、战士般的笃信，……比初始形态的法律实证主义更加充满理论自信"①。

与学派之争相结合，李斯特的授业恩师②耶林（Rudolf von Jhering，1818—1892）所著之《法之目的（Der Zweck im Recht）》③一书直接催生了李氏的《刑法中的目的观念》一文，其中不乏对耶林笔下关于"目的观念"以及"目的与法"之经典论述的大段引用。可以说，是耶林找回了法学思考中失落的目的观念，而李斯特继而将之在刑法当中发扬光大，并将其作为整体刑法体系的基石。而令耶林声名远播的《为权利而斗争（Kampf ums Recht）》④一文显然是对达尔文式的"为生存而斗争（Kampf ums Dasein）"的有意模仿。所有的改革者都必定是立于时代的风口浪尖的"弄潮儿"，能够敏锐地捕捉到时代气息的变幻。不管是耶林还是李斯特，对（社会）达尔文主义、科学精神和实证方法皆持欢迎的开放态度，上述立场和方法也屡屡以正面论据的形式出现在李氏的论著和演讲当中。虽然标签化的处理也许会显得过于绝对，但是将李斯特称为刑法科学主义者或刑法实证主义者并不为过。最为典型的表征就在于，相对于理性思辨，李斯特更相信科学研究和实证数据，这构成了刑事古典与现代学派的最大的分野，也是李斯特学派能够被称为刑法现代学派的最为重要的原因。李氏将相对更为保守和传统的刑事法学开放给了科学调查和实证研究，更为具体地说，是将科学主义对自然世界、人类自身和社会环境的实证考察引入了刑事法学领域，开始了对活生生的"犯罪人"的关注和研究，而非仅限于对冷冰冰的犯罪行为及作为评判标准的刑法规范的客观分析。

综上，农业社会向工业社会的转型以及理性主义向科学主义的过渡构

---

① Amelung, Knut, Rechtsgüterschutz und Schutz der Gesellschaft. Untersuchungen zum Inhalt und zum Anwendungsbereich eines Strafrechtsprinzips auf dogmengeschichtlicher Grundlage. Zugleich ein Beitrag zur Lehre von der „Sozialschädlichkeit" des Verbrechens, Frankfurt a. M. 1972, S. 53.

② 耶林在维也纳授业期间，李斯特选修了他所讲授的所有课程，二人之间因此具有直接的师承关系。Vgl. Moos, Reinhard, Franz von Liszt als Österreicher, in: Franz von Liszt zum Gedächtnis: Zur 50. Wiederkehr seines Todestages am 21. Juni 1919, Berlin 1969, S. 120.

③ Jhering, Rudolf von, Der Zweck im Recht, Band 1, Leipzig 1877; Jhering, Rudolf von, Der Zweck im Recht, Band 2, Leipzig 1886.

④ Jhering, Rudolf von, Der Kampf ums Recht, Wien 1872.

成了李斯特提出"马堡规划"以及刑事现代学派形成的社会和知识背景。所须切实解决的问题是：如何以科学的"药方"祛除犯罪的"病灶"。

第二节 奏响序曲的"马堡规划"

1882 年，李斯特在马堡大学作了题为"刑法中的目的观念"的就职演讲，全面检讨了以"报应刑罚（Vergeltungsstrafe）"为核心的传统刑法理论的理论凝滞和实践乏力，并通过发掘和推进刑法中的目的观念这一理论基石，积极倡导由"报应刑罚"向"目的刑罚（Zweckstrafe）"的观念转变、范式革新、理论进化和制度变革。该文以及其中所设想的一系列理论革新和实践改革亦被概称为"马堡规划（Marburger Programm）"。① 《刑法中的目的观念》一文共包括"出发点""作为本能举动的刑罚（Triebhandlung）""刑罚的客观化（Objektivierung）""刑罚的裁量原则（Maßprinzip）""作为目的明晰的法益保护的刑罚（zweckbewußter Rechtsgüterschutz）"及"目标"

---

① 实际上，在李斯特正式提出"马堡规划"之前的一段时间内，尤其是在 1879—1882 年间，传统刑法的功能缺失以及相应的刑法体系的现代转型已经成为法学理论界和法律实务界热议的话题。严格来讲，李斯特并非论战的发起者，亦非对报应刑罚论发难的第一人。Vgl. Schmidt-Recla, Adrian / Steinberg, Holger: Eine publizistische DebAllgemeiner Teilte als Geburtsstunde des „Marburger Programms", Zeitschrift für die Gesamte Strafrechtswissenschaft, 119 (2007), S. 195. 尤其具有代表性的著述为：Otto Mittelstädt 所著《反自由刑——对现行刑罚体系之批判》，Mittelstädt, Otto: Gegen die Freiheitsstrafen: ein Beitrag zur Kritik des heutigen Strafensystems, 2. Aufl. Leipzig 1879；Emil Kraepelin 所著《刑罚裁量的废除——对当下刑事司法改革之建议》，Kraepelin, Emil: Die Abschaffung des Strafmaßes: ein Vorschlag zur Reform der heutigen Strafrechtspflege, Stuttgart 1880；Richard Sontag 所著《挺自由刑——论及刑罚学说》，Sontag, Richard: Für die Freiheitsstrafen: Beiträge zur Lehre von der Strafe, Berlin 1881；Ernst Sichart 所著《论罪犯再犯及其控制手段——一个刑事立法、刑事司法和刑罚执行实务工作者的观点与经验》，Sichart, Ernst: Über Rückfälligkeit der Verbrecher und über die Mittel zu deren Bekämpfung: Ansichten und Erfahrungen eines Praktikers über Strafgesetzgebung, Strafrechtspflege und Strafvollzug, 1881.

并不意外，（当然并不限于）上述著述被李斯特引为同道并在一定程度上促成了"马堡规划"的提出，被李氏认为是"吹响了战斗的号角"，以及"运动来了，我们必须表态"，vgl. Liszt, Franz von: Strafrechtliche Aufsätze und Vorträge, Band 1 (1875—1891), Berlin 1905, S. 130, 131., 也使得之后的马堡规划并非"孤掌难鸣"，而是"一呼百应"。考虑到上述论者的身份的多样性，有法官，有学者，也有实务工作者，可以认为世纪之交的刑法改革实为各界之共识。从中亦不难看出，所有论者在如下两点上形成了一致认识：一是刑法改革势在必行，二是学者们均以刑罚作为改革建议的突破口和着力点。

六个部分。其中，"作为本能举动的刑罚""刑罚的客观化"以及"作为目的明晰的法益保护的刑罚"三个部分涉及刑罚的开端与演进、历史与现状以及问题与出路，是全文的重点所在。刑法中的目的观念作为一条主线贯穿演讲始终，而其最为集中的体现——目的刑罚，在"作为目的明晰的法益保护的刑罚"部分当中得以系统展开和详尽阐述。

李斯特将刑法和刑罚作为一个客观的历史发展过程进行考察，"本能性刑罚""客观化刑罚"和"目的性刑罚"是刑罚渐进发展所历经的三个主要阶段，当然，上述三个阶段并非截然分开的，而是互有交叉。

李斯特将人类社会初始阶段的原始刑罚称为"作为本能举动的刑罚"，指的是"社会对侵扰个人以及已经存在的由个体组成的组织之生存条件的行为的盲目的（blind）、直觉的（instinktmäßig）、本能的（triebartig）反应"①。所谓盲目、本能、直觉，强调的无非都是一点，那就是原始形态的刑罚与目的观念无涉，刑罚最初并非人类智慧的奇思妙想，更非国家治者有意设计的复仇艺术，"本能举动在概念上独立于、在时间上先于目的观念。"② 当然，"无目的性"并非当然意味着原始形态的刑罚只是条件反射式的毫无意义的举动。人们饿了就会吃东西，这是典型的条件反射式的本能举动，并不受特定目的的支配，但这并不排斥人们通过进食而实现了生存的效果，原始刑罚也同样如此。在积极意义上，原始刑罚的效果是通过对侵害者予以压制来对危及生存条件的外来侵害作出反应，从而力求实现个体之自我维护（Selbstbehauptung）与自我保存（Selbsterhaltung）以及因此最终可能的种族保存（Arterhaltung）。③ 刑罚发展历史所表明的另外一个事实，即原初形态的刑罚，即便是间接地出于种族存续的本能，却从一开始就具有了社会属性（gesellschaftlicher Charakter），从一开始就是作为对抗社会侵扰之社会反应（soziale Reaktion）出现的。"血亲复仇（Blutrache）"

---

① Liszt, Franz von, Strafrechtliche Aufsätze und Vorträge, Band 1（1875—1891），Berlin 1905，S. 132, 133.

② Liszt, Franz von, Strafrechtliche Aufsätze und Vorträge, Band 1（1875—1891），Berlin 1905，S. 144.

③ Liszt, Franz von, Strafrechtliche Aufsätze und Vorträge, Band 1（1875—1891），Berlin 1905，S. 136.

"放逐或逐出氏族""国家刑罚"均具有社会属性。①

只有到了国家刑罚阶段，刑罚的客观化才成为可能。刑罚之客观化，指的是"施加刑罚的资格（权利/权力）由最初与利益侵害行为（犯罪）相关之人转移到与之并不直接相关、因而相对超脱且中立的机构之手"②。刑罚的客观化首先使对犯罪所侵犯的国家共同体以及其中所囊括的个体的生存条件之认知成为可能，进而将之以法律所保护的利益，也就是法益的形式固定下来；在对法益的认知之后，紧接着是对侵害法益的行为，也就是最为宽泛意义上的犯罪的更加细致的考察；更为重要的是，刑罚的客观化使刑罚自身获得了在原始刑罚阶段所缺失的量度和目标。③

从中不难得见，法益实则成为联结犯罪与刑罚的桥梁，犯罪的实质在于对法益的侵害，而刑罚的"目的"就在于对法益的保护。但是此类认知事实上已经越过了绝对论的藩篱，因为在绝对论看来，犯罪与刑罚，本质上都是对法益的侵害，只不过刑罚是对犯罪人法益的侵害而已，李斯特也指出了这一点，"刑罚是一把双刃剑：以法益侵害（Rechtsgüterverletzung）之手段来实现法益保护（Rechtsgüterschutz）之目的。"④ 在此自然会有的疑问是，为何不能如绝对论者那样，仅仅满足于犯罪侵害他人法益、刑罚侵害犯罪人法益这种"一来一往"的报应，而必须在刑罚法益侵害之恶的实质之外，为其另外寻找目的？李斯特的回答是，"由本能举动过渡到有意行为（Willenshandlung）是单个个人及人类整体精神成长之关键所在，亦即，认识到本能举动之合目的性（Zweckmäßigkeit），并以目的之设定作为行为之动机。目的观念将有意行为与本能举动区别开来。"⑤ 也就是说，本能举动并没有错，作为本能举动的刑罚在人类社会的早期也确实存在过，但是

---

① Liszt, Franz von, Strafrechtliche Aufsätze und Vorträge, Band 1 (1875—1891), Berlin 1905, S. 138 – 139.

② Liszt, Franz von, Strafrechtliche Aufsätze und Vorträge, Band 1 (1875—1891), Berlin 1905, S. 124, 147.

③ Liszt, Franz von, Strafrechtliche Aufsätze und Vorträge, Band 1 (1875—1891), Berlin 1905, S. 148.

④ Liszt, Franz von, Strafrechtliche Aufsätze und Vorträge, Band 1 (1875—1891), Berlin 1905, S. 161.

⑤ Liszt, Franz von, Strafrechtliche Aufsätze und Vorträge, Band 1 (1875—1891), Berlin 1905, S. 145.

刑罚进化到客观化的国家刑罚阶段，就不能仅仅满足于盲目地滥用刑罚暴力。"法益保护"恰恰为国家刑罚提供了理性之灵魂，也就构成了国家刑罚之目的，刑罚也就成为了实现法益保护目的的手段，"刑罚暴力通过自我限制变身为刑法；盲目的、无节制的暴力反应通过接纳目的观念蜕变为法治刑罚（Rechtsstrafe）；本能举动变换为有意行为，"① "以目的观念为鹄恰恰是在残暴的刑罚暴力面前对个人自由的作为安全的保护。"②

严格来讲，"本能性刑罚""客观化刑罚"和"目的性刑罚"并非完全并列的关系，"客观化刑罚"与"目的性刑罚"实际上是同一事物的不同面向，亦即，只有客观化之刑罚才可能具有目的性刑罚之性质，而目的性刑罚无疑需要以刑罚之客观化为前提，可以说，刑罚之客观化为目的刑罚之生成提供了条件，而目的刑罚是刑罚之客观化过程的最终结果和高级阶段。更为绝对地说，在李斯特看来，刑罚的历史就是"本能刑罚"与"目的刑罚"的交替。虽未明言，排除了目的理念的报应刑罚，在李斯特眼中就是毫无章法、野蛮无度的本能刑罚。因此，李斯特努力地谋求达成如下共识，"报应刑罚到以法益保护为目的之保护刑罚"。③

以客观化的国家刑罚为起点，在历史业已为我们指明的道路上继续前行，李斯特所设计的"作为目的明晰的法益保护的刑罚"具体包括如下内容：首先，李斯特承继了相对论对刑罚功效的理论总结，认为作为强制（Zwang）的刑罚具有双重本质：一是间接的心理强制或曰激励，或通过改善（Besserung），即植入和强化无私的、社会化动机，或通过威吓（Abschreckung），即植入和强化在效果上与利他动机殊途同归的利己动机，或通过给予犯罪人所缺少的抵抗实施犯罪的动机，或通过增加和强化已经存在的此类动机，人为地使犯罪者适应社会；二是直接的机械强制或曰强

---

① Liszt, Franz von, Strafrechtliche Aufsätze und Vorträge, Band 1 (1875—1891), Berlin 1905, S. 150.

② Liszt, Franz von, Strafrechtliche Aufsätze und Vorträge, Band 1 (1875—1891), Berlin 1905, S. 161.

③ Liszt, Franz von, Strafrechtliche Aufsätze und Vorträge, Band 1 (1875—1891), Berlin 1905, S. 152, 175.

力，即通过将犯罪者监禁而将其与社会隔离从而无害化
（Unschädlichmachung）。① 改善、威吓和无害构成了刑罚最为核心的作用机
理，使其能够有效发挥法益保护之功能。刑罚所面对的并非抽象的、统一
的犯罪概念，而是具体的、差异化的犯罪人类型。只有面对一个具体的罪
行才可能谈及报应，而犯罪行为与犯罪人的人格是不可分离的，罪行与罪
犯并非相互对立的范畴，因为罪行是罪犯的行为。② 为解决刑罚之三重功效
之间所可能存在的抵牾和不协调，李斯特将三类刑罚功能与三种犯罪人类
型相对应：第一，改善能够改善和需要改善的犯罪人；第二，威吓不需要
改善的犯罪人；第三，将不能改善的犯罪人无害化。③ 或者更为简练地说，
"改善可改善者，将不可改善者无害化。"④

分开来看， "不可改善者（Unverbesserliche）"，也就是"惯习犯
（Gewohnheitsverbrechertum）"是李斯特重点惩治的对象，而这一人群不可谓
不庞大，它包括"贫民阶级——包括乞丐和流浪汉，卖淫者和酗酒者，坑
蒙拐骗者和最为泛义的生活糜烂者，精神或身体上的衰退者——这一社会
秩序的敌对大军，而惯犯群体又构成了这一反社会势力的总参谋部"，除此
之外，"再犯统计（Rückfallstatistik）的实证数据也是对惯犯人群的有力证
明……多数犯罪者都是再次犯罪，而其中多数属于不可改善者。……至少
有一半的被监禁者属于不可改善的累犯。"⑤ 至于惯犯的高发罪行，"首先是
财产，其次是风化犯罪，也就是源于至为强烈和最为原始的人类欲望的犯
罪。更为具体地说，包括盗窃、窝赃、抢劫、勒索、诈骗、纵火、毁坏财

---

① Liszt, Franz von, Strafrechtliche Aufsätze und Vorträge, Band 1 (1875—1891), Berlin 1905, S. 164.

② Liszt, Franz von, Strafrechtliche Aufsätze und Vorträge, Band 1 (1875—1891), Berlin 1905, S. 175.

③ Liszt, Franz von, Strafrechtliche Aufsätze und Vorträge, Band 1 (1875—1891), Berlin 1905, S. 166.

④ Liszt, Franz von, Strafrechtliche Aufsätze und Vorträge, Band 1 (1875—1891), Berlin 1905, S. 173.

⑤ Liszt, Franz von, Strafrechtliche Aufsätze und Vorträge, Band 1 (1875—1891), Berlin 1905, S. 168.

物、强奸和猥亵儿童等罪行。"① 面对不可改善者社会必须自我保护。对其
处置，实则与放逐无异，应将其终生或者无限期地监禁。而所谓的"无害
化"，具体是指：不限期地剥夺罪犯人身自由；将其关押在特殊的教化或劳
改机构；奴役化刑罚意味着最为严苛的强制劳动以及对关押者劳动力的最
大限度利用；允许体罚、囚于暗室、禁食等纪律处罚；强制并长期地剥夺
其公民名誉权；等等。虽然如此，并不能完全排除被关押者复归社会的机
会和可能，但这属于绝对的例外。② 正是因为李斯特刑改方案的这一"阴暗
面"，③ 研究者们一致认为，李斯特思想的出发点和落脚点绝非自由主义
的，④ 对于李斯特和他的学生来说，在国家权力面前维护个人权益远远没有
在犯罪面前保卫社会重要。⑤

　　对于"需要改善者（Besserungsbedürftigen）"之界定，惯犯高发的犯罪
种属和具体罪名同样适用于需要改善者这一犯罪人群，而区别于惯犯人群，
需要改善者指的是虽通过先天遗传和后天习得的品性而倾向于实施犯罪，
但尚未无可救药地迷失自我的那部分犯罪人。为防止其再次犯罪，应对其
施以严肃且持续的教化，自由刑的期限不应低于一年。所谓"改善"，具体
包括：对于初次和二次犯罪者，法院应对其处以关押于改善机构的措施；
在关押期间，暂时停止而非完全丧失名誉权的行使；判决中并不确定固定
的刑罚期限；刑罚期限为 1 至 5 年；对犯罪人进行单独监禁；犯人表现良好
即可由监督委员会决定将其转入表现良好的罪犯组别，此决定可事后撤销；
为强化改造效果，可要求被监禁者进行强制劳动或参加培训课程；体罚是
绝对禁止的；监督委员会每年向州法院提交释放已经得到改善的被监禁者
的申请；对被释放者应执行警察监督（Polizeiaufsicht），期限与其被关押的

---

①　Liszt, Franz von, Strafrechtliche Aufsätze und Vorträge, Band 1（1875—1891）, Berlin 1905,
S. 170.

②　Liszt, Franz von, Strafrechtliche Aufsätze und Vorträge, Band 1（1875—1891）, Berlin 1905,
S. 170.

③　Koch, Arnd, Binding vS. v. Liszt. Klassische und moderne Strafrechtsschule, in: Eric Hilgendorf /
Jürgen Weitzel（Hrsg.）, Der Strafgedanke in seiner historischen Entwicklung. Ringvorlesung zur
Strafrechtsgeschichte und Strafrechtsphilosophie, Berlin 2007, S. 135.

④　Vogel, Joachim, Einflüsse des Natlionalsozialismus auf das Strafrecht, Berlin 2004, S. 92.

⑤　Wetzell, Richard F. , Inventing the Criminal. A History of German Criminology（1880—1945）,
London 2000, S. 33.

期限相同；自收监之日起逾满五年，不论如何应将被监禁者释放，自释放之日起五年之内，对被释放者执行警察监督；为保证改造效果，应设立具有公共属性的、置于国家管理之下并由国家提供财政支持的社会组织，负责接收和帮助刑满释放的犯罪人；等等。①

在此之外，不需改善的犯罪人主要指的是"机会犯（Gelegenheitsverbrecher）"，对其而言，已经实施的犯罪只是一个"插曲"，行为人主要是因为受到外界的影响而误入歧途，因此再次犯罪的可能性微乎其微，对其施以系统的改善基本上也就没有任何意义。在此，刑罚的作用只是威吓，是对犯罪人一己私念的警告和训诫。这一类型的犯罪包括所有未被犯罪统计证明为惯习实施的罪行。一般而言，有期徒刑应在6周以上和10年以下为宜，并应同时扩大罚金刑的适用范围。②

统观其文，李斯特所欲探析的也是刑事古典与现代学派争论的核心问题在于：刑罚是作为报应而为犯罪之概念式的必要后果，还是作为法益保护之手段而为代表社会之国家的目的明确的创设和目标明晰的功能；刑罚是在对过去之赎罪当中找到其足够的、排除任何其他正当性证明之根据，还是在对未来之影响中获得其足够的、排除其他任何合理性论证之基础？③归结起来，也就是刑罚是对过去之已然之罪的报应还是对将来之未然之罪的预防。而李斯特的答案是，"压制（Repression）与预防（Prävention）并非对立。……刑罚是通过压制的预防，也是通过预防的压制。"④ 因此，李斯特声称，其所建构的是一种"统一论（Vereinigungstheorie）"，且与已有之统一论相区别，是融合了表面看来水火不容的各种因素的、由细小量变累积而成的一种进化型理论（evolutionistische Theorie）。⑤ 表面看来，与已

---

① Liszt, Franz von, Strafrechtliche Aufsätze und Vorträge, Band 1 (1875—1891), Berlin 1905, S. 171 – 172.

② Liszt, Franz von, Strafrechtliche Aufsätze und Vorträge, Band 1 (1875—1891), Berlin 1905, S. 172 – 173.

③ Liszt, Franz von, Strafrechtliche Aufsätze und Vorträge, Band 1 (1875—1891), Berlin 1905, S. 126.

④ Liszt, Franz von, Strafrechtliche Aufsätze und Vorträge, Band 1 (1875—1891), Berlin 1905, S. 175 – 176.

⑤ Liszt, Franz von, Strafrechtliche Aufsätze und Vorträge, Band 1 (1875—1891), Berlin 1905, S. 132 – 133.

存理论相比，李斯特所建构的理论是反相对论的，因为其亦强调与目的观念无关的、绝对意义上的刑罚起源；而鉴于它证实了由目的理念所主宰之刑罚演进既是迄今发展之结果，亦为未来发展之要求，故而同时又是反绝对论的。显而易见的是，李斯特反相对论是虚，反绝对论是实，他所主张的特殊预防或曰个别预防论更多地与相对论具有亲缘关系，而与绝对论格格不入。的确，李氏认为在人类社会的初级阶段存在过一种与目的观念无干的本能性刑罚，一种无目的的复仇、报复或报应（三者之间并不存在质的差异），从而在这一点上是挺绝对论的。然而，李氏实则将国家刑罚作为了其理论展开的起点，客观化刑罚也好，目的性刑罚也罢，均肇始于此。实际上，原始刑罚的国家形态已经是量变引起的质变，已经不再是严格意义上的原始刑罚，而是客观化刑罚和目的性刑罚。随着国家刑罚的出现，随着法益保护目的的确立，随着目的观念的觉醒，本能刑罚自然也就只能归入历史，而报应刑罚也难逃被目的刑罚吸纳的命运。因为在李斯特的论述框架内，本能与目的是一对非此即彼的范畴，无目的就是本能，相应地，报应刑罚要不就是沦为过时的、野蛮的本能刑罚，要不就置于目的观念的统辖之下，蜕变为实质意义的目的刑罚，在本能刑罚与目的刑罚之外，并无报应刑罚的立锥之地，这才是李氏的真正立场。"马堡规划"是一封双重意义上的宣战书：对报应刑罚宣战！对犯罪宣战！①

第三节　刑事古典与现代学派之论争

李斯特以目的刑罚取代报应刑罚的檄文自然激起了传统刑法学派，也就是刑事古典学派或曰旧派的一片反对之声。在之后双方有来有往的交锋当中，新派学者所提出的改革方案的不够现实和过于片面的缺陷得以揭示。旧派学者的批判，使得现代学派不断修正己方的观点，也使得其后刑法改革过程中两派观点的折衷成为可能。

---

① Köhler, Michael, Einführung, in: Franz v. Liszt, Der Zweckgedanke im Strafrecht（1882/83），Berlin 2002, S. VI.

一、古典学派的理论诘难

就基本观点和理论体系来看，宾丁认为，刑法典主要由两部分组成：一部分规定人的行为；另一部分规定刑罚的种类和量度。① 前一部分的主要内容是"规范（Norm）"，是立法者的"命令（Befehl）"，是"法律上对于作为或不作为的要求与禁止"。② 刑罚部分则涉及刑法主体—国家与刑法客体—犯罪人之间的刑事法律关系。③ 宾丁坚持罪责报应的行为刑法，在他看来，刑罚本质上是"以恶制恶的报应"，是"法权之维护（Rechtsmachtbewährung）"，④ 亦即，因犯罪人有责地违犯法律，国家对之施以刑罚，以维护被侵犯的法律的权威。刑罚之量度应仅仅依照"罪责之大小高低以及行为危害结果之严重程度"予以判定，⑤ 除此之外，宾丁断然拒斥依社会的防卫需求进行刑罚的裁量。⑥ 宾丁所坚持的，同时也是所有"绝对论"的共同点在于，对于刑罚而言，犯罪既是其前提（Voraussetzung），也是其根据（Grund），刑罚是不法（Unrecht）之法律后果，是对不法的报应。⑦ 刑罚之动用在于其必然性（Notwendigkeit），因此刑罚之正当性在于事物之本质（Natur der Sache），而非任何功用（Nutzen）。⑧

学派之争被认为首要是对国家刑罚目的之争议。⑨ 具体而言，是以宾丁⑩为代表的古典学者所秉持的"罪责抵消之报应刑罚"与以李斯特为旗手

---

① Binding, Karl, Die Normen und ihre Übertretung. Eine Untersuchung über die rechtmäßige Handlung und die Arten des Delikts, Band 1, Normen und Strafgesetze, Leipzig 1872, S. 6.

② Binding, Karl, Handbuch der deutschen Rechtswissenschaft, Band 1, Leipzig 1885, S. 183.

③ Bohnert, Cornelia, Zu Straftheorie und Staatsverständnis im Schulenstreit der Jahrhundertwende, Pfaffenweiler 1992, S. 85.

④ Binding, Karl, Grundriss des Deutschen Strafrechts, Leipzig 7. Auflage 1913, S. 228.

⑤ Binding, Karl, Grundriss des Deutschen Strafrechts, Leipzig 7. Auflage 1913, S. 234.

⑥ Binding, Karl, Grundriss des Deutschen Strafrechts, Leipzig 7. Auflage 1913, S. XVII.

⑦ Bohnert, Cornelia, Zu Straftheorie und Staatsverständnis im Schulenstreit der Jahrhundertwende, Pfaffenweiler 1992, S. 145.

⑧ Bohnert, Cornelia, Zu Straftheorie und Staatsverständnis im Schulenstreit der Jahrhundertwende, Pfaffenweiler 1992, S. 146.

⑨ Frommel, Monika, Die Rolle der Erfahrungswissenschaften in Franz von Liszt's „gesamter Strafrechtswissenschaft", Kriminalsoziologische Bibliographie 1984, S. 37.

⑩ 虽为古典学派的代表人物，宾丁却是论战当中较不活跃的一个。他对现代学派的异议和批判主要分布在"前言"或"脚注"等边边角角之处。

的现代学派所倡导的"特殊预防导向之目的刑罚"之间的对垒。古典学者对李斯特思想的诟病主要集中在其改革方案的不现实和论证立场的不统一。

"改革方案的不现实"主要指向的是李斯特将三种刑罚目的与三类犯罪人群相互对应。对于李斯特将不同的刑罚目的，即改善、威吓和无害，与特定的犯罪人群，即需要并能够改善者、无需改善者和不能改善者，径相对应的想法和尝试，宾丁批判其"无法落实（Undurchführbarkeit）"且"任意武断（Willkürlichkeit）"。① 实际上，不论是李斯特本人还是整个刑法现代学派，从来就未曾真正科学且客观地对不同的犯罪人群予以确认。将不可改善者无害化是李斯特改革方案中最为核心的部分，但对于无害化的前提，也就是不可改善者范围的确定，也是全然没有定数，甚至时刻变动不居的：先是以"多次再犯（mehrfacher Rückfall）"为标准，继而是"实施犯罪的职业性（Gewerbsmäßigkeit）"，最后是根植于人格当中的"犯罪倾向（verbrecherischer Hang）"，而这种倾向甚至在初次犯罪当中就能够被确定。② 实际上，马堡规划对于犯罪人群的类型划分——不可改善者、需要改善者、不需改善者，只是一个概念上清晰明了的理想类型，并没有任何实证研究或科学调查的支持或支撑，实践中存在的各式各样的犯罪人是否能够被最终抽象为上述三类看似界限分明的犯罪人类型，犯罪人类型的归属与对其实施的处置措施之间是否具有必然的、排他的联系，对各种类型的犯罪人分而治之是否真正能够实现所欲追求的效果或目的，这些问题李斯特始终都没有而且并无可能给出确定的答案。科学研究和实证调查的不足最终只能借助于理论设想和概念推演来进行补充和解决。在此，尤为吊诡的是，尽管李斯特积极号召以科学主义取代形而上学，但在其所提出的马堡规划当中，我们并未能够见到太多科学的成分或因子，特别是对于作为目的明晰的法益保护的刑罚的设计，可能更多只是一个众说纷纭的"科学式构想（甚或猜想）"罢了。

此外，在李斯特的改革方案当中，对于不可改善者应予无限期监禁，对于需要改善者的监禁期限为 1 到 5 年，而有期徒刑的期限为 6 周至 10 年。

---

① Binding, Karl, Grundriss des Deutschen Strafrechts, Leipzig 7. Auflage 1913, S. 207.

② Liszt, Franz von, Lehrbuch des Deutschen Strafrechts, Berlin 22. Auflage 1919, S. 16.

但是除了最高和最低期限的限制，对于所有的犯罪人，法院在其判决中并不会事前确定刑罚执行的具体期限，执行期限的长短由监督委员会根据具体的刑罚执行情况，也就是最终的改善效果予以确定。由此，刑事判决中所科处的自由刑均为"不定期刑"，刑罚的种类和执行期限的长短与"罪责抵消指向的报应需求"毫不相关。这在宾丁看来纯属"拿着数以千万计人的命运在开玩笑"①。罪犯所面对的，是不受约束的刑罚裁量，"是完全自立的官僚机构的理智或失智"②。对此，宾丁不禁慨叹，"我们孜孜以求的法治国家，难道就只是将所有犯罪人置于惨不忍睹的警察恣意之下吗？"③

"论证立场的不统一"主要是指，如果仅仅着眼于"特殊预防"和"有效的法益保护"，为何刑罚的科处一定要以犯罪行为的实际施行为前提，就是一个颇为可疑的待解之题。在具有人身危险性的个人实施犯罪之前就将其绳之以法并分类处置，相较而言岂不是更为理想也更加彻底吗？④ 甚至李斯特也觉得如下大胆的设想并非完全不可讨论，即整部刑法典可以被一个单独的简单条文所替代——"为维护社会利益，每个具有社会危险性的个人都应被无害化处理。"⑤ 当然，李斯特自己最终并未走得如此之远，而是守住了"刑法典是犯罪人的大宪章（magna charta des Verbrechers）"⑥ 的底线，亦即，通过以构成要件的形式将法益侵害行为类型化，刑法典保护国民免受国家权力的恣意侵害，⑦ 因而刑法典构成了"刑事政策不可逾越的藩篱"。⑧ 但这一立场与李斯特通过特殊预防导向的目的刑罚实现有效的法益

① Binding, Karl, Grundriss des Deutschen Strafrechts, Leipzig 7. Auflage 1913, S. 238.

② Oetker, Friedrich, Rechtsgüterschutz und Strafe, ZStW 1897, S. 581.

③ Binding, Karl, Grundriss des Deutschen Strafrechts, Leipzig 7. Auflage 1913, S. 238.

④ Koch, Arnd, Binding vS. v. Liszt. Klassische und moderne Strafrechtsschule, in: Eric Hilgendorf / Jürgen Weitzel (Hrsg.), Der Strafgedanke in seiner historischen Entwicklung. Ringvorlesung zur Strafrechtsgeschichte und Strafrechtsphilosophie, Berlin 2007, S. 137.

⑤ Liszt, Franz von, Die deterministischen Gegner der Zweckstrafe, ZStW 1893, S. 356.

⑥ Liszt, Franz von, Die deterministischen Gegner der Zweckstrafe, ZStW 1893, S. 357; Liszt, Franz von: in: Strafrechtliche Aufsätze und Vorträge, Band 2 (1892—1904), Berlin 1905, S. 80.

⑦ Liszt, Franz von, Die deterministischen Gegner der Zweckstrafe, ZStW 1893, S. 357.

⑧ Liszt, Franz von: in: Strafrechtliche Aufsätze und Vorträge, Band 2 (1892—1904), Berlin 1905, S. 80.

保护目的之主张很难取得一致。①

二、学派之争的简要述评

李斯特的踌躇的确使得学派之争的核心争点略微失焦，但其实从一开始，李斯特就并未以"反叛者"自居，他直言"并非革命（Revolution）而是改革（Reformation）才是解决之道，在这场改革当中，我们能够也必须通力合作"。② 在李斯特看来，单纯为了报应而惩罚，从而把机械、僵化的报应当作唯一的"目的"当然并不可取，因为报应当中，实则已经包含了法益保护的内容，而这才是真正应当被作为目的予以提炼，并以之为目标促进刑罚进化的。然而，除了报应之外，报应刑罚还另外具有"罪责抵消"的功能，对于报应刑罚前提之罪责，李斯特并未对之予以否定或抨击，"罪责"仍然是构成要件的核心所在。虽然对罪责程度能够提供有效的刑罚裁量标准这一问题持保留态度，但对"罪责"的尊重成了李斯特与传统刑法的唯一纽带。所谓改革而非革命，无非也就意味着李斯特并不会贸然地将其与传统刑法的"脐带"剪断，在其看来，"罪责"仍然是"刑法"（虽然并非同时是"刑罚"）之核心与灵魂所在。

另一方面，古典学者对李斯特改革设想的批判并非意味着他们是"自由主义——法治国家"之思想价值的守护者。③ 宾丁自认为，在犯罪惩治方面，他比任何人都坚决，为了维护法律权威，宾丁支持"示范性刑罚（exemplarische Strafen）"，乃至死刑的大范围扩张。④ 对于"不可改善者"，宾丁更是未有丝毫同情或理解之意。早于"所有的这些现代努力"很长一段时间，宾丁就支持对"这一族群（Sippschaft）的无害化处置"。⑤ 但区别

---

① Koch, Arnd, Binding vS. v. Liszt. Klassische und moderne Strafrechtsschule, in: Eric Hilgendorf / Jürgen Weitzel (Hrsg.), Der Strafgedanke in seiner historischen Entwicklung. Ringvorlesung zur Strafrechtsgeschichte und Strafrechtsphilosophie, Berlin 2007, S. 138.

② Liszt, Franz von, Strafrechtliche Aufsätze und Vorträge, Band 1 (1875—1891), Berlin 1905, S. 178.

③ Koch, Arnd, Binding vS. v. Liszt. Klassische und moderne Strafrechtsschule, in: Eric Hilgendorf / Jürgen Weitzel (Hrsg.), Der Strafgedanke in seiner historischen Entwicklung. Ringvorlesung zur Strafrechtsgeschichte und Strafrechtsphilosophie, Berlin 2007, S. 141.

④ Binding, Karl, Grundriss des Deutschen Strafrechts, Leipzig 7. Auflage 1913, S. XVII.

⑤ Binding, Karl, Grundriss des Deutschen Strafrechts, Leipzig 7. Auflage 1913, S. XV.

于现代学派，宾丁欲将对不可改善者之持续隔离在传统罪责刑法的框架内予以实现，在帝国刑法典当中规定的"再犯刑罚（Rückfallstrafe）"为宾丁提供了这一可能，宾丁主张，对于重复的严重犯罪，包括严重的盗窃和身体伤害，应对其处以死刑或终身监禁。① "无害化"处置应当在罪责抵消的报应刑罚之框架内实行。受"罪责原则"的约束，在宾丁看来，对于重复实施的小偷小摸、打架斗殴等轻微犯罪，并不能对之处以终身监禁，但与李斯特类似的是，对于这种惯于实施犯罪的行为人，在其罪责相当的刑罚执行完毕之后，宾丁并不反对对其（甚至是无限期地）继续执行"警察监视（polizeiliche Nachhaft）"。② 但在以宾丁为代表的旧派学者看来，至关重要且没有任何商量余地的是，这样一种保安措施不管是在术语表述还是在立法技术上，都应与刑罚严格区分。③ 也即，个别预防措施并不属于刑法，而是警察法（Polizeirecht）的属地，此类措施的科处应由警察而非法官负责，④ 因为在其看来，较之保安措施，刑罚"更为特别、高级甚至高贵"，⑤故而为保持刑罚的纯粹性，应将与罪责无关的制裁措施留给（或者说推给/丢给）在那个时代（甚至可以说任何一个时代）法治性质更加没有保障的警察法。⑥

李斯特对于推进改革的迫切之情与宾丁对于概念体系的迷恋之意形成了鲜明的对照，如李斯特所言，"如果我们所倡导的革新最先仅仅能够在未成年人和不可改善者群体之中得以贯彻，对此我也将是完全满意的。在此，人们想给予孩童一个怎样的称呼并不重要。而这恰恰是我们的论敌的行为当中最为可爱的一面，爱惜这些古已有之的标签，他们就会很满意"。⑦ 换句话说，宾丁所反对的，与其说是现代派学者所力主的目的理念或者保安

① Binding, Karl, Grundriss des Deutschen Strafrechts, Leipzig 7. Auflage 1913, S. XVIII.

② Binding, Karl, Grundriss des Deutschen Strafrechts, Leipzig 7. Auflage 1913, S. XVIII.

③ Binding, Karl, Grundriss des Deutschen Strafrechts, Leipzig 7. Auflage 1913, S. XVI; Binding, Karl, GS 1911, S. 1, 7; Birkmeyer, Karl Von, Was lässt von Liszt vom Strafrecht übrig? Eine Warnung vor der modernen Richtung im Strafrecht, Berlin 1907, S. 52.

④ Binding, Karl, GS 1911, S. 1, 7.

⑤ Binding, Karl, Grundriss des Deutschen Strafrechts, Leipzig 7. Auflage 1913, S. XVI.

⑥ Frisch, Wolfgang, Das Marburger Programm und die Maßregeln der Besserung und Sicherung, ZStW 1982, S. 587.

⑦ Liszt, Franz von, Die deterministischen Gegner der Zweckstrafe, ZStW 1893, S. 367.

措施，不如说是在报应与目的、刑罚与保安措施之间进行的概念勾连，再合理的目的理念也与报应观念无涉，再必要的保安措施也与刑罚无关。因此，宾丁所残留的贡献可能仅仅在于指出了彻头彻尾的特殊预防导向的刑法所具有的危险。① 例如，现代学派所力荐的相对或绝对的不定期刑，现在被公认为是有违法治国理念的。② 但与此同时，法治国理念却又从未被古典学者所坚守和秉持。若唯结果论，学派之争的"胜者"一目了然：宾丁所持之纯粹的报应理念似乎只能被归入刑法史学的范畴，而作为"最具代表性的德国刑事政策学家（Kriminalpolitiker）"③"伟大的具有开拓意义的刑事政策学家"，④ 李斯特显然属于颇具进步意义的、特殊预防导向的刑法改革的"先知者（Ahnherr）"。⑤ 对于李斯特学派所提出的改革规划在学术史和方法论上的后续影响及其重要意义，是给予再高评价都不为过的。受其影响，一方面刑法学研究开始向经验科学敞开了怀抱；另一方面，在其之后，"整体刑法学"的各个部分均渐次成了法学院中必设的教授科目。⑥

第四节　现代学派与保安处分

通常认为，保安处分是由李斯特最早提出并系统论述的，可是，在马堡规划当中，李斯特通篇并无一处明确提及"保安处分"或者"保安措

---

① Koch，Arnd，Binding vS. v. Liszt. Klassische und moderne Strafrechtsschule，in：Eric Hilgendorf / Jürgen Weitzel（Hrsg.），Der Strafgedanke in seiner historischen Entwicklung. Ringvorlesung zur Strafrechtsgeschichte und Strafrechtsphilosophie，Berlin 2007，S. 144.

② Roxin，Claus，Schlussbericht，in：Neumann，Ulfrid / Prittwitz，Cornelius（Hrsg.），Kritik und Rechtfertigung des Strafrechts，Frankfurt a. M. 2005，S. 179；Jescheck，Hans-Heinrich / Weigend，Thomas，Strafrecht. Allgemeiner Teil，5. Auflage 1996，S. 24.

③ Roxin，Claus，Strafrecht. Allgemeiner Teil，Band 1，4. Auflage 2006，§ 3 Rn. 12.

④ Schmidt，Eberhard，Einführung in die Geschichte der Deutschen Strafrechtspflege，Göttingen 3. Auflage 1965，S. 364.

⑤ Koch，Arnd，Binding vS. v. Liszt. Klassische und moderne Strafrechtsschule，in：Eric Hilgendorf / Jürgen Weitzel（Hrsg.），Der Strafgedanke in seiner historischen Entwicklung. Ringvorlesung zur Strafrechtsgeschichte und Strafrechtsphilosophie，Berlin 2007，S. 128.

⑥ Koch，Arnd，Binding vS. v. Liszt. Klassische und moderne Strafrechtsschule，in：Eric Hilgendorf / Jürgen Weitzel（Hrsg.），Der Strafgedanke in seiner historischen Entwicklung. Ringvorlesung zur Strafrechtsgeschichte und Strafrechtsphilosophie，Berlin 2007，S. 144.

施"；不仅如此，在之后与古典学派的论战过程中，对于古典学者提出的在刑罚之外规定保安措施的折衷之计，李斯特坚持认为，在刑罚之外并无保安处分的立锥之地，将二者截然分开的企图，只是应当"一笑置之的无稽之谈"。① 然而，李斯特与保安处分之间的关系并非表面上那么疏远，随着争论的展开和思考的推进，李氏逐渐接受了将保安处分作为有效的犯罪预防和法益保护手段的想法，并将在马堡规划当中归于目的刑罚的领域和功能中的绝大多数和核心部分转移给了保安措施。② 即便李氏仅将保安处分作为一个不得已为之的妥协之选，也至少说明，李斯特并非对保安处分持全然拒斥的态度。③ 事后观之，实际上正是马堡规划为之后在《德国刑法典》中增设保安处分的相关规定以及后续的保安处分的制度构建提供了全面而系统的思想支撑和理论支持。④ 在争议斐然的"目的刑罚"背后，马堡规划中诸多颇为前卫的意见与主张不只是为日后的保安措施法提供了灵感，更为其指示了目标。

一、现代学派与保安处分的必要性证明

李斯特原本意在促进刑罚进化之目的刑罚理论最终被贯彻和应用于保安处分之上，这只是一个表面上的矛盾。改革伊始，保安处分并未进入李斯特的视野或者至少并未引起足够的重视，对于保安处分制度的形成而言，或许并不完全是个坏消息。李斯特旗帜鲜明地主张刑罚之进化方向应为目的刑罚，并将其作为刑罚/刑法应然的进步和进化方向，这一惊人之语几乎吸引了旧派学者全部的批判弹药，由此，刑罚经受的炮火攻击间接地使得保安处分能够安然降世。在李氏的反对者眼中，相对于目的刑罚的大逆不道，另起炉灶的保安处分反而显得并非全然不能接受甚或完全可以接受了。

---

① Liszt, Franz von, Strafrechtliche Aufsätze und Vorträge, Band 2（1892—1904），Berlin 1905, S. 72.

② Liszt, Franz von, Strafrechtliche Aufsätze und Vorträge, Band 2（1892—1904），Berlin 1905, S. 214 ff.

③ Liszt, Franz von, Strafrechtliche Aufsätze und Vorträge, Band 2（1892—1904），Berlin 1905, S. 122, 129, 132.

④ Frisch, Wolfgang, Das Marburger Programm und die Maßregeln der Besserung und Sicherung, ZStW 1982, S. 566.

一定程度上可以说，保安处分得以成型实则是不同学派的诸多学者之间争辩的合力结果。

　　简单说来，李斯特马堡规划之核心就在于，为了有效地打击犯罪、保护法益，以对犯罪人的类型划分为基础，对症下药地规定、科处和执行不同目的导向的刑罚。对之予以进一步分析不难发现，这一思想实际上并非局限于对刑罚之目的与内容的说明。在李斯特的目的刑罚观背后，作为前提、作为背景甚至作为目的刑罚观念之更高层次的思想基础，一定程度上蕴含了另外两个基本立论。将其予以厘清，不但有利于更为准确、透彻地理解马堡规划及由其所引发的论辩，而且更有助于针对以李斯特为代表的现代学派与保安处分思想之萌发之间的启发意义和促进关系获得更加鲜明和直观的认识。首先是国家之功能定位。李氏主张的目的刑罚观必然要求，作为对已然发生的侵害法益的犯罪行为的必然反应，国家动用刑罚和行使刑罚权力的最终目标在于，着眼于犯罪人，通过分而治之地对其进行威吓、改善或无害处置，实现预防性法益保护之目的。这是作为社会治理主体之国家的权力，也是其保护公民权益免遭犯罪侵害的义务，是其职权，亦是职责。其次，对于刑罚权力的划分及其归属，李斯特认为，犯罪治理和法益保护的职权应交由刑事法官之手，也即，是法官而非警察，是法院而非公安应当作为国家之代表具体地、实际地行使刑罚权力。上述观点李斯特在马堡规划中虽未明言，但在其后的刑法改革过程中，李斯特对之多有提及和论述。① 李斯特所主张的国家功能、刑罚目的与职权归属处于一个联系紧密的逻辑链条当中，具言之，国家所负有的法益保护义务要求其对犯罪进行预防性的积极治理；对刑罚目的和功能更为科学和细致的认识恰恰为治理功能的有效发挥提供了可行的手段和有力的支撑；刑罚所具有的法益保护目的也必然要求，不管是事后的犯罪惩罚还是事前的犯罪预防，均应将刑罚严格归属为刑法的领地，应由刑事法官行使刑罚权力。

　　与其所倡导的目的刑罚转向招致了刑事古典学者的猛烈抨击不同，李斯特关于国家治理角色转变的主张，即通过对犯罪人的处置来实现预防犯

---

　　① Liszt, Franz von, Strafrechtliche Aufsätze und Vorträge, Band 2（1892—1904）, Berlin 1905, S. 368.

罪的目的，从一开始就未曾遇到太大的阻力，即便是宾丁也承认，"犯罪人的危险性或将迫使国家出台面向未来的警察措施。"① 对于预防性惩罚措施的定位，与李斯特将其归为专属于刑事法官的刑罚措施不同，多数古典学者认为保安措施属于警察法的范畴，应由警察行使。他们的担心显然在于，即便是独立于传统的纯粹的刑罚措施，在刑法典当中规定并由刑事法官统一行使科处保安措施的权限，终将慢慢模糊刑法的惩罚特性和刑罚的报应本质，② 使得刑法不像刑法，刑罚也不再是以前的刑罚。从根本上看，旧派学者所固守的，实质上是刑法与刑罚的形而上学堡垒。而在处在古典与现代学派之间的"第三势力"或者说"中间派别"的学者看来，他们坚守刑罚的报应本质，因此对李斯特所倡导的目的刑罚理论予以决然拒绝；但与此同时，对于在刑罚之外，在刑法当中另设旨在预防未然之罪的保安措施，他们并无任何异议。③ 最终，恰恰是第三派别，尤其是瑞士"斯托斯刑法典草案"所最先实现的刑事制裁体系的二元划分或者说双轨构造，使得新旧两派的和解成为可能。

在斯托斯草案所规划的折中方案中，新派学者至少看到了他们所力主的改革诉求的部分实现，鉴于改革者天然处于弱势地位，这种局面对其而言虽然并不完美，但也并非完全不能接受。作为务实的刑事政策学家而非严格意义上的刑法学家，④ 李斯特在其对于斯托斯草案的表态当中清楚地表达了这一立场，⑤ 其他的现代派学者大多亦持类似的态度。⑥ 对于旧派学者而言，只要能够保证即便是在双轨制模式当中，也能够全面且彻底地保持

---

① Binding, Karl, Grundriss des Deutschen Strafrechts, Leipzig 7. Auflage 1913, S. 171.

② Schmidt, Richard, Die Strafrechtsreform in ihrer Staatssicherheit und politischen Bedeutung, Berlin 1912, S. 158 f. , 161 f.

③ Merkel, Adolf, Lehrbuch des Strafrechts, Stuttgart 1889, S. 221.

④ Frisch, Wolfgang, Das Marburger Programm und die Maßregeln der Besserung und Sicherung, ZStW 1982, S. 571.

⑤ Liszt, Franz von, Strafrechtliche Aufsätze und Vorträge, Band 2 (1892—1904), Berlin 1905, S. 95ff.

⑥ Lilienthal, Karl von, Der Stooßsche Entwurf eines schweizerischen Strafgesetzbuches, ZStW 1895, S. 97 ff.

刑罚的纯粹本性，这种妥协和折衷也并非不能考虑。① 至此，学派之争终以没有人完全满意，但所有人皆有收获的"双赢"甚或"多赢"的局面告一段落，也可以说，这是一场"所有人的胜利"。② 在此之后，刑罚与保安处分的双轨制是所有刑法改革方案中刑事制裁部分的基本构造，所不同的仅仅是对具体的保安处分措施的种类设置。这是一个刑法学派论争和理论争辩影响甚或决定刑事立法发展的一个典型个案。不难看出，不同学派的学者们在理论构建和观点阐释上的"针尖对麦芒"，最终落实为立法上的"极高明而道中庸"，体现为现代学派主张的"法乎上而取其中"。由此看来，与论理的逻辑性、体系性、纯粹性、彻底性等追求一样，立法的妥协和折衷同样也是可欲可求、应予认可的。

而且，对于保安处分而言，只能侧身于"刑罚之外"的地位意味着其与刑罚之间本质上的差别和定位上的差异。刑罚本质上是一种以恶制恶的报应，作为其基础和前提的意志自由和责任原则虽然只是诞生于启蒙时期的抽象原则，是一种不能被证明或证伪的推定，是一种不能被进一步检验的论证起点，因此仅具有思辨价值，而不具有科学意义，但却构成了刑罚基础与根据的稳固基础。对于意志自由的犯罪人而言，刑罚的科处本质上意味着因其法益侵害行为而对其施加的谴责，谴责其原本能够选择适法的生活但却最终实施了违法的勾当，应受谴责的犯罪人所背负的，是一种以罪过为基础的罪责，刑罚是以国家暴力的形式对这种（道义的或社会的）谴责的直接表达。刑罚之有无和宽严取决于谴责的可否与强弱，进一步而言，取决于罪责的有无和大小。在此之外的预防性考量，一般预防角度也好，特殊预防维度也罢，相对于严格意义的刑罚，都只能处于相对边缘的地位。作为刑罚之本质，罪责抵消的报应刑罚在历史发展过程中虽然内涵上有所变动，但地位上未曾易动。仅仅着眼于对犯罪人施以个别预防，从实定法的角度来看唯有在保安处分当中才有存在的可能和发展的空间。区别于刑罚，以罪责有无为刑罚根据之罪责原则，以罪责大小为刑罚尺度之

---

① Birkmeyer, Karl von, Gedanken zur bevorstehenden Reform der deutschen Strafgesetzgebung, in: GA 1901, S. 78.

② Exner, Franz, Die Theorie der Sicherungsmittel, Berlin 1914, S. 238.

罪责均衡原则在此均无法适用。因此可以说，"罪责"构成了刑罚与保安处分之间的鸿沟，也是区别刑罚与保安处分之关键所在。不管对之冠以何种称谓，以罪责有无为前提、以罪责大小为尺度的惩罚措施都只能是、也才能是刑罚。在刑罚之外，不管是叫作保安措施、保安处分措施、改善与保安措施，还是类刑罚措施或者惩戒措施，都难以援引罪责原则作为其合法性基础，而只能在罪责之外另外寻求其正当性证明。

通过马堡规划，李斯特颇具远见地指明了未来刑事政策的发展方向和下一步刑事司法的改革目标，其所力荐的"目的刑罚"意义上的刑罚措施，与罪责原则之间的约束关系实际上已经松动。更进一步来看，罪责之有无与大小绝非刑罚之前提与根据，而是已然沦为目的刑罚的一个发动动因和参考因素。抵消罪责之报应刑罚完全蜕变（退变）为消除危险之目的刑罚虽并不可行，但旨在消除危险的保安措施却十分现实；刑罚的进化并不现实，但刑事制裁体系的革新却完全可行。因此，即便李斯特在马堡规划当中并未以"改善与保安措施（Maßregeln der Besserung und Sicherung）"，甚至是与其类似的"保安措施（Sichernde Maßnahmen）"指称刑罚之发展或者进化形态，但一方面考虑到对此类措施的称谓本身就存在一个发展变化的过程，所以并不能强求李斯特一开始就为其拟定一个与当下之保安处分完全相同或者相当类似的名称，另一方面鉴于李斯特思想中所隐含的取消罪责原则，进而取消构成要件，并最终将整部刑法典退化为一句简单却又残暴的"危险者当以社会之名被无害化"之危险，寄希望于与罪责原则相脱离的绝对意义上的目的刑罚在刑法中取得支配地位，就同时意味着刑法向社会防卫法的转变，既不现实亦不可取。因此可以说，将李斯特所持之目的理念支配下的目的刑罚观限制性地适用于保安处分领域，才是对其理论的恰当定位，才能扬其长而避其短，最大限度地发挥其实践功用并同时避免其可能引致的灾难性后果。至少在保安处分领域，马堡规划所带来的观念变迁为其发展拓宽了视域、铺平了道路。要实现李斯特在马堡规划中所设定的刑事政策目的，即通过犯罪预防来打击犯罪，条件反射式的报应刑罚显然难以胜任，而报应刑罚力所不及之处，恰是目的刑罚所发轫之端；更大范围内来看，在传统刑罚无能为力之处，亦正是保安处分大有可为之所。

二、现代学派与保安处分的可行性论证

具体而言，现代学派思想中存在着一系列对于保安处分的制度构建颇具价值的基本观点：

第一，确立了保安处分措施所追求的"改善（Besserung）"与"保安（Sicherung）"的基本目的，以及至少在一定程度上肯定了"改善"的中心地位，或者说相对于"保安"所具有的优先地位。李斯特在马堡规划中所提出的个别预防的基本策略是：改善可改善者，将不可改善者无害化。这是李斯特改革方案之核心所在，当然也是李氏理论最为薄弱同时也是最受诟病之处。其中最大的难题在于对可改善者与不可改善者之间界限的划定，换言之，法官应当依据何种标准来判断行为人是不可改善的呢？对此，不得不说，以科学主义为立场所拟定的改革策略也许并不科学，李斯特自己最终也没有构想出令人满意的办法，而只能简单地在不可改善者与惯犯之间画上约等号。除开判断上的困难（这在今天仍然是一个未有确定答案的未解难题）不谈，鉴于"无害化（Unschädlichmachung）"实际上等同于"保安"，在李斯特为不需改善者、需要改善者、不可改善者分别配备以威吓、改善和保安为目的之刑罚的改革方案当中，保安处分措施当中最为核心的"改善"和"保安"要素不仅能获得其原始出处，而且在李斯特"不可改善者之保安，可改善者之改善"之改革方案中被作为最为重要的两类目的予以确认。值得注意的是，虽然李斯特将不可改善者之犯罪人群与保安之处置目的相联结，但不可改善者之范围划定上的困难并不会同时导致保安目的受到牵连。也就是说，保护社会不受将来犯罪侵犯之目的是一个值得肯定和追求的目标，这一点本身并不存在任何问题。此外，虽然促使李斯特提出其改革方案的直接动因是社会治安环境的恶化，尤其是再犯、惯犯的泛滥，因而相应地，李斯特将对不可改善者之保安作为其改革方案的首要动议，而且在一段相当长的时间内，对惯犯之惩戒确实构成了德国刑法改革的热点和难点，但是随着保安处分制度的发展，尤其是出于人道主义考量而对"不可改善者"这一标签的深深质疑，"改善"越来越成为更为重要的一面。在李斯特的设计中，只有对确实不可改善者，才允许出于保安目的将其无害化处置，相应地，改善总是对犯罪人处置的首要选择，

而在对于犯罪人是否不可改善存在疑问的情况下，则应首先对其处以改善处置并进行周期性考察，① 更是直接证明了改善相对于保安的优先地位。

　　第二，对于科处保安处分措施的实质性前提，现在一般认为是"继续从事犯罪的高度可能性（Wahrscheinlichkeit der Begehung weiterer Straftaten）"。对此，李斯特所给出的标准或者是行为人自身所具有的"反社会态度（antisozial Gesinnung）"因素，② 或者是借助于与惯犯类似的"状态犯（Zustandverbrecher）"范畴，认为保安处分主要针对状态犯这一人群。③ 此类标准均因其过于主观而遭受批判。④ 正是在对批评者的回应当中，李斯特反复强调，不论是对行为人人格当中反社会因素的判定，还是对行为人是否可被归属为状态犯的判断，都不是一个仅仅局限于主观因素的任意判断。就"反社会态度"而言，性质上属于行为人自身所具有的一种主观态度，但其"必须客观地表现在外部"，具有客观证据的证明才可予以认定。⑤

　　相较于"再次实施犯罪的危险"这一客观标准，"行为人具有反社会态度"这一标准显然应被归入主观的范畴。在此首先有必要厘清"客观标准"这一表述的内涵，某一标准是相对客观还是过于主观，与主要依据客观因素还是主观因素来制定这一标准之间并不具有必然的联系。也就是说，完全依赖比如行为的损害结果、行为人的年龄和经济收入等客观因素而制定的标准并非必然是客观有效的；相反，主要取决于比如行为人的精神状态、行为人的人身危险等主观因素的标准也并不一定是主观随意的，因为说到底，不管是客观的还是主观的标准，所检验的最终都必须是客观的证据或事实，而且彻底客观或绝对主观的标准是不可能存在的，客观与主观以及行为人与行为之间实则是相互依赖、互为证明的。因此可以说，客观与主

---

　　① Liszt, Franz von, Strafrechtliche Aufsätze und Vorträge, Band 1 (1875—1891), Berlin 1905, S. 170.

　　② Liszt, Franz von, Strafrechtliche Aufsätze und Vorträge, Band 2 (1892—1904), Berlin 1905, S. 16.

　　③ Liszt, Franz von, Strafrechtliche Aufsätze und Vorträge, Band 2 (1892—1904), Berlin 1905, S. 173.

　　④ Birkmeyer, Karl von, Gedanken zur bevorstehenden Reform der deutschen Strafgesetzgebung, in: GA 1901, 68.

　　⑤ Aschrott, Paul Felix (Hrsg.), Die Reform des Reichsstrafgesetzbuchs 1. Allgemeiner Teil, Berlin 1910, S. 395f.

观标准的区别仅仅在于二者的侧重点和立足点的不同，仅仅在于是以客观因素作为主观要素之表征，还是以主观因素作为客观要素之证明。如此看来，李斯特以行为人人格中的反社会态度作为科处保安处分之标准，仅仅意味着以行为人之危险人格为立足点，这当然与他将目的刑罚之重点由空洞且单一的行为转移到丰富且多面的行为人、将行为附属于行为人而非相反、以对犯罪人的类型划分作为刑罚目的实现之必要前提等基本立场是一脉相承的。当然不能据此就认为李氏理论完全脱离客观，因而存在以人为手段、以犯罪人为试验品的重大嫌疑，因为将行为人之反社会人格换一种说法、换一个视角，所指的无非也是行为人在将来再次实施犯罪的危险或可能。毕竟，与刑罚一样，保安处分科处和执行的目的，仅在于犯罪预防与法益保护，而非社会环境的净化或政治环境的肃清。何况李斯特自己也已经明白无误地指明，"教育犯罪人适法地（rechtlich）生活"，① 也就是不再实施犯罪，而非合乎道德地生活，才是对犯罪人"改善"的真正涵义。

基于此，有必要将李斯特的"行为人之反社会态度"标准与通行的"再次实施犯罪的危险"标准作一比较。二者之间，难谓前者是立足于行为人的主观标准，而后者是立足于行为的客观标准，因为所谓"再次实施犯罪的危险"，当然是"犯罪人"再次实施犯罪的危险。一般认为，这是对行为和行为人因素的全面考察和评价，但如果一定要在行为和行为人之间分清一个轻重主次，实则仍然是在证明行为人要素，全部判断因素所指向的均为行为人再次实施犯罪之人身危险性，而这与行为人之反社会态度之间，事实上并不存在实质的差异，特别是考虑到李斯特对于法益保护目的的重视和对反社会态度之客观表征的承认则更是如此。在当时的历史语境下，李斯特实际上最早提出了保安处分科处中的行为人的人身要素。而在保安措施与刑罚、保安处分法与传统刑法之间，最大的区别就在于前者立足于行为人，而后者以行为为中心；前者对于行为的考察最终都需回溯到行为人，后者对行为人的关注最终皆需表现为行为。可以说，以行为为核心的保安处分法本身就是不伦不类的，正如完全意义上的行为人刑法事实上只

---

① Liszt, Franz von, Strafrechtliche Aufsätze und Vorträge, Band 2（1892—1904）, Berlin 1905, S. 209.

是历史所证明的漫无边际的国家暴力。因此，旧派学者依然倾向以行为为中心的保安处分构建本身就是荒唐的，对行为人的危险人格和反社会态度的重视，正是保安处分法之本质所在，李斯特思想对于保安处分之启发意义和推动价值，在此又一次得以鲜明地体现和证明。此外，更为值得注意的是，行为人的反社会态度必然要求也当然包括其具有再次实施犯罪的危险或可能，可是反过来，行为人具有再次实施犯罪的可能并不必然意味着其具有主观上的、人格上的反社会态度，由此可见，相较而言，李斯特的标准反而更为严格。是以，即便时至今日，李斯特对行为人人身要素之侧重依然是更为可取的。①

第三，对于保安处分之内容与范围，尤其是期限裁量和执行考察，李斯特在其著述当中也基本上指明了要点。对于保安措施的期限，李斯特认为，只要犯罪人仍然危险，就应对其继续监禁，如果必要甚至可将其终身监禁。② 对于与行为人罪责相称之传统刑罚，法院能够大体判定应当判处的刑罚种类与期限，但法院并无权也无法决定对行为人实际执行的刑罚期限的长短，取决于刑罚的实际执行效果，其最终执行期限可能被缩短。换言之，因犯罪人罪责大小之限制，法院所应判处的刑罚能够绝对确定，但因行为人人身危险性高低之影响，实际执行的刑罚期限只能相对确定。与之类似，对于完全取决于行为人人身危险性之有无与高低的保安措施，法院在判决的当时当然无法未卜先知，对一年之后或五年之后行为人的人身危险性预先作出判断。相应地，李斯特认为保安刑罚（措施）的执行期限只能是绝对的不定期刑（absolut unbestimmte Strafe）。③ 当然，保安措施的执行也可能因犯罪人人身危险性的消除而提前结束，主管机关应每隔五年对之进行考察，虽然这属于绝对的例外。在目的观念的支配下，改善措施的执

---

① Frisch, Wolfgang, Das Marburger Programm und die Maßregeln der Besserung und Sicherung, ZStW 1982, S. 578 f.

② Liszt, Franz von, Strafrechtliche Aufsätze und Vorträge, Band 1（1875—1891）, Berlin 1905, S. 169; Liszt, Franz von, Strafrechtliche Aufsätze und Vorträge, Band 2（1892—1904）, Berlin 1905, S. 327.

③ Liszt, Franz von, Strafrechtliche Aufsätze und Vorträge, Band 1（1875—1891）, Berlin 1905, S. 170, 338 ff; Liszt, Franz von, Strafrechtliche Aufsätze und Vorträge, Band 2（1892—1904）, Berlin 1905, S. 133 ff.

行期限应为教育行为人适法地生活所必需，与保安措施类似，这一期限也是法院在判决当中所无法确定的，但与保安措施不同的是，李斯特为改善措施设计了相对不确定的（relativ unbestimmt）执行期限。所谓相对不确定具体是指，执行期限并不能在法院判决当中予以确定，因而是不确定的；但这一不确定却同时受到最高和最低执行期限的限制，即最后的执行期限最高不多于五年，而最低不短于一年。对于改善措施的考察周期为一年。

李斯特的改革方案不仅是对传统刑法理论的反叛，更是对传统刑事司法的背弃。可以说，相对或绝对的不定期刑是着眼于个人犯罪人人身危险性之特殊预防导向的目的刑罚观的必然要求，特殊预防的关键，并非在于法院在判决当中对刑罚力度的确定，而是手段服务于目的，刑罚期限应当完全取决于执行效果，必要且节俭。对于传统刑罚也许并不现实，但执行期限的（相对或绝对）不确定却是保安处分之期限与执行的基本原则，甚至是李斯特提出的保安措施①期限之绝对不确定与改善措施期限之相对不确定在现行保安处分法当中也得以保留。

第四，如前所述，将李斯特特殊预防导向之目的刑罚推向极致，最终会得出将整部刑法典减缩为简单一句"清除有害之人以保护社会"的可怕结论。而这也成为李斯特目的刑罚理论当中的"短板"，作为其修正，李斯特对"刑法是犯罪人的大宪章"的坚持反而招致了众多论敌对目的刑罚论所存在的不够彻底甚至前后不一的缺陷的指摘。从纯粹理论的角度来看，不得不承认，李斯特的回应与辩驳难言成立。比如，他认为，目的刑罚依然需要以犯罪行为为前提，这是出于保护个人自由免遭国家恣意侵害的需要。② 但紧接而至的问题是，为什么保护个人自由就一定意味着个别预防的目的刑罚必须以犯罪行为，也就是已经现实发生的法益侵害为前提呢？ 二者之间有必然的联系吗？显然，李斯特并不想背弃"法治国家"的基本框架以及对个人自由和权利保障的根本追求，然而，目的刑罚对报应刑罚的替代，尤其是罪责原则的被边缘化，本身就是对法治国家和个人自由的致

① 所指的主要是现行《德国刑法典》第 66、66a、66b、66c 条所规定的保安监禁（Sicherungsverwahrung）措施。

② Liszt, Franz von, Strafrechtliche Aufsätze und Vorträge, Band 2 (1892—1904), Berlin 1905, S. 58 ff., 80 f.

命威胁。另外，从技术层面来看，在传统刑罚的框架内，作为报应刑罚之核心原则的"罪责"在目的刑罚当中被降格为参考因素。不容忽视的是，罪责有无与大小不但对于刑罚之科处意义重大，而且也是作为法益侵害之犯罪行为的关键所在，因此，刑罚论领域中罪责的虚置反过来势必导致犯罪论的虚空。依目的刑罚观，刑罚也是对犯罪的必要反应，然而，在此的"刑罚与犯罪"早已与传统意义上的"犯罪与刑罚"名同实异了。

即便理论上不能自圆其说，但李斯特仍然坚持以犯罪行为的业已出现作为动用刑罚的前提，这可能更多的是出于其个人对于纯粹理论之危险的警觉。① 正是对此，李斯特将刑罚而非保安处分设定为改革对象的做法也就有了另外的功能。可以设想，倘若李斯特最初的主张，是径直在刑罚之外增设独立于刑罚、区别于刑罚之保安处分措施，鉴于彼时犯罪形势的不容乐观和法治理念的不够彻底，恐怕并不会招致太大的反对声音，争议之处顶多也就在于此类措施是应归于刑法还是治安法，判处保安措施的权力是应由法官还是警察行使之类的问题，也就是说，对于预防性的犯罪惩治的必要，是各派学者的共识。但如同旧派学者主张将保安措施归入警察法以维护刑法与刑罚之纯粹性一样，即便将保安措施规定到刑法当中，将之与刑罚措施严格区分势必是一个旧派学者很有可能提出的主张和要求。如何区分这一问题的答案也就显而易见了，既然个别预防的目的导向的保安措施并不以罪责报应，而是以危险消除为目的，那么，不仅是刑罚与之无关，犯罪也与之无涉，因为罪责同样构成犯罪的核心所在，轻视罪责也就是轻视犯罪，在传统的犯罪与刑罚（而非仅仅是刑罚）与保安措施之间构筑起一道"防火墙"是在所难免的。脱离了实施犯罪这一前提，保安措施与刑法当中的其他部分实际上已经没有实质性的联系，作为保安措施的基础，只能是完全依赖于科学的人身危险性预测，一切都是数据或者机器说了算了。② 李斯特对于以犯罪行为的存在作为目的刑罚前提的坚持，首先将其与

---

① Frisch, Wolfgang, Das Marburger Programm und die Maßregeln der Besserung und Sicherung, ZStW 1982, S. 585.

② Ruske, Alexander, Ohne Schuld und Sühne. Versuch einer Synthese der Lehren der défense sociale und der kriminalpolitischen Vorschläge der modernen deutschen Hirnforschung, Berlin 2011.

社会防卫学派（défense sociale）特别是激进意义的社会防卫学派区别开来;① 其次，李斯特的这一坚持使得保安措施作为犯罪行为的法律后果，自然应被规定在刑法当中；再次，随着刑法理论的历史进化，构成要件符合性—违法性—有责性的三阶层犯罪论体系逐渐清晰，犯罪行为的内涵更为丰富，作为犯罪之核心要素的罪责被主要置于有责性层面进行探讨，也就是说，脱离了罪责要素的"准犯罪行为"也是可能存在的，而这恰好契合了保安措施以犯罪为前提同时却又独立于罪责的定位和设计。李斯特的坚持使得（准）犯罪行为的存在成为保安措施科处的必要前提，从而一方面限制了国家权力的恣意蔓延，另一方面使保安措施之适用，更为具体地说是人身危险性之判断获得了更为可靠也更加客观的首要的决定因素，这鲜明地体现在《德国刑法典》第66条对于保安监禁科处之形式要件的规定之上。此外，李斯特对犯罪行为作为保安处分措施前提的坚持，也使得在保安处分法的领域内，对罪刑法定原则，即明确性要求、禁止类推、禁止溯及既往②等原则的适用成为可能和必要。

此外，不可忽视的是，李斯特改革方案当中的未尽之处也为保安处分制度的构建埋下了隐忧。李斯特对于犯罪人群的划分和犯罪人的归类并不确定也不科学，尤其是对于"不可改善者"，李斯特为其划定了一个极大的范围，甚至有将一整个阶层、大半数囚犯包括在内的倾向。对于这一较大范围的犯罪人群之惩处，李斯特使用了相较于"保安"或"社会防卫"而言措辞明显更为严厉的"无害化"措施来指称对不可改善者之处置。而"无害化"处置的具体内容也确实能够与其称谓名实相副，甚至可以说有些"实过其言"了，不限期或者终身监禁、奴役化改造、体罚、禁食、囚于暗室等惩戒。在李斯特眼中，作为社会机体的毒瘤，不可改善者没有任何值得同情或怜悯之处，对之就应当狠狠打击、除之后快。在其看来，死刑也并非完全不可考虑的手段，只不过既然能够通过终身监禁的方式将不可改善者与社会永远隔离从而保卫社会，而且通过奴役劳动的方式，对不可改

---

①　Rebhan, Axel, Franz v. Liszt und die moderne défense sociale, Hamburg 1963.

②　根据《德国刑法典》第2条第6款之规定，"如果法律并未另有规定，对改善与保安措施应依据裁判时有效的法律作出决定"。也就是说，对于保安处分措施的科处应适用裁判时法，而非行为时法，这与禁止溯及既往原则的要求并不完全相符。

善者之监禁也不会成为社会的负担，相对而言死刑也就没有必要了。易言之，对于保护社会的目的而言，将不可改善者终身监禁与从肉体上将其消灭从效果上看并无实质差异。

一旦被归类为不可改善者，就会被几乎没有例外地处以终身监禁，更为准确地说，是仅以保安为目的而不附带有任何改善措施的隔离处置，是社会对个人之彻底放逐的现代版本甚或升级版本。显而易见的是，在李斯特的改革规划当中，"在改善与保安措施给其对象所带来的权益侵犯与以其为代价所维护的利益之间缺乏应有的'均衡（Proportionalität）'"，① 这显然与李斯特本人对刑罚之节俭的倡导不相符合："刑罚是实现目的的手段"，"目的理念要求手段适应目的以及刑法适用上的尽可能的节俭（Sparsamkeit）"，"正确的，也就是公正的刑罚指的是必要的刑罚"，也"只有必要的刑罚才是正义的"。② 基于对报应刑罚之僵化和机械的批判，李斯特阐明了上述目的刑罚相对于报应刑罚而言在确定刑罚之尺度方面的优越性。也就是说，报应刑罚以罪责为基础，以罪刑均衡为基本原则进行刑罚的裁量，这在李斯特看来，首先并不是一个严格的、有效的标准，在犯罪的"值（Wert）"与刑罚的"值"之间，并不存在一个客观的对应或者换算关系。盗窃一辆汽车是该判十年还是十五年，并不存在一个绝对的答案，所谓的罪刑均衡，都是比较而言的，杀害他人会得到比仅仅伤害他人更重的刑罚，这就已经是罪刑均衡了，并不存在更进一步的标准。而目的理念则不然，目的刑罚首先要求刑罚的动用是以犯罪预防和法益保护为目的的，更为重要的是，在手段与目的之间，要争取以最小的代价实现同样的目的。然而，看似更加理性和精于算计的目的刑罚，却很容易导致"为达目的不择手段"的残酷刑罚。对不可改善者施以终身监禁从而将其永远与社会隔离，的确能够达到保护社会免遭犯罪侵害的目的，但是为了实现犯罪预防

① Bockelmann, Paul, Franz von Liszt und die kriminalpolitische Konzeption des allgemeinen Teils, in: Franz von Liszt zum GedächtniS. Zur 50. Wiederkehr seines Todestages am 21. Juni 1919, Berlin 1969, S. 65; Roxin, Claus, Franz von Liszt und die kriminalpolitische Konzeption des Alternativentwurfs, in: Franz von Liszt zum GedächtniS. Zur 50. Wiederkehr seines Todestages am 21. Juni 1919, Berlin 1969, S. 102.

② Liszt, Franz von, Strafrechtliche Aufsätze und Vorträge, Band 1 (1875—1891), Berlin 1905, S. 161.

的目的，并非意味着就必须将过半的犯罪者予以终身监禁；即便将其监禁是一个必要的手段，在监禁过程中对其施加的纪律刑罚、劳役改造也难言必要。而且这种将不可改善者无害化之必要，主要是建立在对以极为宽泛的标准来划定不可改善者之范围这一基础之上的，比如，三次犯罪、屡教不改即为不可改善者。可是，刑罚之必要与否、是否节俭的考量，当然不能将与之紧密相关的犯罪圈的划定、犯罪人的归类排除在外，大范围地圈定不可改善者本身就是不必要、不节俭的。从现实来看，按李斯特的主张，将一半以上现存的被囚禁者、十之七八的犯罪人归为不可改善者并将之终身监禁，这本身就是一种刑罚的滥用和无度。因此，报应刑罚即便无法做到与行为人应负之罪责完全地、绝对地对应的程度，但至少行为人罪责的有无和高低对刑罚的科处和裁量形成了一种不能突破的"硬性限制"，而且刑罚的裁量是存在一般标准可循的，相对意义的罪刑均衡本身就是一种能够被信赖的稳定结构；与之相较，目的刑罚所依照之目的，只是对刑罚之手段的一种"软性约束"，而所谓的"必要"和"节俭"，也是一个见仁见智的主观问题。

更为致命的是，李斯特之规划在根本上缺乏任何价值理性的限制，[①] 是其对人的漠视和对人权的忽视。也可以说，李斯特所规划之刑罚是没有底限的，因为人是权利的载体，应享有人的权利和人的尊严，这应当构成任何惩罚措施的底限所在。李斯特在其规划当中对于犯罪人权利（比如公民名誉权）的随意处置在很长一段时间内宰制了保安处分法实践。在彻底的目的理念的支配下，甚至保安措施当中臭名昭著的"强制阉割（Zwangsentmannung）"也能找到其正当性证明，其是必要的因而是合理的。

申言之，以李斯特为代表的现代学派思想对于保安处分的重要意义主要集中于以下两点：其一，李斯特所最初设想的以目的刑罚完全取代报应刑罚的宏伟规划虽未能如愿，但其所倡导的特殊预防导向的目的刑罚，一方面撼动了报应刑罚的统治地位，由行为到行为人的转向，使得刑罚的内容更加丰富，刑罚之本质不再只是形而上学式的纸上谈兵，行动中的、实

---

① Frisch, Wolfgang, Das Marburger Programm und die Maßregeln der Besserung und Sicherung, ZStW 1982, S. 592.

践中的刑罚，也就使刑罚执行越来越多地受到重视；另一方面揭示了传统刑罚的功能缺陷，在罪责抵消之外，传统刑罚寸步难行。罪责与刑罚之间唇齿相依的紧密关系使得不以罪责为基甚至不受罪责约束的目的刑罚实质上已经不是刑罚。在此意义上，保安处分就是传统刑罚之自我否定，由单纯刑罚向刑罚与保安处分"双轨制"之过渡，恰恰就是古典刑法向现代刑法之蜕变。作为保安处分之根基，特殊预防导向的合目的性处置，是李斯特提出的。其二，与之相应，李斯特在目的刑罚框架内对其规范配置、执行期限、改善措施、考察评估等所进行的技术性设计大多为保安处分所承继。可以说，尽管可能只是其退而求其次的妥协之计，但李斯特在刑事政策上使保安处分成为必要，并在立法技术上使其成为可能。当然，究竟是李斯特的思想造就了保安处分制度的发展，还是保安处分的成长成就了李斯特思想的伟大，仍是一个耐人回味的问题。

第五节　结论

保安处分，不论是思想形成还是制度成型，很大程度上都是发生在 19 与 20 世纪之交的，分别以宾丁和李斯特为代表和旗手的刑事古典和现代学派的那场著名论战的产物。学派之争最终体现为德国刑事制裁体系之"双轨制"格局的形成，但在传统的刑罚措施之外增加与之并列的保安处分措施，原本并非新派学者的主张，反而恰恰是新旧两派论争、对抗、妥协和折衷的产物。

经济基础和上层建筑之间交互影响，社会变迁与思想演变相伴相生，故而每个时代都会有其特有的精神。到 19 世纪后半期，理性主义业已深入人心，人的理性的天然正当和绝对正确，已经内化为常识性的思维模式。到了 19 世纪后半期，科学主义或者说相信科学的朴素观念已经深得人心，实践导向的经验主义发展迅猛，有力地冲击着理性主义者所建筑的形而上学的坚固堡垒。与之相应，知识获取和科学研究的核心途径，亦由理性思辨与逻辑推演转向了科学发现与实证考察，实证主义逐渐成为主流的研究方法。具体到法学研究领域，"法实证主义"作为基本的研究方法得以确立。法实证主义又可分为狭义和广义两类研究流派，狭义的法实证主义所指的是"法律实证主义"，其研究对象仅限于国家所颁布的现行有效的"实证法"；广义或者说一般的"法实证主义"则通过借助自然科学、心理科学、社会科学等各个领域的方法和路径，切实了解法律的实际运行。循此思路，耶林找回了法学思考中失落的目的观念，而李斯特继而将之在刑法当中发扬光大，并将其作为整体刑法体系的基石。要而言之，农业社会向工业社会的转型以及理性主义向科学主义的过渡构成了李斯特提出"马堡规划"以及刑法现代学派形成的社会和知识背景，其所切实面临的问题是：如何以科学的"药方"祛除犯罪的"病灶"。

1882 年，李斯特在马堡大学作了题为"刑法中的目的观念"的就职演讲，全面检讨了以"报应刑罚"为核心的传统刑法理论的理论凝滞和实践乏力，并通过发掘和推进刑法中的目的观念这一理论基石，积极倡导由"报应刑罚"向"目的刑罚"的观念转变、范式革新、理论进化和制度变革。该文以及其中所设想的一系列理论革新和实践改革亦被概称为"马堡规划"。李斯特将刑法和刑罚作为一个客观的历史发展过程进行考察，"本能性刑罚""客观化刑罚"和"目的性刑罚"是刑罚渐进发展所历经的三个主要阶段。就目的刑罚的具体内容来说，改善、威吓和无害构成了刑罚最为核心的作用机理，使其能够有效发挥法益保护之功能。刑罚所面对的并非抽象的、统一的犯罪概念，而是具体的、差异化的犯罪人类型。为解决刑罚之三重功效之间所可能存在的抵牾和不协调，李斯特将三类刑罚功能与三种犯罪人类型相对应：第一，改善能够改善和需要改善的犯罪人；第二，威吓不需要改善的犯罪人；第三，将不能改善的犯罪人无害化。或者更为简练地说，"改善可改善者，将不可改善者无害化。""马堡规划"是一封双重意义上的战书：对报应刑罚宣战！对犯罪宣战！

学派之争被认为首要是对国家刑罚之目的的争议。具体而言，是以宾丁为代表的古典学者所秉持的"罪责抵消之报应刑罚"与以李斯特为旗手的现代学派所倡导的"特殊预防导向之目的刑罚"之间的对垒。古典学者对李斯特思想的诟病主要集中在其改革方案的不现实和论证立场的不统一。"改革方案的不现实"主要指向的是李斯特将三种刑罚目的与三类犯罪人群相互对应。对于李斯特将不同的刑罚目的，即改善、威吓和无害，与特定的犯罪人群，即需要并能够改善者、无需改善者和不能改善者，径相对应的想法和尝试，被批判为"无法落实"并且"任意武断"。"论证立场的不统一"主要是指，如果仅仅着眼于"特殊预防"和"有效的法益保护"，为何刑罚的科处一定要以犯罪行为的施行为前提就是一个不无疑问的待解之题。

李斯特与保安处分的关系并非表面上看来那么疏远，随着争论的展开和思考的深入，他逐渐接受了将保安措施作为有效的犯罪预防和法益保护手段的想法，并将在马堡规划当中归于目的刑罚的很多领域和功能转移给了保安措施。李斯特原本意在促进刑罚进化之目的刑罚理论最终被适用于保安处分之上，这只是一个表面上的矛盾。一定程度上可以说，保安处分得以成型实则是不同学派的各个学者之间争辩的合力结果。

在斯托斯草案中，新派学者至少看到了他们所力主的改革诉求的部分实现，因为改革者天然处于弱势地位，这种局面对其而言虽然并不完美，但也并非完全不能接受。作为务实的刑事政策学家而非严格意义上的刑法学家，李斯特在其对于斯托斯草案的表态当中清楚地表达了这一立场，其他的现代派学者大多亦持类似的态度。对于旧派学者而言，只要能够保证即便是在双轨制模式当中，也能够全面且彻底地保持刑罚的纯粹本性，这种妥协和折衷也并非不能接受。至此，学派之争终以没有人完全满意，但所有人皆有收获的"双赢"甚或"多赢"的局面告一段落，也可以说，这是一场"所有人的胜利"。在此之后，刑罚与保安处分的双轨制是所有刑法改革方案中刑事制裁部分的基本构造，所不同的仅仅是对具体的保安处分措施的种类设置。

第二章　保安处分的制度成型

第一节　双轨制的首次提出
——1893 年瑞士 "斯托斯刑法典草案"

在与李斯特提出马堡规划差不多的时间，在斯托斯（Carl Stooss，1849—1934）的领导下，瑞士正式开始了刑法典编纂工作。① 与李斯特类似的是，斯托斯同样重视预防犯罪和保护法益的刑事政策目的，同样认识到传统刑罚手段在犯罪预防方面的乏力，同样深感刑罚之改造效果的不足，同样将其关注的重点由行为转移到行为人；但与李斯特不同的是，斯托斯并未一开始就将自己置于反叛者或先知者的位置，并未主张由传统刑法向现代刑法、由报应刑罚向目的刑罚的全面转变，而是立足于传统刑法的立场，在现有的理论和实践框架之内，寻求问题的解决之道。当然，这可能与其个人主要作为立法者在开展活动的经历以及为刑法典提供支撑的研究目的很有关系。② 因此，相对于李斯特以马堡规划集中而系统地阐释了目的刑罚的基本理念，斯托斯所提出的 "瑞士刑法典初步草案（Vorentwurf zu einem Schweizerischen Strafgesetzbuch）"③ 为目的（刑罚）理念的实现提供了现实的可能。"为保安处分，李斯特指示了目标，斯托斯指明了道路。"④ 就

---

① 瑞士的刑法典编纂开始于 1887 年，并主要由法学教授，而非行政官员负责草案的拟定。Vgl. Schäfer, Frank Ludwig, Carl Stooss（1849—1934）. Eine Geschichte der Strafrechtskodifikation in drei Staaten, Jahrbuch der Juristischen Zeitgeschichte 2013, S. 319, 321.

② Schäfer, Frank Ludwig, Carl Stooss（1849—1934）. Eine Geschichte der Strafrechtskodifikation in drei Staaten, Jahrbuch der Juristischen Zeitgeschichte 2013.

③ Stooss, Carl, Vorentwurf zu einem Schweizerischen Strafgesetzbuch. Allgemeiner Teil, Basel 1893.

④ Exner, Franz, Die Theorie der Sicherungsmittel, Berlin 1914, S. 239.

思想论，李斯特无疑是更为深刻和前卫的，但就实务论，斯托斯显然更加沉稳和周全。继李斯特首倡特殊预防导向之目的刑罚从而使保安处分思想得以形成之后，斯托斯草案大大推进了保安处分之制度成型，只有以此为基础，不管是作为思想还是制度，保安处分才有正当性可言，因为倘若保安处分最终未能以规则或制度的形式确定下来的话，对其正当性的论证即便再充分，也只能是纸上谈兵。

一、斯托斯草案中的保安措施

"斯托斯刑法草案"（以下简称草案）是 1893 年正式提交的，其中第 19 条至第 35 条属于对犯罪的法律后果的规定。在此部分，草案在历史上首次采用了"刑罚与保安措施"的"双轨制"构造，在刑罚措施之后又规定了保安措施，这一构造基本为德国、瑞士、奥地利等国家采用"双轨制"体系的刑法典所采用并沿用至今，其示范和开创意义显著。当然，这也是在世界范围内，保安处分首次被写入刑法典（草案）。

对于保安措施之规定主要涉及如下条文：草案第 9 条、第 10 条、第 11 条规定了对无归责能力者的收容和照管。其中第 9 条规定："如果行为人的归责能力有所减弱，应减轻其刑罚。（第 1 款）如果行为人被收容或者作为精神病患者、智力障碍者或精神残疾者被照管，则刑罚无效。（第 2 款）"紧接着，对于无归责能力者的收容（Verwahrung von Unzurechnungsfähigen），第 10 条规定："出于公共安全要求，法院可对无归责能力者或归责能力减弱者处以收容措施。（第 1 款）收容者的释放决定同样由法院负责，条件是收容的原因已经不再存在。（第 2 款）"对于无归责能力者的照管（Versorgung von Unzurechnungsfähigen），第 11 条规定："如果无归责能力者或归责能力减弱者的状况需要精神医生在专门机构中对其予以治疗，法院可将其转移给管理机关。"

草案第 23 条和第 40 条共同对"再犯收容监禁（Verwahrung von rückfälligen Verbrechern）"作出了规定，第 23 条属于一般性规定，内容为："对再次犯罪的犯罪人的收容的期限为 10 到 20 年。收容在专门用于此目的的场所执行。（第 1 款）严格要求被收容者进行劳动。（第 2 款）"第 40 条则进一步对其具体执行作出了细致规定："被重复判处监禁刑的犯罪人，在上次刑罚执行完毕之后 5 年之内又实施新的犯罪，并且法院确信，法定刑罚已经无力阻止其继续实施犯罪，则法院将其转移给负责对再犯的收容作出决定的联邦机构。（第 1 款）这一机构负责调查犯罪人先前生活、教育、家庭关系、收入、身体和精神健康、其所实施的犯罪和所已经执行的刑罚。如果其认定，在刑法执行完毕之后犯罪人毫无疑问将再次实施犯罪，并且认为将犯罪人在很长一段时间之内无害化是必要的，则主管机构代替刑罚对犯罪人判处 10 到 20 年的收容措施。否则法院判决生效。（第 2 款）执行 5 年之后，如果被监禁者是首次被收容并且可以相信其不会再实施犯罪，则主管机关可以决定将其提前释放。（第 3 款）"

此外，草案第 24 条规定了"收容于劳动场所（Arbeitsanstalt）"措施，内容为："因不务正业或畏惧工作而实施犯罪，并应判处一年以下有期徒刑的，可替代刑罚或在刑罚之外处以 1 到 3 年收容于劳动机构。（第 1 款）"草案第 25 条规定了"酒吧禁止令（Wirtshausverbot）"，内容为："因过度饮用致幻饮料而实施犯罪的，可禁止其在 1 到 5 年内进入酒吧。"草案第 26 条规定了"收容于戒酒机构（Heilanstalt für Trinker）"措施，内容为："如果有必要将嗜酒者收容于戒酒机构，依医生鉴定可独立于刑罚对其科处 6 个月到 2 年期限的收容措施。"

在此，有必要对上述条文的体系结构和条文关系予以简要说明。首先，在草案当中，保安措施并非集中规定在作为犯罪之法律后果的"刑罚与保安处分"部分，对于无归责能力者之收容与照管措施，在归责能力之后作出了规定。对此，在斯托斯与李斯特之间存在着观点上的差异。对于以精神病人为代表的无责任能力人与以惯习犯为典型的刑罚接受能力减弱甚或丧失者是否具有区分的必要和可能，也就是罪犯是否可被认为是一种宽泛意义上的病人这一问题，在学者中间存在着不同的见解。对于李斯特而言，不管是屡教不改的惯犯或状态犯，还是精神失常的精神病患者，其所缺乏的均为"通过刑罚的可激励性（Motivierbarkeit durch Strafe）"。[1] 具言之，刑罚的目的在于对法益的预防性保护，其作用机理主要在于，通过对犯罪

---

[1] Liszt, Franz von, Die strafrechtliche Zurechnungsfähigkeit, in: Strafrechtliche Aufsätze und Vorträge, Band 2 (1892—1904), Berlin 1905, S. 214–229.

人施以刑罚的恶，促使其在今后不再犯罪、适法生活，是对犯罪人适法生活的教育和改善。当然，刑罚功能的发挥需要以行为人"归责能力（Zurechnungsfähigkeit）"的存在为前提，也就是说，如果犯罪人感受不到刑罚的恶或者对于刑罚之恶已经产生习以为常的耐受力，那么刑罚对之就是不起作用的，也就可以认为行为人是不具有归责能力的。这种意义上的归责能力实际上与责任并无太大的关联，而主要是以刑罚功能之发挥为基点，讨论刑罚发动的条件这一问题。从这一角度来看，惯犯与精神病人没有实质差异，均欠缺刑罚功能发挥所需要的"对刑罚的必要的感知"。而在斯托斯看来，惯犯与精神病人存在质的差异，归责能力所指的仍然是辨别和认识自己行为的自然属性和社会性质的能力，据此精神病人不具有而惯犯具有归责能力。与之相应，对于无归责能力者以及归责能力并不欠缺的惯犯的处置完全不同，对于精神病患者，法院可以出于维护社会安全的目的将其收容（第10条），但如果必要，更应将其转至专门的精神病院予以治疗（第11条）；而对于惯习犯，首先应当将其长期（10~20年）与社会隔离，另外应主要通过强制劳动的方式对其予以改造（第23条）。

其次，对于惯犯，也就是李斯特意义上的不可改善者，斯托斯收容措施的设置显然要宽缓和人道得多。除了极为个别的例外，李斯特无害化处置应为不限期的终身监禁，而斯托斯为收容措施规定了10到20年的相对不确定期限，不仅如此，对于被首次收容的犯罪人，在执行期满5年之后法院就可能将其提前释放（第40条第3款）。李斯特将不可改善者视为社会的毒瘤，视为伤害社会至深因而也为社会所放逐的群体，因此体罚、禁闭、禁食、奴役等悲苦异常的执行处遇也就顺理成章了。而在斯托斯看来，严格控制下的劳动已经为改造惯犯所必需，而且在他那里，在惯犯与不可改善者之间并不能完全地画上等号，甚至不可改善者本身就是一个颇为可疑的概念，从收容措施最长20年的执行期限来看，斯托斯应当并不承认存在绝对的不可改善者。更为重要的是对收容监禁之科处条件的严格限制，草案第40条第1款不仅规定了形式上的前提，即被多次监禁并在获释之后5年内再次犯罪，而且规定了实质上的条件，即刑罚预防犯罪的功能已经失效，也就是犯罪人在获释之后无疑将再次实施犯罪，因而有必要将其在较长一段时间之内与社会隔离。对于实质条件的判断需要从"犯罪人先前的生活、教育、家庭关系、收入、身体和精神健康、其所实施的犯罪和所已经执行的刑罚"（第40条第2款）诸多方面全面进行，其中所重点考察的犯罪人、犯罪与刑罚三个维度以及犯罪人的人身条件与社会环境两个方面，均为其后保安处分制度构建提供了颇具价值的范本。

再次，就保安措施的具体类型来看，草案规定了无归责能力者的收容、无归责能力者的照管、再犯收容监禁、收容于劳动场所、酒吧禁止令和收容于戒酒机构共计六种保安措施，其中，酒吧禁止令属于非剥夺自由的保安措施，而其余五种则属于剥夺自由的保安措施。就其对象而言，主要针对无归责能力者、屡教不改的惯犯、好逸恶劳的犯罪人、嗜酒成性的犯罪人等犯罪人群。不论是犯罪人群的细致划分还是保安措施的类型确定，均为之后的保安处分立法提供了参照。尤为值得注意的是斯托斯草案当中对犯罪人类型的划分。如前所述，李斯特的犯罪人划分，即将犯罪人划分为不可改善者、需要改善者、不需改善者三类，与其说是基于科学实证而得出的客观结论，不如说是出于将不同的犯罪人群严格区分的考虑而进行的纯粹的概念设定，因为可改善与不可改善、需改善与不需改善本身就只是概念上的人为设定。在此可以追问的问题是，不可改善或不需改善的人群在实践中确实客观存在吗？在可改善与不可改善、需改善与不需改善之间是否存在绝对清晰的界限？既然改善构成了类型划分的核心概念，那么改善的涵义究竟是什么呢？脱离了具体的改善措施，抽象地来谈论改善的涵义是否可能、可行或可取呢？既然改善的内涵、改善措施的范围尚未有定论，又如何以之为基准来进行犯罪人群类型的划分呢？更为关键的是，不需改善者、可改善且需改善者、不可改善者三者之间是否能够真正地形成一个界限清晰的位阶，可改善与不可改善、需改善与不需改善两对范畴之间是否存在可能的交叉，换句话说，对于可能存在的"不需改善但可改善"这一人群又如何处理呢？当然，按照李斯特的见解，不需改善也就意味着不改善，因为唯有必要的刑罚才是正义的刑罚，也就是将改善的需要置于改善的可能之上位，可是，这种思维上的勾勒和位序上的排列的帮助作用并不大。与之形成鲜明对照的是，斯托斯对于犯罪人群的类型划分，对于犯罪原因的具体确定显然是建立在实践经验的基础之上的，比如，将犯罪人实施犯罪追因到好逸恶劳、溯源到嗜酒成性；又如，不是粗暴地将屡教不改的惯犯定性为不可改善者，而是对其施以形式和实质条件的限制；再如，对于惯犯是否存在继续实施犯罪的可能的判断，并非形式化固定为多次实施犯罪，而是对犯罪人之人格特征与成长环境，对已经实施之犯罪与判处之刑罚进行有理有据的分析。

最后，在斯托斯草案当中，保安处分与刑罚措施是截然分开的，这并不仅仅是指在刑罚之外规定保安处分措施，非以保安处分全面地取代刑罚，而是体现在具体的规则设置当中。第一，保安措施只能替代刑罚或独立于刑罚而科处和执行，例如，对于无归责能力者，收容或照管使"刑罚无效"（第9条第2款）；对于惯犯的收容监禁，如果主管机关决定对犯罪人不予收容，则"法院判决生效"（第40条第2款），也就是法院判决中对犯罪人所确定的刑罚生效，反过来，如果主管机关决定将犯罪人收容监禁，则法院判决的刑罚将自动失效；对于收容于劳动场所，应"替代刑罚或在刑罚之外"而科处（第24条）；对于收容于戒酒机构，也只能"独立于刑罚"科处（第26条）。也就是说，保安措施的科处和执行与刑罚判处与否以及是否执行之间并没有必然的联系，也就从而与犯罪人的罪责之间不存在决定性关系。第二，从主管权限上看，对于部分的保安措施的科处，并非由法院，而是由专门的主管机关或者治疗机构负责；而对于保安措施的执行，则无一例外地需要在独立于刑罚执行机构的专门场所进行。

统而言之，先不论斯托斯草案当中具体规则设置的科学或合理与否，在一国首部统一的刑法典的起草和制定过程中，就有勇气和先见将全然区别于传统刑罚措施的保安处分写入刑法，作为刑罚之外的另外一轨，本身就体现了斯托斯个人所具有的丰富学识、深刻洞察和行动魄力。斯托斯草案的公布，使得争议各方在其中均见到了己方主张的有力实现，作为犯罪的法律后果，刑罚与保安处分共处于同一部法律当中，却并不会导致刑法内部的条文扞格甚至体系分裂，这本身就是一个值得称许的创举。不但如此，即便是在制度设计上对之吹毛求疵，斯托斯草案也没有任何原则上的错误或设计上的矛盾，即使在今天看来，草案规则设计的全面和细致仍然代表极高的立法技术水平，对于收容监禁措施（第40条）之科处条件的设置尤为如此。斯托斯所设计的刑罚与保安处分的"双轨制"，最终使得保安处分由抽象思想落实为具体制度，在刑罚之外，保安处分获得了不容置辩的独立地位。

二、斯托斯思想中的保安处分

斯托斯在瑞士刑法草案当中对保安处分制度的上述设计并非基于对以李斯特为代表的现代学派思想的简单遵循，也非鉴于激烈开展的学派争论而进行的中和两派观点的有意妥协，而是根植于和衍生自斯托斯个人全面系统的理论思考。理解"双轨制"设计当中保安处分的"因必要而正当"的独立地位，进一步了解斯托斯的基本观点特别是保安处分的相关思想是必需的。

社会转型所导致的日益恶化的犯罪形势，特别是极高的再犯比率也使斯托斯深刻意识到传统刑法，当然最为主要的是罪责相称的报应刑罚，在犯罪预防和法益保护方面的局限作用和功能失常。从同一现象和问题当中，李斯特看似谨慎——即紧密地联系刑罚发展和进化的历史，实则大胆地主张推进罪责抵消的报应刑罚向以个别预防为导向的目的刑罚之进化——虽然隐晦地以报应刑罚实质上也是目的刑罚的论断为掩饰。与之不同，斯托斯只是将问题（也许较为现实、也许过于保守地）归结为：在多数情况下，"与罪责相称之刑罚与预防需求之间并不能取得一致"。① 也就是说，不是刑罚本身出了问题，而是传统的刑罚报应与当下的预防需求之间出现了脱节的现象。在此，斯托斯当然也意识到了社会转型所必然要求的国家功能的转变，频发的犯罪促使国家制定和贯彻积极的预防犯罪的刑事政策，以期发挥刑法所应有的法益保护功能，就国家观而言，保护公民不受犯罪的侵害是国家应负的职责和义务，就刑法观而言，仅仅对犯罪进行事后的惩治是远远不够的，事前积极的犯罪预防也是不可或缺的。

然而，借用李斯特的论述框架，在报应刑罚与目的刑罚，也就是传统刑法与现代刑法之间，斯托斯并不认为作为传统刑法核心的报应刑罚是不符合刑罚本质的形而上学创设，而是认为，"经过一个漫长的历史发展过

---

① Kaenel, Peter, Carl Stooss und das zweispurige System der Strafrechtsfolgen, schwZStrR 1984, S. 10.

程，报应作为刑罚之本质的观念深深根植于公众的观念当中"。① 也就是说，刑罚是对犯罪的报应这一命题天然地构成了对刑罚的本质和正当性的说明。相应地，刑罚应从已经实施的犯罪之"相称性（Proportionalität）"当中获得其尺度，与犯罪相称的刑罚才是公正的刑罚，对这种公正的追求并非刑罚的目的所在，而是刑罚的固有本性。② 显然，斯托斯对于刑罚本质的理解与李斯特相去甚远。但与古典学者主张对刑罚的本质的探讨应当到此为止，与否定一切从目的理念方向对刑罚的立场不同的是，斯托斯并不否认刑罚在其报应本质之外另有其他的目的所在，如其所言，报应并不是目的。在其看来，刑罚尤其是自由刑的"合目的性（Zweckmäßigkeit）"，首先在于"为法益保护之见而对犯罪人施以影响"③。亦即，刑罚的本质虽然是对犯罪人施以恶害，但是以恶制恶并不是目的，刑罚的目的在于预防犯罪和保护法益，对此，虽然作为对犯罪的必然报应的刑罚动用本身并无作用，但刑罚的执行恰恰为从犯罪人的角度入手，通过对其改善达到犯罪预防的目的提供了可能。也就是说，对预防犯罪之刑罚目的的追求，首先需要将目光由过去时的行为转向现在时和将来时的行为人，由形而上学式的刑罚本质证阐转向面向实践的刑罚执行展开，这种将刑罚之本质（Wesen）与目的（Zweck）区分的做法，使得报应与预防的统一成为可能，也即，报应作为刑罚本质，而预防作为刑罚目的。这是斯托斯就刑罚论刑罚，在传统刑罚的论述框架内为刑罚的目的观念寻找到了栖身之所，可以说，目的刑罚本身是不能成立且不存在的，因为刑罚的本质是报应；但以刑罚为手段，追求预防的目的是可能的。此为其一。其二，斯托斯也现实地认识到，刑罚并非万能的，并非对于任何犯罪人群，刑罚都能起到将其改善从而预防犯罪的目的，这一点在对刑罚并无感知能力的无归责能力者或者归责能力减弱者以及对刑罚产生抵抗能力的惯习罪犯等犯罪群体之上体现得尤为明显。而"没有用处的刑罚也就是没有意义的"，这也就需要"在刑罚以外

---

① Kaenel, Peter, Carl Stooss und das zweispurige System der Strafrechtsfolgen, schwZStrR 1984, S. 8.

② Stooss, Carl, Verbrechen und Strafe kriminalpolitisch untersucht, schwZStrR 1901, S. 390.

③ Kaenel, Peter, Carl Stooss und das zweispurige System der Strafrechtsfolgen, schwZStrR 1984, S. 9.

（neben）"或者"替代刑罚（anstelle）"而引入保安措施。①

就刑罚与保安措施之关系来看，保安措施主要适用于报应本质的刑罚不起作用的场合，因此，作为犯罪的法律后果，应以刑罚为原则，以保安措施为例外，保安措施具有相对于刑罚的补充性（Subsidiärität）。斯托斯主张应严格区分刑罚与保安措施，二者之间是一种非此即彼的排斥关系，并不存在配合或互补的可能，这一点在草案"科处保安措施则刑罚失效；保安措施不予适用则执行刑罚"的规定中得到了鲜明的体现。将保安措施与刑罚严格区分，也就同时意味着需要在完全不同的基础之上对保安措施予以重新认识。在斯托斯看来，"在罪责刑法（Schuldstrafrecht）的基础之上，刑罚是在刑法当中以构成要件形式固定下来的法益侵害行为的法律后果"②，与之不同的是，保安措施"主要着眼于决定当时的行为人的人格状况（Zustand der Täterpersönlichkeit）"③，至多包含了鉴于行为（Tat）而非行为责任（Tatverantwortung）的谴责。④ 也就是说，保安措施脱离了责任主义对其可能的限制，不以行为人对其行为应当承担的责任，而是以行为人人格状况（或者说人身危险性、再次犯罪的可能性）为基础，"其正当性在于鉴于犯罪人之人格状况而预防性地保护社会免受犯罪侵害的刑事政策目的"⑤。刑罚本质是惩前毖后，而保安措施更像是治病救人，这种定位上的差别使得对保安措施的深入认识成为可能，即"即便刑罚与保安措施共同服务于犯罪的预防，但惩罚的必要和防卫的需求在本质上是不同的"⑥，"保安措施所附带的剥夺自由，并非因犯罪而对其施以的惩罚，而是其治疗或收容所必要"⑦；立基于行为人的人格状况而非行为人应负的行为责任，"保安措施

---

① Kaenel, Peter, Carl Stooss und das zweispurige System der Strafrechtsfolgen, schwZStrR 1984, S. 9.

② Stooss, Carl, Zur Natur der sichernden Maßnahme, MschrKrim 1911/12, S. 371.

③ Stooss, Carl, Zur Natur der sichernden Maßnahme, MschrKrim 1911/12, S. 371 f.

④ Kaenel, Peter, Carl Stooss und das zweispurige System der Strafrechtsfolgen, schwZStrR 1984, S. 11, 15 f.

⑤ Stooss, Carl, Motive zu dem Vorentwurf eines Schweizerischen StrafgesetzbucheS. Allgemeiner Teil, Basel 1893, S. 35; Stooss, Carl, Zur Natur der sichernden Maßnahme, MschrKrim 1911/12, S. 371.

⑥ Stooss, Carl, Zur Natur der sichernden Maßnahme, MschrKrim 1911/12, S. 369.

⑦ Stooss, Carl, Zur Natur der sichernden Maßnahme, MschrKrim 1911/12, S. 372.

并不必须完全遵循传统刑法的基本原则";① 在犯罪人同时被判处保安措施的情况下，"保安措施应先于刑罚执行";② 等等。可见，独立于传统刑罚，保安措施需要重新从"着眼于犯罪人的人格状况从而实现预防犯罪的目的"之上重新寻求其正当性证明，但与刑罚的区分也使得保安措施能够从传统刑法原则的束缚当中获得一定程度的"松绑"，从而更好地实现其目的。

此外，尤为值得称道的是，虽然收容者被严格要求劳动，但"应当排除一切不人道的执行手段，即便是对于有收容需要的犯罪人，也要对其为'人（Mensch）'的本质予以重视"③。对不可改善者的否定、对犯罪人的可改善性的肯定以及对刑罚或保安措施执行过程中犯罪人所应有的人的地位的认可，对于一种成熟的刑罚理论，对于一部现代意义上的刑法典，都是不可或缺的。

总体来看，虽然斯托斯更接近于古典学派的立场，却是在古典学派当中，对现代思想最为了解的，也是在现代学派当中，对古典思想最为熟稔的。他恰如其分地把握住了古典与现代学派思想的核心要义，并对之进行了同等的重视和同样的坚持，最终将其形成一股合力，统一到法益保护这一共同目的上来。

第二节　德国刑法中保安处分的历史演变

保安处分作为一种思想、作为一种规划与作为一种规范、作为一种制度，其正当性所在与正当性证明当然是不一样的。在保安处分作为一项正式的制度被写入刑法典之后，对保安处分根据的论证就不能仅仅局限于理论上的证阐和观点上的交锋，而是必须以现行制度和法律规定为依托，在现行制度的框架内对其展开优点与缺陷的考察，并为其寻找到有利（有力）于证明其存在之正当的法律依据。可以说，保安处分写入刑法前后，对其

---

① Stooss, Carl, Zur Natur der sichernden Maßnahme, MschrKrim 1911/12, S. 373.

② Stooss, Carl, Zur Natur der sichernden Maßnahme, MschrKrim 1911/12, S. 372.

③ Stooss, Carl, Motive zu dem Vorentwurf eines Schweizerischen StrafgesetzbucheS. Allgemeiner Teil, Basel 1893, S. 51.

正当性的证明分别应是入刑之前的"法哲学思维"和入刑之后的"法教义学立场"。因此，对德国刑法中具体的保安处分类别的规定及其演变进行简要的梳理是必要的。毕竟，如果一种保安措施曾经在历史上存在过，但后来被废止，这可能是保安处分理念的间接折射，因为某种保安措施之所以被废止，很可能就是因为其与保安处分的合理理念相悖；也可能是保安处分正当依据的反向说明，因为某种保安措施之所以被抛弃，很可能就是因为其本身已经失却了本（应）有的正当性基础。

一、保安处分正式入刑——1933 年《惯犯法》

首要立基于报应刑罚，德国 1871 年刑法典并未将保安处分规定为犯罪的法律后果，尽管其中已经规定了少数的以社会防卫为目的的行政性手段，最为典型的是第 38、39 条规定的"警察监视（Polizeiaufsicht）"。[①] 历经学派之争，学者之间形成一致共识的是，刑罚必须也应当仍然以罪责为基础，但当刑罚本身补足实现必要的犯罪预防目的之时/之处，应以保安处分补充或替代之。[②] 尽管在保安措施的具体种类和结构安排上面存在着差异，但始于 1909 年刑法典草案，特别是之后 1922 年、1925 年、1927 年以及 1930 年刑法典草案，[③] 均采用了"双轨制"格局的刑事制裁体系，对保安处分作出了规定。

受其影响并以之为基础，1933 年 11 月 24 日颁行的《惩治危险惯犯及保安与改善措施法（Gesetz gegen gefährliche Gewohnheitsverbrecher und über Maßregeln der Sicherung und Besserung）》（简称《惯犯法》）[④] 正式将保安处分写入《德国刑法典》。新增的第 42a 条规定：保安与改善措施是：1. 收容于治疗和照管机构；2. 收容于戒酒或戒除瘾癖机构；3. 收容于劳动场所；

---

① Schöch, Heinz, in: Leipziger Kommentar StGB Online, 12. Auflage 2008, StGB Vor § § 61 ff., Rn. 6.

② Schmidt, Eberhard, Einführung in die Geschichte der deutschen Strafrechtspflege, Göttingen 3. Auflage 1965, S. 386 ff.

③ Stäcker, Therese, Die Franz von Liszt-Schule und ihre Auswirkungen auf die deutsche Strafrechtsentwicklung, Baden-Baden 2012, S. 85 – 97.

④ RGBl. I, 1933, S. 995.

4. 保安监禁；5. 危险的风化犯罪人的阉割；6. 禁止执业；7. 驱逐出境。①

因为是由臭名昭彰的纳粹政权颁布施行，《惯犯法》因而具有了与生俱来的不法性，甚至连带着保安处分一起被认为是纳粹时期的反动残余和历史渣滓。但是对于《惯犯法》特别是保安处分的评价应当就事论事，限制在具体的保安措施本身才能公允，当然，不可否认的是，保安处分，尤其是保安监禁在纳粹时期被大规模滥用也是不争的事实。具体到保安处分本身，一般认为，在第42a条所列举的七种保安措施当中，除强制阉割明显具有反动和不法的性质以外，其余保安措施与纳粹的不法罪行并无直接关系，② 而是与之前魏玛共和国时期所提出的刑法典草案中所规定的保安措施相差不大。③

二、保安处分的战后革新

二战之后的德国刑法改革，主要指的是发生在二战结束之后二十世纪五六十年代的"重大刑法改革（Große Strafrechtsreform）"。经历了从二十世纪五十年代初到二十世纪六十年代末的将近二十年的时间，最终产生了1969年6月25日公布、1969年9月1日及1970年4月1日生效的《第一刑法改革法案［Erstes Gesetz zur Reform des Strafrechts（1. StrRG）］》④ 和1969年7月4日公布、1975年1月1日生效的《第二刑法改革法案［Zweites Gesetz zur Reform des Strafrechts（2. StrRG）］》。⑤

纳粹暴政使人们意识到也见识到被滥用的惩罚权力令人恐惧的破坏力：一方面是刑罚的危险，如果将刑罚过分地定位于预防需求，对于但凡具有一定的人身危险性的犯罪人而言，刑罚将倾向于超过其罪责范围而对其予以惩戒，从而使得罪责刑法的权利限制和自由保障功能遭受重创，亦即，刑罚的预防功能与罪责刑法处于明显的紧张关系当中；另一方面是保安处

---

① Gemmeren, Gerhard van, in: Münchener Kommentar zum StGB, 2. Auflage 2012, StGB § 61, Rn. 10.

② Müller-Christmann, Bernd, Die Maßregeln der Besserung und Sicherung, JuS 1990, S. 802.

③ Gemmeren, Gerhard van, in: Münchener Kommentar zum StGB, 2. Auflage 2012, StGB § 61, Rn. 11.

④ BGBl. I, 1969, S. 645.

⑤ BGBl. I, 1969, S. 717.

分的风险，保安处分是脱离了罪责因素，也不受罪责原则约束的，如此，仅仅取决于行为人的危险性的保安处分根本不存在对其予以约束和限制的硬性标准，从而比刑罚更加容易被滥用。① 基于如上认识，在刑法改革过程中，刑事制裁之"双轨制"得以沿用，虽然其内容历经数次改革已经有了很大的变化。在刑罚领域，改革的方向主要是以个别预防为导向的刑罚的轻缓化以及对于再社会化（Resozialisierung）的刑罚目的的强调；对于刑罚与保安处分之间的关系，《德国刑法典》第 67 条规定的"替代原则（Vikariieren）"很大程度上使得尤其在执行方面二者之间的区分不再那么严格；就保安处分而言，为尽可能准确地对行为人的人身危险性作出判断，为其设置了更为细致的科处条件，在不同的保安措施之间，主要是剥夺自由的保安措施的执行也存在相互转换的可能。②

三、保安处分的新近改革

20 世纪 90 年代以来的保安处分改革越来越受到社会防卫考虑的影响，对于剥夺自由的保安措施的改革尤其如此，大致可将其归结为两条主线：一是针对收容于精神病院（《德国刑法典》第 63 条）和收容于戒除瘾癖机构（《德国刑法典》第 64 条）措施的断断续续、没有规划的修法；二是对于保安监禁（《德国刑法典》第 63 条）日益频繁甚至僭越人权的修正。③

在保安处分制度的发展过程中，保安措施的种类经历了较大范围的变化。对此过程中已遭废止的保安措施类别在此予以简要介绍。首先是前文提及的由《惯犯法》所规定的强制阉割措施，这一措施最大的问题显然就是对于人的尊严和基本权利的侵害，已于二战结束之后被废止。据不完全统计，在 1934 年至 1944 年，共有约 2800 名性犯罪者被强制阉割。④ 其次是《惯犯法》所规定的针对外国人的强制离境，这一措施最先被 1934 年颁行

---

① Bruns, Hans-Jürgen, Die Maßregeln der Besserung und Sicherung im StGB-Entwurf 1956, ZStW 1959, S. 214 f.

② Schöch, Heinz, in: Leipziger Kommentar StGB Online, 12. Auflage 2008, StGB Vor § § 61 ff., Rn. 15, 16.

③ Pollähne, Helmut, in: Nomos Kommentar zum StGB 4. Auflage 2013, StGB § 61 Rn. 4.

④ Langelüddeke, Albrecht, Die Nachuntersuchung der Entmannten, Stuttgart 1953, S. 48 ff.

的《驱逐出境法》取消并将其继而作为行政措施规定在 1938 年颁行的《外国人警察管理法规》当中；目前这一措施被规定在《外国人法（Ausländergesetz）》第 47 条，其性质仍然是行政措施。再次是《惯犯法》所规定的收容于劳动场所，这一措施被 1969 年颁行的《第一刑法改革法案》所废止。这一措施在法治国家与刑事政策上均存在问题。① 此外，经过 1969 年《第二刑法改革法案》，行状监督取代了之前的警察监视措施。最后是《第二刑法改革法案》所增设的收容于社会治疗机构，这一措施尚未生效，就由 1984 年颁行的《刑事执行法改革法》取消，是一个从未实施过的"空头"措施，至于取消的原因，主要在于人员和资金的短缺。

发展至今，《德国刑法典》中的保安措施主要有六种具体类型，分别是收容于精神病院（Unterbringung in einem psychiatrischen Krankenhaus）、收容于戒除瘾癖的机构（Unterbringung in einer Entziehungsanstalt）、保安监禁（Unterbringung in der Sicherungsverwahrung）、行状监督（Führungsaufsicht）、吊销驾驶执照（Entziehung der Fahrerlaubnis）和职业禁止（Berufsverbot），其中前三种措施属于剥夺自由的保安措施，而后三种措施属于非剥夺自由的保安措施。

第三节　结论

瑞士刑法典编纂的领导者斯托斯立足于传统刑法的立场，在现有的理论和实践框架之内，寻求问题的解决之道。所提出的"瑞士刑法典初步草案"为目的（刑罚）理念的实现提供了现实的可能。保安处分，李斯特指示了目标，斯托斯指明了道路。斯托斯草案大大推进了保安处分之制度成型，只有以此为基础，不管是作为思想还是制度，保安处分才有正当性可言。

1893 年正式提交的斯托斯刑法草案在历史上首次采用了"刑罚与保安措施"的"双轨制"构造，在刑罚措施之后又规定了保安措施。就保安措

---

① 　Schöch, Heinz, in: Leipziger Kommentar StGB Online, 12. Auflage 2008, StGB § 61, Rn. 9.

施的具体类型来看，草案规定了无归责能力者的收容、无归责能力者的照管、再犯收容监禁、收容于劳动场所、酒吧禁止令和收容于戒酒机构共计六种保安措施；而且斯托斯对于犯罪人群的类型划分，对于犯罪原因的具体确定显然是建立在实践经验的基础之上的。因此，不论是犯罪人群的细致划分还是保安措施的类型确定，均为之后的保安处分立法提供了参照。

　　保安处分写入刑法前后，对其正当性的证明分别应是入刑之前的"法哲学思维"和入刑之后的"法教义学立场"。因此，对德国刑法中具体的保安处分类别的规定及其演变进行简要的梳理是必要的。1933 年颁行的《惯犯法》正式将保安处分写入《德国刑法典》。对于其所规定的七种保安措施，除强制阉割明显具有反动和不法的性质以外，其余保安措施与纳粹的不法罪行并无直接关系。在二战之后进行的刑法改革过程中，强制阉割措施被废除；行状监督取代了之前的警察监视措施；收容于社会治疗机构被取消。发展至今，《德国刑法典》中的保安措施主要有六种类型，分别是收容于精神病院、收容于戒除瘾癖的机构、保安监禁、行状监督、吊销驾驶执照和职业禁止，其中前三种措施属于剥夺自由的保安措施，而后三种措施属于非剥夺自由的保安措施。

第三章　保安处分与法治国家

从 1882 年李斯特提出"马堡规划"至今，保安处分思想已经有了百余年的存在历史；稍晚于此，从 1893 年斯托斯制定"瑞士刑法典预备草案"至今，保安处分制度也历经了一个多世纪的磨练；从 1933 年《惯犯法》将保安处分写入《德国刑法典》，保安处分制度在德国也有了将近一个世纪的历史。作为正式制度存在于刑法当中的保安处分，不论其正当性还是合理性，都必须在国家制度的框架内、在法律秩序的约束下展开讨论。保安处分作为正式的制度获得认可并在刑法典当中予以规定，当然意味着其必要性、正当性以及合理性获得了具有决定意义的证明和支撑，这一进展表明了保安处分已经超越了"纸上谈兵"的阶段，切实地成了法律秩序的正式组成部分并真正地在司法实践中发挥功用，当然这只是问题的一个方面。另一方面，既然存在于一个实然的法律秩序当中，保安处分就必然应当受到效力位阶更高的法律尤其是宪法（也就是《德国基本法》）的约束，受到价值序列更高的原则的制约。只有与整个法律体系及法律秩序能够和谐共处，保安处分才能作为一项切实正当的制度发挥作用，才能真正地获得其正当性。

并无疑问的是，仅仅是保安处分的可能具有的"有用性（Nützlichkeit）"并不足以说明其正当性，在法律伦理（rechtsethisch）领域和宪法法律（verfassungsrechtlich）维度为其寻找正当性基础是必需的，这已是理论与实务各界的基本共识以及探析保安处分的必要基础。①

---

① Schmidt, Richard, Die Strafrechtsreform in ihrer Staatssicherheit und politischen Bedeutung, Leipzig 1912, S. 152 ff; Welzel, Hans, Das deutsche Strafrecht, Berlin 3. Aufl. 1954, S. 175 f.

第一节　保安处分正当性的伦理向度

一、保安处分正当性的法哲学说明

在伦理维度最具代表性和影响力的对保安处分的正当性证明是由威尔哲尔（Hans Welzel，1904—1977）教授所提出和论证的，其观点可被精练地归结为："不享有内部自由者亦不配享有外部自由。"[1] 这一立场在当时为多数学者所认同和推进。[2] 对于因精神疾病或者比如嗜酒、吸毒等特殊瘾癖而侵害法益的行为人那里，这一主张最容易得到解释和理解。与完全刑事责任能力者不同，上述无归责能力者或者归责能力减弱者并不具有认识和控制自己行为的能力，在社会意义上尤为如此，也就是说，对于认识到自己行为侵害法益的性质，并因内心法律秩序的约束而不从事犯罪，这对于上述人群而言是不可能的，对于是否作出侵害他人法益的行为来说，上述人群是不自由的，这就是威尔哲尔教授所认为的"内部自由的缺乏"；而对于外部自由的缺乏，则是指可以当然地将上述人群排除在社会之外，最典型的形式当然就是将其无限期地予以关押。不难看出，这与李斯特意义上的"将不可改善者无害化"的主张非常类似。对于上述将保安处分正当化的尝试，后来的学者们并未表现出太多的赞赏之意，而所提出的诟病主要就在于，这一路径所主要针对和能够解决的，仅仅是缺乏内部自由者，也就是缺乏认识和控制自己行为能力的无责任能力人群，对于可能以完全刑事责任能力人为对象的保安措施而言，并不适用。[3] 也就是说，这一论证只是部分地说明了保安处分的正当性所在。

然而，在笔者看来，将保安处分的正当性归结为不自由者则不配享有

---

[1]　Welzel, Hans, Das deutsche Strafrecht, Berlin 11. Aufl. 1969, S. 245.

[2]　Bockelmann, Paul, Schuld und Sühne, Göttingen 1958, S. 21 f; Bruns, Hans-Jürgen, Die Maßregeln der Besserung und Sicherung im StGB-Entwurf 1956, ZStW 1959, S. 210 f.

[3]　Jakobs, Günther, Strafrecht Allgemeiner Teil. Die Grundlagen und die Zurechnungslehre, Berlin 2. Auflage 1993, Rn. 54.

自由的格言式的戒律，正如其所具有的与李斯特思想的亲缘性一样，也将面临李氏思想所需面临的诘问。其实，上述正当性证明并非必然不能将所谓的完全刑事责任能力者及其对其所应施加的保安措施囊括在内，此处的保安措施当然主要指保安监禁。不能忘记的是，李斯特在其之后对于行为人的归责能力的论述中，将无归责能力理解为刑罚手段的"不可激励性"，[①]也就是说，对于预防性地促使行为人适法生活而言，刑罚起不到所本应实现的作用。这一意义上的归责能力欠缺当然包含了以精神病人为代表的传统的不可归责者，但是李氏提出的不可激励性并非对于之前标准的进一步解释，而是试图将"惯习罪犯"这一人群也囊括到保安处分的对象当中来。与精神病人不同的是，一般认为，惯犯的归责能力是不存在任何问题的，因而是完全刑事责任能力者，对于惯犯所从事的犯罪，对其典型和必然的反应应当是处以刑罚，而惯犯则可成为对其加重处罚的法定情节。但是，对惯犯归责能力的这一理解实际上所针对的是惯犯的生理能力，也就是将归责能力主要理解为行为人认识和控制自己行为的生理素质，只要是不痴不傻、身体和智力发展正常的人都是应当具备的。而李斯特意义上的归责能力则主要是指刑罚是否对其能够起到应有的作用，也就是通过刑罚这一恶害的施加，使行为人认识到自己行为的不法性和有害性，从而受其刺激，在将来不再实施犯罪。从惯犯尽管一而再再而三地实施犯罪并接受刑罚但仍然未能从中吸取教训不再犯罪这一点上看，刑罚对其所本应具有的"刺激作用"是欠缺的。就这种"不可刺激性"而言，精神病人与惯习罪犯并无二致，是完全相同的。据此，李斯特将作为刑事政策治理重点的惯犯也包括到了保安处分的对象当中。联系到威尔哲尔的"内部自由的欠缺"，实则与李斯特"刑罚对其刺激性的欠缺"并不存在实质上的差异，因而对于惯犯而言同样也是适用的。也就是说，如果威尔哲尔的命题能够成立，不仅是对于无责任能力者，而且对于完全责任能力人，不仅是对于收容于精神病院或戒除瘾癖的机构，而且对于保安监管，均能够在一定程度上获得其正当性证明。

---

① Liszt, Franz von, Die strafrechtliche Zurechnungsfähigkeit, in: Strafrechtliche Aufsätze und Vorträge, Band 2（1892—1904），Berlin 1905, S. 214–229.

内部不自由者亦不应享有外部自由，实则指的是对于不能控制自己不再实施犯罪之人，则应以监禁的形式剥夺其自由，将其与社会隔离。这一命题的问题主要在于：首先，不论是对于内部不自由的前提，还是对于外部不自由的结果，都是一种质上的绝对判断，并没有包含任何量上的相对余地，严格按其观点，一旦判定行为人缺乏内部自由，则毫无疑问地应将其外部自由予以剥夺，这一立场显然与即便认定行为人在将来可能实施犯罪，但并非绝对地将其从社会当中排除，而是仍然存有复归社会的余地的做法并不相符，比如对作为条件的行为人所已经从事以及将来可能从事的犯罪的前提，保安措施期限上的限定，保安处分执行期间对行为人考察的要求，等等。其次，虽然与李斯特的立场类似，但上述观点显然只涉及将不可改善者无害化这一单一的类别。如上文所述，也如保安处分的名称所表达的那样，保安处分实际上包含了保安和处分两个不可或缺的方面，更为准确地说，保安处分只能以改善为手段追求保安之目的，而在威尔哲尔的框架内，保安处分显然只剩下将不配享有外部自由者与社会隔离开来这一保安面向的目的，至于改善的一面，不仅未被提及，实则与其思想是互相矛盾的，也即，对于内部不自由者，对其改善又有何效果和意义呢？再次，将保安处分的对象归类为不享有内部自由者，从社会伦理的角度实际上已将其排除在社会共同体之外了，已经将其归类为与社会当中的其他个体存在质的差别的一个类别或人群，而对其本应享有的外部自由予以剥夺，仅仅是其社会地位和伦理定位的必然反映和要求。这显然与对于犯罪人人群的社会理解大相径庭。至少在现代刑法的视域当中，因其法益侵害行为而被归类为犯罪人的人群仍然是社会的一分子、是社会的必要组成部分，一个已经实施犯罪的社会个体，不管将要面临何其严峻的惩罚，其社会成员的身份并未改变，而且恰恰是其归属于社会整体的身份，才使得对其惩罚成为可能。而不管是刑罚科处还是刑罚执行，其目的均在于促使犯罪人复归社会，也就是犯罪人的再社会化。最后，在法治国家的论述框架内，将一部分的犯罪人群划定为不配享有自由的不自由者，显然与宪法对所有个人的平等保护径相冲突。① 而且，倘若将保安处分的对象理解为不自

---

① Stree, Walter, Deliktsfolgen und Grundgesetz. Zur Verfassungsmäßigkeit der Strafen und sonstigen strafrechtlichen Maßnahmen, Tübingen 1960, S. 222.

由者，其于执行过程中所将遭受的非人待遇亦是可想而知的。

在此之外，有学者将保安处分的正当性建立在"自由的社会约束（Gemeinschaftsgebundenheit der Freiheit）"之上。[①] 也就是说，社会中的个人所享有的自由并非绝对的、没有限制的，而是相对的、有其边界的，而个人自由的最大限制就是自由的"社会约束性"。与将犯罪行为认为是孤立的个人反对社会的斗争，而刑罚是国家以社会的名义对犯罪者公开给出的反应相类似，保安处分也被认为是社会对个人的反应，如果个人享有某些自由是有害于社会的，则为保护社会起见，就可以将其自由予以剥夺。相对于内部与外部自由对应的进路，社会约束个人的思路首先并未残忍地将犯罪之个人视为社会的毒瘤，而是仍然将其视为社会的有机组成部分，既然是对个人自由的社会约束，也就并不排除受到限制的个人复归社会的可能；其次，自由的约束或限度本身包含了一定量度上的可能，并非绝对的是非判断，而是相对的程度衡量，因此与保安措施的期限、保安措施执行的考察等能够取得一致；再次，对所有的社会个体平等地、客观地看待和考察，而未将某一人群绝对地标签化为不享有内部自由者，因而使得理论的适用范围大为扩大；最后，自由的涵义是宽泛的，其所指的，并非仅仅是行动自由，也包括从事某项职业、进行某项活动的自由，而对其限制，也并非必然是指以监禁也就是剥夺自由的方式将行为人从社会当中隔离或者说排除出去，这对于自由的社会约束进路来说是可以理解的。然而，社会约束思路仍然有其问题，首先，其仍然局限在将不可改善者无害化的范围之内，并未对保安处分之改善的一面予以足够的关注和重视；其次，这一对保安处分的正当性证明仍然局限于社会伦理层面，因此并不存在任何的规范基础或者法律依据。

二、保安处分正当性的法规范证明

其后对保安处分的正当性证明转向了规范领域，有学者尝试以"权利丧失（Verwirkung）"[②] 作为保安处分的正当性说明。在其看来，没收

[①] Stree, Walter, Deliktsfolgen und Grundgesetz. Zur Verfassungsmäßigkeit der Strafen und sonstigen strafrechtlichen Maßnahmen, Tübingen 1960, S. 222.

[②] Eser, Albin, Die strafrechtlichen Sanktionen gegen das Eigentum. dogmatische und rechtspolitische Untersuchungen zu Einziehung, Unbrauchbarmachung und Gewinnverfall, Tübingen, 1969, S. 170 ff.

（Einziehung）、充公（Verfall）和销毁（Unbrauchbarmachung）均属于预防性处罚措施，也就是保安措施的范畴；保安措施的正当性就是通过剥夺行为人的某些权益从而预防犯罪。这一尝试也难谓成功。对于将犯罪人用于实施犯罪的工具予以没收，从而达到预防犯罪的目的，这种以剥夺权利的方式追求预防犯罪的目的并不难理解，而且即便是犯罪人对其行为并不负刑事责任，也并不妨碍法院对其判处没收犯罪工具的处分。然而，对于其他的所谓预防措施而言，尤其是对于典型的保安处分，对行为人科处和执行保安措施的基础，并非其已经实施的犯罪，而是其在将来有可能实施犯罪，[①] 鉴于将来的犯罪当然尚未现实地发生，因此与没收犯罪工具是基于已经发生的犯罪不同，科处保安处分基础只可能是犯罪人所具有的再次实施犯罪的人身危险性。在此，先前罪行，也就是行为人已经实施的法益侵害行为对于保安处分和没收所具有的不同意义可能被忽视了。对于保安处分而言，行为人已经实施了符合刑法规定的构成要件的具有不法性的法益侵害行为的确是科处所有的保安措施的前提条件，但是，与犯罪构成刑罚之核心前提不同，保安处分的科处和执行并不是基于行为人已经实施的犯罪，而是基于行为人可能再次实施犯罪的人身危险性，对此，行为人已经实施的犯罪甚至是所已经被判处和执行的刑罚都是非常重要的参考因素，但也只具有参考和参照意义，而非决定意义。对于犯罪工具的没收则不同，因为既然是犯罪工具，当然是与已经发生的犯罪密切相关的，纯粹为了预防犯罪的目的、纯粹基于工具本身所具有的可能被用于实施犯罪的危险性而将某种物品予以没收，显然不能成立而且略显荒唐。

此外，具有规范底蕴的其他路径主要集中在试图通过"正当防卫"[②] 和"紧急避险"[③] 为保安处分提供正当性基础。在此，正当防卫与紧急避险当然并非严格的规范意义上的，而只是以之作为理解和论证一个典型形象而

① Frisch, Wolfgang, Die Maßregeln der Besserung und Sicherung im strafrechtlichen Rechtsfolgensystem, ZStW 1990, S. 366.

② Sax, Walter, Grundsätze der Strafrechtspflege, in: Bettermann / Nipperdey / Scheuner（Hrsg.）, Die Grundrechte, Band 3, 2. Auflage 1972, S. 960ff.

③ Schmidt, Eberhard, Kriminalpolitische und strafrechtsdogmatische Probleme in der deutschen Strafrechtsreform, ZStW 1957, S. 375.

已。首先可以在正当防卫与紧急避险之间作一比较和取舍。正当防卫的核心在于"以正压邪"，防卫起因是不法侵害，防卫对象是不法侵害者，防卫限度上没有绝对的限制；而紧急避险的核心在于"两害相权取其轻"，避险起因是现实的危险，避险对象是危险来源或者其他第三者的利益，避险限度上限制较为严格，要求所欲保护的利益必须明显大于所损害的利益。从中不难看出，正当防卫当中对侵害的评价是完全负面的、是否定性的；而对于紧急避险中的侵害，评价则更加偏向于中性。如果在正当防卫、紧急避险与刑罚、保安处分之间作一勾连，刑罚应与正当防卫相联系，而保安处分则应相当于紧急避险。理由在于，刑罚与保安处分都是对科处对象的权益的限制或剥夺，都是一种严格的"个人责任"的实现，而其区别就在于起因的不同，即刑罚的起因必须是符合构成要件、具有违法性并具备有责性的犯罪行为，而作为保安处分的起因的行为人所从事的法益侵害行为并非必然是而且大多并不是具备有责性的犯罪行为，而且与刑罚是对犯罪的必然报应不同，保安处分并不是对行为人先前的法益侵害行为的报应，而是对行为人将来可能实施的犯罪的预防，因此可以说，对于犯罪行为的评价必然是否定的，而刑罚作为对犯罪之报应则是否定之否定，而对保安处分当中的先前行为的评价则应是中性的，对于保安处分的科处而言尤其如此。因此，对保安处分的正当性说明而言，紧急避险相较于正当防卫而言更为合适。但以紧急避险作为保安处分的正当性说明也并非没有问题。紧急避险要求危险是现实可能的，但这与行为人将来可能再次实施犯罪的危险之可能性并不具有可比性，[①] 如果以紧急避险的条件来对保安处分的科处作出评价，那么对行为人再次实施犯罪之可能性的判断将很难达到要求。另外，不能忽视的是，不管是正当防卫还是紧急避险，所涉及的均为个人的私力救济相对于国家刑罚权发动的优先性，讨论的主要是作为私人的社会个体所享有的个人权益之间的较量与衡量，这是否能够类比地应用于关涉国家权力与私人权利的刑事制裁措施之正当性说明之上，仍然是大为可

---

① Nowakowski, Friedrich, Zur Rechtsstaatlichkeit der vorbeugenden Maßnahmen, in: FS von Weber, Bonn 1963, S. 108.

疑的。①

三、伦理论证的简要评析

综合上文所述的纯伦理化的"内部与外部自由"和"个人自由的社会约束"，规范倾向的"权利丧失"，以及纯然规范化的"正当防卫"与"紧急避险"，伦理化的论述路径显然与保安处分之规则制定与制度构建相去甚远，甚至对保安处分本身存在认识偏差和定位误解，其所能够实现的，仅仅是让受众能够在观念上接受保安处分这一现实的存在，不得不说，即便在这方面，因为对个人与社会关系的形而上学认知，与之相较，实然层面保安处分所能够实现的、刑罚对之无能为力的个别预防导向的犯罪预防目的显然要更为现实，从而也更具说服力。而且因为持上述观点的论者所立足的伦理道德立场，其并不认为从保安处分所可能具有的预防性地保护法益的合目的性当中，能够得出具有说服力的对保安处分的正当性证明。② 在其看来，这种偏向于功利主义的论证思路具有将"人"或者说对人之所以为人的基本权利的侵犯作为手段之嫌，因而天然地具有伦理道德上的不正当性。与之不同，在伦理主义者看来，就自由论自由，或者认为内部自由的欠缺导致了对其外部自由的剥夺，或者认为自由本身就是应当受到限制的，是更合理也更能够接受的结论。其中暗含了自然正义立场的伦理道德和功利主义倾向的实证主义之间的对立，也夹杂了对刑罚及保安处分的目的观念的不同看法。可是，不论是保安处分的缘起还是发展，与伦理道德并无太多的牵扯和关联，回顾历史，伦理道德方面的考量反而往往构成了证成保安处分的巨大障碍，因此，反过来求诸伦理道德而获取保安处分的正当性，成功的可能性微乎其微，也可能存在根本立场上的不统一。规范倾向的论述思路以及将保安处分之正当性依据予以规范化理解的尝试，实则与"保安处分的正当化依据之规范化"这一命题并不相关，权利丧失恐有混淆刑罚与保安处分之前提与性质之嫌，是将保安处分与其他的刑事制

---

① Jakobs, Günther, Strafrecht Allgemeiner Teil. Die Grundlagen und die Zurechnungslehre, Berlin 2. Auflage 1993, Rn. 54.

② Nowakowski, Friedrich, Zur Rechtsstaatlichkeit der vorbeugenden Maßnahmen, in: FS von Weber, Bonn 1963, S. 101.

裁措施的并不恰当的强行比对；而至于将保安处分的科处与未然犯罪的预防之间的关系置于正当防卫或紧急避险的框架内进行理解和论证，且不论内容上的不恰当，即便在内容上完全切合，在框架上完全吻合，如果要将科处保安处分之过程严格按照紧急避险的检验顺序进行，也就是说，将规定紧急避险的条款，即《德国刑法典》第 34 条正当化的紧急避险（Rechtfertigender Notstand）作为科处保安处分的规范基础，显属风马牛不相及的不现实设想。但是这确实是将保安处分的正当性基础予以规范化的题中之义，所谓规范化，当然并非仅仅是指在现行规范中寻找到一个与自己的理论论证思路和过程最为相似的规范构造，而是要不在保安处分之正当化依据的指导下制定出一个具体的、专门的条文，要不就是在保安处分之相关规定的上位法，最为主要的当然是《德国基本法》当中，论证或阐释出保安处分的正当化依据，对此，伦理论上的思辨显然难以落实为规则，规范化方向的努力却又严重脱离了规范，所以其尝试必定会无果而终，所可能具有的意义，仅仅是使人们在观念上更加地接受保安处分。

第二节　保安处分正当性的法治基础

就保安处分的发展历史尤其是对其正当性证明的理论脉络而言，对其所展开的伦理与规范维度的证明大致构成了保安处分正当性论证的两个方面以及两个阶段。统而观之，目前为止，从伦理上对保安处分所进行的几种证明当然各有其正确和可取之处，但其过于强烈的理论思辨性使之大多仍然局限在形而上学的推演层面，因此一方面难以得出能够被完全证立因而站得住脚的结论，另一方面更为重要的是，因其与具体的法律规范与制度构建本身并无关联，正当性证明因此成了"先于"以及"外于"保安处分的纯粹思辨，故而正当性对于保安处分而言并没有任何的实效意义。鉴于此，从伦理向规范层面的过渡是必需的，同时也是必然的，因为在保安处分被写入刑法之后，也就是对于"入刑之后"或者说"现代刑法"阶段的保安处分，与规范的联结从而将保安处分置于整体的法律秩序当中寻求其正当性，亦即对保安处分正当性证明的规范展开才是真正可行和可取的。

保安处分的正当性依据（可能）在于，在法治国家框架内（或者说在法治原则约束下），通过着眼于具体犯罪人的人身危险性而对其科处和执行特殊预防导向的保安处分，达到预防其再次犯罪从而保护社会的目的。① 在其背后，实质上是社会免受犯罪侵害的整体利益与具有人身危险性之行为人的个人权益之间的博弈与权衡。而保安处分的正当性所在，就是对于更为重要的社会整体利益的保护。其间，在刑罚之外，以保安处分为手段，通过针对犯罪人的人身危险性对之进行特殊预防，从而达到预防犯罪的目的，主要涉及的是保安处分的定位、功能、作用，或者说是其有用性或有效性的问题。一项制度的有效性当然是其正当性的基础和前提，如果旨在预防犯罪的保安处分实际上并不能有助于实现防止具体的犯罪人再次实施犯罪的目的，那么不只是其正当性，甚至是其存在的必要性都无从谈起。但在承认保安处分之措施与制度的有效性的前提下，保安处分制度存在与运作的正当性，端赖于在其所嵌入的体系中，这一制度是否能够与整个体系协调一致，是否符合这一系统的根本精神和基本原则。并无争议的是，法治国家（Rechtsstaat）或者说法治国家性质（Rechtsstaatlichkeit）构成了分析保安处分正当性的基本框架，② 相应地，保安处分的正当性只能是建立在法治原则之上，与法治国家性质和法治基本原则的符合性，构成了保安处分最为坚实的规范性、制度性基础。以法治国家的基本理念对保安处分予以限制从而使其正当，是保安处分获得尤其是维持其正当性的关键步骤。③

在此需要说明的是，对于法治国家的界定并不存在一个绝对的、统一的标准，对于法治原则的内容亦不存在一个固定的、完整的表述。因此，与其纠缠于对于某一具体国家是否能被归于法治国家的范围，法治是具有普世价值的统一性还是具有地方性知识的碎片性之类的政治色彩浓厚的争

---

① Schöch, Heinz, in: Leipziger Kommentar StGB Online, 12. Auflage 2008, StGB Vor §§ 61, Rn. 38 ff.；Gemmeren, Gerhard van, in: Münchener Kommentar zum StGB, 2. Auflage 2012, StGB § 61, Rn. 2；Pollähne, Helmut, in: Nomos Kommentar zum StGB 4. Auflage 2013, StGB § 61 Rn. 10.

② Schöbener, Burkhard / Knauff, Matthias, Allgemeine Staatslehre, München 2. Auflage 2013, § 5 Rn. 143 ff.

③ Schöch, Heinz, in: Leipziger Kommentar StGB Online, 12. Auflage 2008, StGB Vor §§ 61 ff., Rn. 38.

执，倒不如将法治视为至少是人类历史尤其是政治制度史发展至今最值得追求和向往的政治价值、原则、制度和准则，将法治原则的精神导向和核心价值，比如人民主权、人权保障、法律稳定、权力制约等，视为检验具体制度合宪性、合法性、合理性及正当性的基本准线，因为前者只是空洞的政治话语和抽象号召，而后者属于切实的价值约束和制度追求。换言之，不论一国的政治体制和国家建构是否符合严格的、固态的法治国家标准，也不论一国是否属于法治国家，依法治精神设计和构建具体的社会、政治和法律制度本身就是值得肯定的，在当今世界范围内的绝大多数国家，法治无疑都是最为政治正确的权力话语。

当然，在法治国家框架内对德国刑法中保安处分的正当性予以检验和证成，当然需要依托于德国具体的法律制度和政治构建，因为这才是德国保安处分制度赖以存在和发展的土壤，但作为更高原则和检验标准的法治原则，却并非仅仅是基于和限于实证法的，而是同时与政治哲学、制度发展、理论构建、法律伦理等紧密联系的。法治并不是某一条具体法律的明确规定，而是国家治理的实践理性。是以，以下对保安处分与法治国家的相符性的检验和证明，仅仅涉及保安处分制度当中最具有违反法治精神可能的几个方面和问题，论证的方向有正有反，有证成保安处分与法治国家相和之处，也有揭示保安处分的具体实践与法治原则可能存在的相悖之处。

法治国家或曰法治原则的核心要义在于，以人权保障作为权力行使的目的和限制，即国家行使权力的目的在于对人权的保护，而人的尊严和基本权利构成国家权力的限制和界限。立基于此，对保安处分与法治国家的关系、法治原则对保安处分的约束或者说法治国家在保安处分中的体现，本文主要从"制度定位与国家的保护职责""人格尊严与改善和保安的位序""权利保障与罪刑法定原则的适用"以及"制度运作与肇因行为的硬性约束"四个方面展开。其中，国家的保护职责与保安处分之制度定位在保安处分与法治国家之间建立了联系，国家所负有的法益保护职责使得法治国家框架内，保安处分的建构成为必要；保安处分之改善与保安目的之位序与人格尊严涉及保安处分最为根本的价值追求和制度设计，保安，也就是社会防卫目的的实现，必须以对行为人的改善为途径，改善有相较于保安目的的优先性，这是尊重人格尊严和保障基本人权的当然体现和必然要求；罪刑法定是刑事法治的基石，对于保安处分亦应有限制和约束作用，以期保护个体人权免遭权力恣意的侵犯；在国家与个人、权力与权利之间，肇因行为的硬性约束是个人权利优先于国家权力的必然体现。

一、制度定位与国家的保护职责

保安处分的制度设计与功能定位实质上是与国家所负有的保护职责紧密联系的。在国家功能与法律制度的层面，立于法律实证主义的立场，而非法哲学或者政治哲学思辨的角度来看，国家的功能和任务主要在于对一定范围内的领土、人民所组成的（社会的或者政治的）共同体的治理，领土、人民、主权也就构成了国家的三个缺一不可的要素。虽然对国家职能定位有着不同的理解，但是国家的保护职责（Schutzaufgabe）或者保护义务（Schutzverpflichtung）却是国家作用中不可或缺的组成部分，① 如果一国的主权享有者和行使者甚至不能保证社会秩序的正常运作和共同生活的安定平稳，那么所谓的国家概念也是名存而实无的。伴随着国家治理模式由自由主义向社会国家的转向，在国家由"守夜人"向"干预者"强力转身之后，国家的这一职能当然就更为紧要，也更为显著。

具体到刑法领域，国家保护职责集中体现在"打击犯罪、保护人民"之上，但对于法益保护而言，仅仅是事后对已经发生的犯罪予以惩处并不足够，犯罪预防也是法益保护至为重要甚至是更加重要的手段和方式。国家负有保护社会及其个体免受犯罪侵害的义务和职责，意味着国家仅仅以刑罚的形式事后地被动地对已经发生的法益侵害行为进行报应是远远不够的，已经被侵害的法益已然覆水难收，事后对犯罪人施以不论再其严厉的刑罚，也只是对于犯罪人所享有的个人最为基本的财产、自由和其他权益的继续侵害，从社会总体所支配的法益总量来看，一次犯罪的发生一方面犯罪行为会导致被害人法益的减损，另一方面国家刑罚的科处会进而导致犯罪人法益的减损。只要是将犯罪人仍然视为社会整体的一分子，两次法益减损并不能相互抵消，也无法得出负负得正的最终效果，因此，犯罪的发生与刑罚的发动之间的必然关联，都只能在道德伦理意义上存在，专注

---

① Bull, Hans Peter, Die Staatsaufgaben nach dem Grundgesetz, 2. Auflage 1977, S. 326 f.

于报应的刑罚的正当性只能从刑罚最初发生和继而发展的历史人类学维度去寻找，只能说，报应刑罚是根植于人类社会的历史尤其是人类惩罚史的。以刑罚为手段对犯罪预防目的的追求，不能喧宾夺主，弱化了甚至取代了报应在刑罚当中的核心地位，预防只能是附属和附带于报应的反射效应，一般预防与特殊预防均不例外。当然，相较于一般预防，着眼于犯罪人之特殊预防与刑罚的关联还有另外一层，其不仅能够在刑罚科处尤其是刑罚裁量的层面被附带地予以考虑，在之后刑罚的实现阶段，也就是刑罚执行的过程中，针对犯罪人个人改造状况的特殊预防构成刑罚裁量的首要原则和基本依据，法院判决所给出的裁判刑罚，往往并不是对犯罪人最终所必须执行的刑罚，执行刑罚的期限只能小于等于当然在多数情况下是短于法院所判决的刑罚，在此意义上，在刑罚执行期间对被监禁人所进行的改造及其达到的效果，是有利于犯罪人从而也有利于社会的。可是，刑罚的科处和执行当然要求以犯罪人对其行为的应予责难，也就是犯罪人对犯罪行为应负的罪责为前提和标准，罪责的缺失也就同时意味着刑罚的无力，刑罚必定难以成为国家所拥有的积极的犯罪预防手段。

到此为止，国家保护社会及其个体所享有的权益免受侵害的职责并未穷尽，主要因为归责能力的欠缺而导致的罪责的取消。一方面当然意味着惩戒行为人所实施的尽管有害但并不可归责的法益侵害行为的逻辑上以及事实上的不可能，另一方面并不当然意味着国家应当对无责的法益侵害行为袖手旁观、束手无策，在伦理道德上具有中性色彩[①]的保安处分恰恰是国家预防性地保护社会需要的产物，是对传统刑罚的必要补充。保安处分的产生是以对国家角色和功能的认识转型为背景和基础的，也是与刑法本身的功能和定位的认识转变直接相关和交互作用的。以对广义的犯罪人的特殊预防为导向，以针对个别犯罪人的改善措施为手段，来实现防止其再次实施犯罪从而保护社会的目的，也构成保安处分正当性的基本框架。

就着眼于具体的犯罪人的旨在预防其再次犯罪的个别预防而言，首先必须承认，如果国家完全放弃个别预防导向的规则制定和制度设计，则很

---

① Pollähne, Helmut, in: Nomos Kommentar zum StGB, 4. Auflage 2013, StGB § 61 Rn. 12.

难充分地履行其保护职责。① 而且个别预防目的之实现既涉及保安处分，也涉及传统刑罚，总体来看，设计需要正当化的是立足于个别预防的目的导向的国家治理方式。② 以此为前提，进而需要探讨的问题是，单纯依靠传统的刑罚手段，个别的预防具体的犯罪人再次实施犯罪的目的是否能够实现。对于刑罚而言，消减犯罪人的人身危险性、预防其再次实施犯罪的目的主要是通过刑罚的执行予以实现的。促进犯罪人再社会化的刑罚执行定位，实际上就是受到个别预防思想的影响，而再社会化的手段和措施的设置，也当然应当是个别预防导向的。但是刑罚总体而言显然并非完全或者主要立足于特殊预防的目的，最为明显的依据就是，刑罚的启动与否与期限长短并非取决于降低和消除犯罪人的人身危险性的需要，而是受制于行为人对其行为所负有的罪责，刑罚的根据和本质所指向的，都是对罪责之报应。在德国，刑罚尺度受到罪责程度的约束，这是一条基本的宪政原则，是法治原则的重要体现。③ 而罪责的实质，无疑应是行为罪责（Tatschuld），即行为人在行为当时避免实施罪行的能力④或者是通过具体罪行所表现出来的法律上值得谴责的意图，⑤ 这与行为人罪责（Täterschuld）之间形成了鲜明的对立，也构成了行为刑法与行为人刑法之间的核心区别。必须承认的是，在现实当中，受行为人对其行为所应负之罪责限制的刑罚，往往并不足以消除行为人再次实施犯罪的危险性，⑥ 但是对于刑罚而言，并不能在与犯罪人所应负的罪责相称的刑罚之外，另外出于预防其继续犯罪的特殊预防目的而延长刑罚执行的期限。由此可见，国家保护社会免遭犯罪侵害的保护职责的实现，实际上从两个方面分别受到预防性的法益保护需求和罪责相当的刑罚限度的双重挤压，这也使得法益保护目的之实现仅在刑罚框架内

---

① Frisch, Wolfgang, Die Maßregeln der Besserung und Sicherung im strafrechtlichen Rechtsfolgensystem, ZStW 1990, S. 367.

② Frisch, Wolfgang, Die Maßregeln der Besserung und Sicherung im strafrechtlichen Rechtsfolgensystem, ZStW 1990, S. 365.

③ Frisch, Wolfgang, Die Maßregeln der Besserung und Sicherung im strafrechtlichen Rechtsfolgensystem, ZStW 1990, S. 389 – 390.

④ Stratenwerth, Günter, Tatschuld und Strafzumessung, Tübingen, 1972, S. 28 ff.

⑤ Bruns, Hans-Jürgen, Strafzumessungsrecht, 2. Auflage 1974, S. 393 ff.

⑥ Frisch, Wolfgang, Die Maßregeln der Besserung und Sicherung im strafrechtlichen Rechtsfolgensystem, ZStW 1990, S. 390.

并非完全可能，而需要在刑罚之外、在刑罚力所不及之处，补充适用他种类型的刑事惩处措施，以期共同实现法益保护的目的。保安处分与刑罚恰恰处于这样一种补充适用的关系当中，双轨制的基本配置使刑罚专注于报应，而保安处分则着眼于预防。因此可以说，国家法益保护职责的实现之需与刑罚犯罪预防的供给不足，使得保安处分的设置成为必要和必然。以此为基础，需要进一步分析保安处分的正当性依据及其限制。

最好的社会政策就是最好的刑事政策。早在学派之争之初，古典学者就已经指出，现代学派所主张的以刑罚为手段实现预防犯罪的刑事政策目的实际上应当通过国家对社会救济机构和教育机构等公益事业加大投入，来解决犯罪数量飙升的难题，对于财产犯罪尤其如此。也可以说，预防犯罪的目的的实现，主要是学校和公益机构的职责和任务所在。通过将犯罪与疾病作一类比，李斯特对此观点作出了回应，即如果疾病预防机构的存在能够百分之百地预防疾病的产生，那么医院的存在确实也就没有必要了；类似地，如果加大社会公益的投入能够从根源上杜绝犯罪的发生，那么监狱的存在也就意义不大了。① 然而，仅仅通过公益投入来预防犯罪，最终可能并不能够有效地实现预防犯罪的目的，良好的社会政策当然能够起到一定程度上预防犯罪的目的，但是仅有社会政策仍然是远远不够的。而且恰恰是犯罪的发生才真正印证了犯罪预防的需要，不以已经实施犯罪的具体犯罪人为对象，反而以不特定的一般人为对象来制定社会政策，追求犯罪预防的目的，无异于缘木求鱼。因此，就犯罪谈犯罪，在犯罪发生之后，针对具体的犯罪人及其罪行，思考如何有针对性地预防其再次实施犯罪，才是真正科学的、合理的、节俭的、高效的犯罪预防和法益保护的刑事政策所在。因此，国家通过对具体犯罪人施以特殊预防导向的处遇措施，来实现预防犯罪的目的，是明智和合理的治理手段选择。

可见，国家对于社会负有保护职责，体现在刑法领域，国家应通过打击犯罪的方式对法益进行保护；仅以刑罚及其执行为手段，并不能完全实现以预防犯罪来保护法益的目的；为实现预防性法益保护的目的，保安处

---

① Liszt, Franz von, Strafrechtliche Aufsätze und Vorträge, Band 1（1875—1891），Berlin 1905, S. 170.

分所具有的个别预防功能使其能够发挥刑罚所不具备的作用，在刑罚之外具有其存在的必要性。国家以保安处分为手段，通过对具体行为人的个别预防，实现预防性保护法益的目的，这就是保安处分所具有和追求的正当目的所在。

然而不容忽视的是，随着社会思想和刑罚理论的进化，犯罪人的角色定位已然发生了深刻的变化，一次（必然或偶然的）犯罪的发生，并不会导致作为社会个体的犯罪人的"被敌人化"，其仍然是人民的一分子，是社会的正常成员之一。鉴于此，对将来犯罪的预防并非国家的唯一职责，对社会个体的权益的保护，特别是潜在的犯罪人的权利的保障，亦是国家职责的重要方面，而且两个任务之间并无先后轻重的区别，① 应被平等地置于天平的两端予以权衡。以剥夺或限制潜在犯罪人的权益的方式实现预防犯罪、保护社会的目的，实际上是国家的两项同等重要的保护职责之间的权衡。以刑罚和保安处分为代表的所有刑事惩罚措施的背后，实质上都是国家权力与公民权利之间的对立，法治国家的精神以及法治原则的核心就在于，对公民权利尤其是宪法所规定的基本权利的保护，既是国家权力运行的目的所在，也同时构成国家权力行使的界限所在。可以说，通过个别预防导向的刑罚或者保安处分措施来实现预防具体犯罪人实施犯罪的目的，并非法治国家的特别之处，法治国家的精神和灵魂在于对社会个体人格尊严和基本权利的尊重和保护，② 具体到保安处分领域，就是以个人的尊严和权利作为保安处分科处和执行的界限和限制。

二、人格尊严与改善和保安的位序

依据基本的法治精神，个人权利在位阶上必然是先于和高于国家权力的。本质上而言，个人权利应当成为国家权力着力保护而非肆意践踏的对象。国家权力对个人权利的剥夺或者限制，不论如何都不能突破人权保障的底限，也就是说，人之所以为人的权利与尊严是不容侵犯的。这一点鲜

---

① Frisch, Wolfgang, Die Maßregeln der Besserung und Sicherung im strafrechtlichen Rechtsfolgensystem, ZStW 1990, S. 369.

② Nowakowski, Friedrich, Zur Rechtsstaatlichkeit der vorbeugenden Maßnahmen, in: FS von Weber, Bonn 1963, S. 99.

明体现在作为保安处分目的的保安与改善之间的位序关系上。

在保安处分当中，李斯特在马堡规划中所提出的"改善可改善者，将不可改善者无害化"的主张并未得到彻底贯彻，因为其中"不可改善者"的群体划定与将其"无害化"的残暴处置不但不够科学，而且过于严苛。但是李斯特所指出的以特殊预防为导向的合乎目的的处置观念却得到了基本的实现，针对犯罪人人身危险性的特殊预防成了保安处分的基本理念，在这一总体思路之下，李斯特对于犯罪人威吓、改善以及无害化的处置方法也成了保安处分设计的基本框架。当然，在此过程中，包括李斯特本人在内的多数研究者将"无害化"的严厉言辞置换为了"保安"，并未最终体现在正式的法律文件当中，不管是在魏玛共和国时期所提出的刑法草案，还是之后正式将保安处分写入刑法的《惯犯法》，所使用的均为"保安"一词。因此，在德国刑法制度框架内，保安处分的完整名称一直是"保安与改善措施（Maßregeln der Sicherung und Besserung）"。进一步来看，在威吓、改善和保安三者当中，贯彻到具体的法律层面，对于保安处分而言，威吓本身并未被作为制度目的或实施理念规定下来，能够起作用的，仅仅是改善和保安两大目的或者说定位。当然，值得注意的是，威吓目的或者至少是效果对于保安处分之科处和执行而言并非完全不起作用，特别是针对有责任能力者的保安处分，比如非剥夺自由的吊销驾照、职业禁止、行状监督以及剥夺自由的保安监禁而言，重要权益的剥夺、行为自由的限制甚至是较长时间的监禁，实际上均能起到惩前毖后的威吓作用。

一般而言，对于犯罪预防和法益保护目的的实现，既可以通过改善与保安处分中改善的一面，也就是通过对行为人的改善达到其人身危险性消减的目的，也可以通过改善与保安处分中保安的一面，也就是通过纯粹地将行为人与社会隔离的手段实现防止其再次实施犯罪危害社会的目的。但在改善和保安之间，是否存在位阶上的先后顺序以及如何协调和平衡两个目的之间的关系，仍然是一个较有争议的问题，而观点上的不同恰恰能够体现在对保安措施具体制度的规划之上。

在第二次刑法改革法案中，从《惯犯法》开始一直被沿用的"保安与改善措施"的称谓被置换为了"改善与保安措施"，这显然意味着至少在立法者那里，对保安处分中保安与改善的两面的侧重发生了显著变化，应当是改善优先于保安，而非相反。与之相应，一般认为，与法治国家和人道主义之刑法理念相符合，对行为人之改善当然应为保安处分的首要目的，原则上享有优先地位。原因主要在于，保安处分并非取决于犯罪人的罪责，而是犯罪人具有的、很可能与罪责完全没有关联的人身危险性，正因为如此，被处以保安处分者也就是变相意义上的一类特殊的受害人（Sonderopfer）。当然，并不排除的是，即便是在对犯罪人的改善几无可能的情况下，保安才有可能当然也应当能够作为保安处分的唯一目的发挥作用。①

　　保安处分之最终目的当然在于犯罪预防，也就是保护社会不受犯罪，更为准确地说是不受具体的犯罪人或者说具有再次实施犯罪的人身危险性的行为人的侵犯，对此，在一般情况下，保安的一面，也就是将具有人身危险性的行为人与社会隔离，剥夺其自由而将其监禁/收容，实则已经完全能够实现这一目的。然而，不容忽视的是，刑法与刑罚的根基仍然在于对人的形象的理性想象，不只是在思维逻辑上，也是在道德伦理上，之所以能够对行为人施以惩罚、予以惩戒，根据主要在于社会个体以犯罪形式所体现出的可责性和该罚性，也就是罪责构成了对犯罪人施以恶的刑罚，剥夺其自由、限制其权益的最为核心的基础和最为彻底的说明。但缺失了罪责的前提，或者至少是不以罪责为基础和依据，保安处分对行为人权益的剥夺或限制的根基何在呢？在保安与改善的背后，这一问题能够被部分地得以说明。鉴于保安的一面可以给出的答案是，为了保护社会不再受具体个人再次"犯罪"的侵害，可以剥夺或限制其权益与自由，进一步来看，行为人通过其（有责的或者无责的）法益侵害行为所表现出的人身危险性，也就是再次实施犯罪的可能性，为国家以保安处分的形式侵犯其权益至少提供了起因上的说明，也就是说，基于行为人截至裁判之时的表现，其再次犯罪是很有甚至极有可能的，因此其被科处保安处分并不冤枉。可是，与刑罚不同，行为人遭受的权益剥夺已经缺失了伦理道德上的说明，并不存在顺理成章的"犯罪要受刑罚"或"刑罚惩罚犯罪"一样的基于社会公

---

① Schöch, Heinz, in: Leipziger Kommentar StGB Online, 12. Auflage 2008, StGB Vor § § 61 ff., Rn. 31.

众普遍意识的公意和公理式的正当基础，在此可能存在的"侵犯法益"与"预防法益侵害"之间，至少直至目前并未成为必然的、排他的理性关联，这一意义上的决定关系是否存在本来就是大为可疑的，因为说到底，在此所需探讨的关系实则是"法益侵害的危险"与"预防可能的犯罪"之间的联系，危险而非实害，可能而非必然，事前而非事后，预防而非报应，保安处分的此类内涵使得对其正当性的证明始终无法立基于单纯的论理推演和伦理考量，保安处分是来源实践需要，同时立足实践现实的，也可以说，保安处分正当与否，怎么说、怎么看并不重要，关键是怎么做以及做得怎么样。但是对于实际问题谁都不可能有百分之百的答案，正如越来越多的实证研究结果已经在很大程度上松动了对刑罚的固有认识一样，对于行为人再次犯罪可能性判断的不确定使得保安处分的科处确实很可能冤枉"好人"，而且在此可能出现的悖论是，如果被收容者事后再次犯罪，则足以说明保安处分制度的失败，因为即便是剥夺或限制了行为人的权益和自由，也未能实现预防犯罪、保护法益的目的；如果被收容者事后未再犯罪，则很可能也间接说明了保安处分制度的失败，因为虽然预防犯罪的目的达到了，行为人并未再次实施犯罪，但谁又能说这是因为行为人本身就不会再犯罪因而并不具有作为保安处分前提的人身危险性，还是因为保安处分的科处尤其是执行使得行为人的人身危险性大大降低了呢？抉择的两难，判断的困境，所有这些未有确定答案的问题都使得国家对保安处分的动用保持警惕，宁愿将被收容者视为一种特定意义上的"受害者"，这应构成制度设计的基本预设。

　　既然如此，出于人道主义考虑，尤其是在保安处分领域，必须承认的一点是，对行为人自由的剥夺或限制、对行为人权益的损害，这本身并非目的，而只能是手段。基于以恶制恶的报应理念，我们可以说刑罚本身就是恶，对犯罪人财产、自由甚至是生命等重要权益的剥夺本身就是刑罚的一部分，让犯罪人以及其他人意识到、认识到、体会到这种恶，原本就是刑罚不可或缺的一部分。与之不同的是，对于保安处分而言，其判处尤其是执行所同时必然附带的对自由及其他权益的限制或剥夺，既非作为应予谴责的犯罪的必然后果，也非有意为之的对行为人所施加的恶害，其本身并不构成目的或者目的的一部分。因此，就必须在单纯的剥夺自由之外另外为其寻找正当证明和目的支撑。对此，正如个别预防的目的刑罚并未导致对刑罚本质之认识产生质的转变，但却致使在执行层面对犯罪人的重视，也就是在刑罚执行过程中不再局限于对犯罪人的单纯的惩罚，惩罚本身对于刑罚执行并不构成目的，刑罚执行的目的在于对犯罪人的改善，也就是犯罪人的再社会化。而对于保安处分而言，既然恶害的施加、权益的剥夺自始就无法寻找到正当根据，那么，对改善行为人的目的的强调也就构成了保安处分所可能获得的唯一的正当性基础。

当然，有论者对之提出了如下反驳：保安目的单独能够为保安处分的科处提供正当性证明，因为即便是对于在判决当时看来并不存在改善可能的行为人，也可能对其判处保安处分。而这主要是指《德国刑法典》第63条所规定的"收容于精神病院"措施，根据《德国刑法典》第63条[1]以及《刑事执行法（Strafvollzugsgesetz）》第136条[2]规定，尤其是《刑事执行法》第136条当中"只要可能"的限制，收容于精神病院措施的科处并不必然需要以改善和保安的双重目的作为依据，即使改善的可能已不存在，但为保安的目的亦可科处保安处分。[3] 与之相反，单独的改善目的却不能为保安处分的科处提供足够的前提，为改善行为人而将其收容，并不具有必要的正当性。因为国家并不负有促使其国民向善的义务，当然更不存在改善其国民的职责，为促使其合乎法律地生活尚不能，为敦促其合乎道德地生活更不可，为改善其人格、消除其危险、剥夺其自由而将其予以收容，隔离于社会之外，更是万万不能的，何况其并不必然具有危害自身或他人的危险性。[4] 归结其观点，应当是认为对于保安处分的科处和执行而言，改善和保安之目的皆可同时实现当然最佳，但在改善与保安不能两全的情况下，脱离了改善可能的保安目的之实现，仍然可能为保安处分提供足够的条件；

---

① 《德国刑法典》第63条内容为：对于在无责任能力状态（第20条）或者责任能力减弱状态（第21条）下实施不法行为者，如果对行为人及其行为的整体评估表明，可以预料他因其状态而实施严重的不法行为且因此对于社会而言是危险的，则法院判处收容于精神病院。

② 《刑事执行法》第136条内容为：依医生观点对被收容于精神病院者进行医治。只要可能，应将他治愈或改善其状态至他不再危险。给予他必要的监督、照管和护理。

③ BGH, 8. 9. 1998-1 StR 384/98, NStZ-RR 1999, 44.

④ Gemmeren, Gerhard van, in: Münchener Kommentar zum StGB, 2. Auflage 2012, StGB § 61, Rn. 1.

但离开了保安必要的改善目的之追求，则与国家之功能定位不相符合。

上述结论及其论据的纰漏之处主要在于如下几点：

第一，既然探讨的是作为保安处分之目的的保安与改善的位阶性，也就当然应当将探讨的前提设定在保安处分之上。科处保安处分，最为主要的前提应当是法益侵害行为或者说广义的犯罪行为的已然发生，与此相应，对行为人的改善可能的判断也就不仅仅是行为人是否可能成为一个更加合乎道德或法律的人或者行为人的道德和法律意识是否能够被强化的问题，而是基于行为人已经实施了侵害法益行为的事实，来对行为人将来是否仍然存在再次实施犯罪的可能性的问题，亦即，此处的行为人的可改善性，指的是将行为人改善为能够合乎法律要求地去生活，而不再实施犯罪这一问题，而对犯罪的预防，当然应当是国家的义务和职责之所在。

第二，就收容于精神病院这一措施本身而言，根据《德国刑法典》第63条之规定，其科处条件当然并不包括将行为人治愈的可能性，这当然与《德国刑法典》第64条对于"收容于戒除瘾癖的机构"之规定①形成了鲜明的对照；另外根据《刑事执行法》第136条之规定，对于被收容者的治疗当以可能为限制，反言之，当对患有精神疾病的犯罪人的治疗不再能够收到任何减轻或消除症状的效果，也就不需要再继续对其进行治疗了。表面看来，改善的地位的确是被虚置化了。对此，首先需要思考的是，为何对精神病人之收容治疗会舍弃改善可能或者说治愈可能的要求？与行为人的药物依赖、吸毒成瘾、嗜酒成性不同，也与行为人不务正业、犯罪为生不同，罹患精神疾病更多的是一种生理现象，而非社会现象，也可以说，行为人并不能自主决定自己是否患精神病，而在其患有精神疾病之后，更无法自主决定是否侵害他人法益。如此看来，相较于前两者，因其精神疾病而侵害他人法益之"犯罪人"的应予谴责的程度实际上是最低的。鉴于此，完全出于社会防卫的目的就能够将其与社会隔离，或多或少意味着社会对精神病人群体的歧视甚至抛弃，因而显得过于严苛和残酷，从而也就

---

① 根据《德国刑法》第64条第2句的规定，"只有存在足够具体的希望，通过在戒除瘾癖机构中的治疗能够将行为人治愈或者在相当一段时间内防止其瘾癖复发从而防止其实施因其瘾癖而生的重大的不法行为，才能科处这一措施。"

更为可疑。同样从罹患精神疾病更多的是一个生理现象，而非社会现象这一判定入手，我们也必须承认，对于精神疾病的治疗更多的是一个科学问题，而非法律问题。也就是说，精神疾病是否能够治愈并不是法官根据法律规定所能够决定的，而必须由医生根据医学规律进行判断。而科学问题的答案只有是与非，而没有好与坏，我们必须承认，确实存在部分的完全没有治愈可能的精神疾病，也就是一般所说的不治之症。既然如此，一味地强调对不可治愈的精神疾病患者进行治疗显然没有任何意义。《刑事执行法》第 136 条第 2、3 句的规定是："只要可能，应将他治愈或改善其状态至他不再危险。（如不可能），（此处为笔者所加）给予他必要的监督、照管和护理。"上述规定显然区分了精神疾病治愈的可能与不可能两种情况，因为将精神疾病治愈并不总是可能，因此对"改善精神病人"的理解就不能仅仅局限在减轻或者治愈精神病人的病症，对精神病人的"监督、照管和护理"同样应当被认为是对精神病人改善的一部分，可以设想的是，即使不能从医学上治愈精神病患者，但通过生活上对其进行的照管和监督使其危险性降低却是现实可能的，这当然也属于对精神病人的广义的改善。而且科学的问题总没有完全正确的答案，对精神疾病的诊断和对精神病人治愈可能的判断很难达到完全的绝对。因此，对精神病人进行治疗和照管都应属于对其改善的范围，并非意味着对没有治愈可能的精神病人就可以完全出于保安目的将其收容，对精神病人的收容必须以对其改善为必要的内容。

第三，回到一般层面，甚至"保安与改善何者享有更高的位阶"这一问题本身也是颇有疑问的。首先，讨论保安与改善何者优先，并不能够以"保安能够脱离改善存在而改善却无法脱离保安而存在"的方式予以回答，因为这样并没有给出二者的位阶顺序，对二者位序的探讨必须以二者的同时存在为前提，也就是说，在保安与改善同时存在的前提下，何者优先。这一问题的答案是显而易见的，即保安优先。[①] 原因有二：保安处分的目的仍然在于对犯罪的预防和对社会的保护，而对社会的保护无疑就是"保安"一词的应有涵义，甚至主张保安处分的目的就是保安——保护社会免受犯

---

① Meier, Bernd-Dieter, Strafrechtliche Sanktionen, Berlin 4. Auflage 2015, S. 222.

罪侵害亦不为过，此为其一。其二，既然保安处分的科处以法益侵害行为的存在为前提，因其法益侵害行为而对其施以保安处分，即便不是谴责，也至少意味着对被收容对象的否定评价，没有道理行为人侵犯了他人的法益，国家反而要通过保安处分的形式给予其"优待"，对其进行"改善"。然而，通过上述分析所能得出的，并非保安与改善二者孰先孰后的问题，而是保安目的是否必须通过改善手段予以实现这一问题。而上述学者所主张的保安目的有限实则意指保安目的之实现能够完全地脱离改善手段而成立，但如果保安本身也就是保护社会是目的而非手段，与改善手段对立，事实上就是李斯特意义上的"无害化"，也就是将行为人与社会隔离的监禁，保安与改善的孰先孰后实则涉及监禁与改善的孰轻孰重，这一问题的答案是显而易见的，只能为了改善而监禁，也就是说，监禁只是改善的必要代价，而非独立于改善的存在，只有附属于改善或者说与改善相结合，对行为人的监禁才具有意义，否则，对精神病人的为监禁而监禁，显然与人道主义相悖，与法治国家相违。

综上，如下观点是值得赞许的，"改善是实现保安目的的唯一的正当手段。"[1] 与之相反，在没有治愈希望的情况下对收容于精神病院措施的继续执行[2]以及完全忽视对保安监禁的执行设计[3]都是应予反思的。以改善的手段实现保安的目的，这是对被收容者的个人尊严及社会整体的安全利益的双重重视和保护，是法治国家的基本要求和应有之义。

三、权利保障与罪刑法定原则的适用

《德国基本法》第 103 条第 2 款规定："只有在行为实施之前，以法律的形式规定了其可罚性，才可对之予以惩罚。"这一条款被原原本本地规定到了《德国刑法典》第 1 条当中，所表述的就是以"无法律则无刑罚（Keine Strafe ohne Gesetz）"为其真谛的"罪刑法定原则（Gesetzlichkeitsprinzip）"。罪刑法定原则的主要作用在于实现刑法的保障功

---

① Pollähne, Helmut, in: Nomos Kommentar zum StGB, 4. Auflage 2013, StGB § 61 Rn. 49.

② Pollähne, Helmut, Gutachten über „die Behandlungsaussichten" im Maßregelvollzug, R&P 2005, S. 171.

③ BVerfGE 128, 326.

能（Garantiefunktion des Strafgesetzes），①是对《德国基本法》第 20 条第 3 款所规定的"法治国家原则"的贯彻落实，即"立法受合宪性秩序，执行权力和司法受法律和法的约束"。也就是说，作为对公民基本权利的干涉和限制，刑罚权力的行使必须以存在法律的明文规定为前提，只有对于在行为实施之前，刑法已经以构成要件行使予以规定并对之配备了相应的刑事惩罚措施的行为，才能定罪处罚。只有如此，才能够保障公民的基本权利不受恣意的国家刑罚权力的侵犯。罪刑法定原则具体包括禁止明确性要求、习惯法、禁止溯及既往和禁止类推四个方面。② 其中，禁止类推适用原则对于包括保安处分在内的刑事制裁措施的适用性已经为判例所认可，③ 正如刑罚不能以社会危害性或法益侵害程度相当为理由，被类推地适用于与刑法规定的构成要件相似的其他情况，保安处分的科处亦不能以行为人所表现出的人身危险性与刑法规定的科处保安处分的条件相当为由，类推地对行为人适用相应的保安措施。剥夺或限制个人的基本权利，却并不存在法律的明确授权，这显然是对法治原则的违背。④ 然而，除此之外，鉴于《德国刑法典》当中刑事制裁体系的双轨制构造，严格适用于传统的刑罚措施的罪刑法定原则并未对保安处分措施的科处和执行形成严格的约束，这集中体现在禁止溯及既往原则的适用之上。

对于刑法适用的时间效力，《德国刑法典》第 2 条第 1 款和第 6 款分别规定，"刑罚及其附带后果根据行为时（Zeit der Tat）有效的法律予以确定"，"如果法律并未另有规定，改善与保安处分根据裁判时（Zeit der Entscheidung）有效的法律予以确定"。也就是说，对于刑罚和保安处分，分别应当适用行为时和裁判时法。刑罚应适用行为时法，这是罪刑法定原则中"禁止溯及既往（Rückwirkungsverbot）"的要求，不管是将行为时尚不构成犯罪的行为根据在行为之后生效的法律认定为犯罪，还是根据行为之后生效的法律对依据行为时生效的法律应判处较轻类型的刑罚的行为处以更

---

① Frister, Helmut, Strafrecht Allgemeiner Teil, München 6. Auflage 2013, § 4 Rn. 6.

② Rengier, Rudolf, Strafrecht Allgemeiner Teil, München 6. Auflage 2014, § 4 Rn. 2.

③ BGHSt 18, 136 (140).

④ Stree, Walter, Deliktsfolgen und Grundgesetz. Zur Verfassungsmäßigkeit der Strafen und sonstigen strafrechtlichen Maßnahmen, Tübingen 1960, S. 78 ff.

重类型的刑罚，比如将罚金刑升格为自由刑，抑或是根据行为之后生效的法律提高了依据行为时生效的法律所应判处的法定刑期，均构成对溯及既往之禁令的违犯。[1] 但禁止溯及既往对于保安处分显然并不适用，因为裁判时法相对于行为时法而言，毫无例外地属于事后法的范围。进而需要探讨的问题是，对于保安处分之科处溯及既往的适用作为事后法的裁判时法，是否存在违犯法治国家原则的嫌疑？对此，通常观点大多不以为然。在法律时效之上对刑罚与保安处分"分而治之"的依据主要在于刑罚与保安处分的本质和定位的不同。[2] 刑罚的本质在于罪责抵消式的报应，刑罚的科处以行为人罪责的具备为前提，与之相应，至少在行为人实施犯罪的当时，不管是作为刑罚之前提的构成要件，还是作为犯罪之后果的刑事惩罚，必须能够为行为人所知悉和遵守，是行为人可能预见的，也是行为人在从事犯罪过程中所实际能够考量的因素。保安处分则是个别预防导向的犯罪预防，立足于对行为人所具有的人身危险性的判断，这并不取决于行为人对于此种规范及其后果是否存在事实上的认识或者有认识的可能性，如果从刑法规范所可能存在的行为规范与裁判规范的两个面向来说，保安处分之相关措施主要是裁判规范，是由法官所实际掌握和操作的，行为人对此是否有所认识并不重要，而法官据以裁断行为人人身危险性的事实根据和法律依据，当然只能以裁判时为准，也就是说，不仅对行为之后和裁判之前发生的事实情况需要予以重视，而且在行为之后和裁判之前这一阶段生效的法律，也应作为法官裁判的实际依据。

这一界分及其说明在总体上看来当然并不存在太大的问题，毕竟刑罚是立足于行为而保安处分是着眼于行为人的，刑罚是以行为人对其行为所应负的罪责为基础和依据的，保安处分则是以行为人所具有的人身危险性为根据和标准的。或许可以说，保安处分是能够独立于行为规范而存在的，也并不以行为人对规范的认识以及其因违反规范而应负的罪责为前提，尤其是对于无责任能力者科处的保安措施而言，期待无责任能力者认识到规

---

[1] Roxin, Claus, Strafrecht. Allgemeiner Teil, Band 1, 4. Auflage 2006, § 5 Rn. 10, 55 ff.

[2] Stree, Walter, Deliktsfolgen und Grundgesetz. Zur Verfassungsmäßigkeit der Strafen und sonstigen strafrechtlichen Maßnahmen, Tübingen 1960, S. 34 f.

范的内容以及违反规范的后果，并因此按照规范的要求行动，本来就是不现实的。然而，不容忽视的是，作为法治原则的必然要求，所有的刑事制裁措施的科处，均需以犯罪行为或者不法行为的出现为前提。在法治原则约束下，作为保安处分之基础的行为人的人身危险性，只能通过行为人对符合构成要件且具有违法性的法益侵害行为予以体现。对于保安处分的科处和执行而言，所需要判断的并非行为人是否对社会而言是有害的或者危险的，而是行为人在将来是否具有实施犯罪的危险。进一步而言，既然这一实施犯罪的危险是针对具体的行为人而言的，那么在行为人从未实施过犯罪行为的情况下，不管是以生物学、人类学、社会学还是犯罪学的方法和标准，均不能确定地得出行为人在将来实施犯罪的高度可能性。即便这在科学上是可能的，但在规范和伦理意义上也是难以令人接受的，这种决定论的考察立场和结论无异于对犯罪人主体地位、意志自由的彻底否定，是对宪法所保护的作为人之所以为人的基本权利的人的尊严的否定。因此，保安处分判处的前提以及存在的依据均在于行为人再次实施犯罪的高度可能性。否则，犯罪行为的缺失必然意味着保安处分正当性的缺乏。①

具体到《德国刑法典》当中的现行规定，对于剥夺自由的保安措施，如收容于精神病院措施（《德国刑法典》第 63 条）和收容于戒除瘾癖的机构措施（第 64 条），以及非剥夺自由的保安措施，如吊销驾驶执照（第 69 条）和职业禁止（第 70 条），均规定了行为人实施了具有违法性的行为（eine rechtswidrige Tat）作为科处相应的保安措施的条件，而所谓的"具有违法性的行为"，按照《德国刑法典》第 11 条第 1 款第 5 点所下的定义，是指"实现了刑法典所规定的构成要件的行为"。此外，对于《德国刑法典》第 66 条第 1、2、3 款的规定，对行为人科处保安监禁的条件必须是行为人因为特定的犯罪被判处一定期限以上的刑罚，并以一定数量的前科犯罪甚至是一定期限的刑罚执行作为条件；对于第 68 条规定的行为监视，根据第 1 款的规定，必须以法律对行为人所触犯的罪名特别规定了行为监视为条件，根据第 2 款的规定，则必须以对行为人实际执行了刑罚或者保安措施

---

① Frisch, Wolfgang, Die Maßregeln der Besserung und Sicherung im strafrechtlichen Rechtsfolgensystem, ZStW 1990, S. 377.

作为条件。可见，全部的保安措施无一例外，均以行为人实施了符合刑法典规定的构成要件的法益侵害行为作为科处条件。可见，保安处分与犯罪行为、不法行为、行为规范及刑罚后果之间，并非完全不存在联系，甚至可以说是必然会存在联系。

鉴于此，溯及既往的对行为人毫无例外地适用相对于行为时有效的法律而言属于事后法的裁判时法，可能会对行为人造成更为不利的后果。比如，只有在行为人的行为完全符合了刑法典规定的构成要件因而具有违法性的前提下，才可能对行为人科处收容于精神病院或戒除瘾癖机构等措施。如果行为人的行为在其实施的当时并不属于刑法规定的犯罪行为，但在行为之后裁判之前，上述行为被刑法事后地规定为犯罪行为，这一刑法修正对行为人而言显然意味着极为不利的后果；又如，对行为人科处保安监禁措施需要满足一定的条件，例如按照《德国刑法典》第 66 条第 1 款第 1 点第 1 项的规定，只有行为人的行为侵犯"生命、身体完整、人身自由以及性自主"之类的法益时，才可能对其判处保安监禁。假如行为人在行为实施完毕之后，上述法益类别当中被事后地加入了财产法益，而行为人所屡次实施的，恰恰都是侵财类犯罪，比如盗窃、诈骗等，那么，上述事后刑法的追溯适用显然也对行为人意味着更为不利的后果，亦即，本来不可罚的行为变得可罚了，或者是本来不符合的条件因为法律的修改而变得相符了。上述几类情形的共同点可被归结为：保安处分的科处当然应以法院裁判当时存在的事实和生效的法律为依据，可是，裁判时生效的法律并非完全限于对保安处分的规定，换言之，保安处分的科处也需以行为人的行为符合刑法规定的构成要件因而具有刑事违法性为条件，或者是，保安处分的科处也可能需要行为人之前的行为构成犯罪甚至是被科处和执行刑罚为前提。因此，保安处分的科处虽然是以对行为人的人身危险性的判断为中心和重心，但失去了刑法规定的标准，失去了刑罚的参照作用，对其人身危险性的判定也就完全成了无源之水或无本之木，是不可能也是不现实的。

对于作为保安监禁前提的前科犯罪和执行刑罚自不待言，当然需要以行为人的认识可能为前提条件，因而将其事后的修改溯及既往的适用，显然有违罪刑法定和法治精神。至于针对无责任能力者的收容措施，虽然因为科处对象责任能力的缺乏，其对于刑法规范当中的行为规范和惩戒后果缺乏必要的认知能力以及适法而行的自控能力，但责任能力的缺乏并不会导致其丧失基本的人的资格，并不会使其成为任人刀俎的"物化对象"，而归根结底，禁止溯及既往原则所保护的，正是在国家刑罚权力面前保护个人行动的自由，以及在个人权利面前防止国家刑罚权力的恣意。① 通过溯及既往地适用裁判时法，任意地将保安处分的处断对象所本应享有的权利和自由置于更为不利的地位，显然是有违罪刑法定和法治原则的。笔者愚见，法院科处保安处分，当然应以裁判时所存在的与行为人的人身危险性相关的事实状况为基础，也即，行为之后、裁判之前所发生的行为人人身危险性的改善或恶化的事实，应成为决定是否科处保安处分以及确定保安处分的执行期限的依据；行为的法律性质当然会因一时的法律修改而产生赫然相反的变化，但事实属性明显强于法律属性的行为人的人身危险性则不然，其并不会随着法律内容的变动而变化，行为人是否（仍然）危险，是一个最终并不由法律做主的问题，更多的是一个医学或科学问题，因此，当然不应因法律的变动而对行为人的权益和自由予以更多的剥夺或限制。

四、制度运作与肇因行为的硬性约束

法治原则对于刑事法律的约束，主要体现在对行为刑法的坚持和相应地对行为人刑法的摒弃，特别是以"意念刑法（Gesinnungsstrafrecht）"面目出现的行为人刑法。这可被归结为刑法所调整的是人的行为，而非人的思想，不管个人的头脑里面存在着何种不堪的非分之想，只要其尚未实现为行为，只要其尚未在外部世界中表现出来，就不属于刑法或者其他任何法律所应调整和干涉的对象，这是因为包括刑法在内的所有法律，在性质上均属于国家形式的社会治理的手段，社会治理的目的当然就在于保障社会成员及其整体的权益，维护社会秩序的稳定，如果行为人的想法或计划仍然仅仅停留在思想层面，而未通过行为的方式对外部世界和社会生活造成影响，则根本不存在动用国家力量甚至是刑罚暴力对其进行干涉和调整的必要和可能。因此，从根本上看所谓的"行为人刑法"只不过是肆意动

---

① Nowakowski, Friedrich, Zur Rechtsstaatlichkeit der vorbeugenden Maßnahmen, in: FS für Weber, Bonn 1963, S. 119.

用国家暴力的一个由头和借口罢了，会使得刑法和刑罚失去其边界和标准，也会招致事实上的刑法的消亡，特别是具有权利保障功能的刑法。因此，彻底的行为人刑法并不现实，亦不可取，只能作为对行为刑法的松动和调节而发挥作用，也就是在行为刑法当中注入行为人刑法的因素。①

刑罚基于行为人对其行为所应负有的罪责，旨在对罪责施以报应；保安处分立足于行为人所具有的人身危险性，目的在于行为人人身危险性的消减。如此看来，因为刑罚针对行为而保安处分针对行为人，因此刑罚与行为刑法之间联系紧密，而保安处分则与行为人刑法之间更具有亲缘关系。可是，行为人刑法终究暗含着导向权力肆意侵害权利的恶果的极大可能，因此，如果仅仅将行为人具有可能实施犯罪的人身危险性作为科处保安处分的唯一条件，事实上就意味着保安处分的适用条件是完全主观性的、开放性的，甚至可以说，保安处分的科处其实没有条件。这样的局面对于国家权力而言当然可能是惬意的，但对于个人权利以及社会整体而言无疑将是毁灭性的，每一个人都将具有被处于保安处分的可能性，而且因为对于保安处分的科处条件并不存在硬性的、客观性的、可实际把握的标准，也不存在对其实际认识的可能，每个社会个体甚至不能通过自我约束的方式来达到享受自由的目的。流动性的国家权力最终会完全僭越个人自由的狭小空间，无处不在的国家权力也就同时意味着个人自由的窒息而亡。这显然从根本上与法治国家和法治精神径相悖逆。对于包括刑罚与保安处分在内的刑罚权力的动用而言，法治原则的基本要求就是必须以存在行为人已经实施了符合刑法所规定的构成要件因而具有刑事违法性的行为为前提，这在保安处分领域就体现在所有的保安处分措施的科处都必须以"肇因行为（Anlasstat）"的存在为前提。②

"肇因行为"对于无责任能力者和有责任能力人的意义显然是不一样的。对于无责任能力者与有责任能力人科处的保安处分，区别主要有如下几点：首先，对无责任能力者判处刑罚是不可能的，与之相应，保安处分

---

① Bockelmann, Paul, Studien zum Täterstrafrecht, Berlin 1939.

② Schöch, Heinz, in: Leipziger Kommentar StGB Online, 12. Auflage 2008, StGB Vor § § 61, Rn. 68 ff.

的作用就是替代刑罚而适用，是刑罚本身力所不及之处；而对于有责任能力人判处刑罚是可能的，而且实际上多数情况下也对其施以刑罚了，保安处分的同时科处和事后执行所赖以存在和针对解决的，恰恰是刑罚科处及其执行对被监禁者已经不起作用，并未真正地起到消减行为人所具有的再次实施犯罪的人身危险性的效果。其次，无责任能力者之所以无责任，大多是因为其患有精神疾病或者具有特殊癖好从而导致其判断和控制自己行为能力的降低或丧失，因此，判断无责任能力者是否具有再次实施犯罪的人身危险性的第一步，就是对其所患病症的诊断，鉴于有科学的诊疗手段和医学设施作为支撑，这相对而言是比较简单也较为客观的，对于某一行为人是否患有精神疾病的诊断，不同的医疗机构、相异的诊疗方法所得出的最终结论并不会有太大的区别；相较而言，有责任能力人之人身危险性的判断则复杂和困难很多，既然肯定了其责任能力的存在，那么不管是认识和控制自己行为的能力，还是在刑罚的作用和刺激下适法生活的自控能力，其应当都是具有的，屡教不改者并非精神病患者，也很难说其具有生理或者心理上的疾病或者问题，也就是说，这一人群仍然是社会共同体的普通一员，与一般人相比，并没有值得或应当将其标签化和特殊化的实质理由或科学支撑。再次，进一步来看，对无责任能力者将来是否继续实施犯罪的可能性的判断仍然需要依赖于相对科学和客观的手段，只要能够判定行为在其病症影响下实施了犯罪，而这种病症并未治愈，其在将来当然可能继续实施侵犯法益的不法行为即已足够；而对于有责任能力者而言，因其并不存在显著的异于常人的特殊之处，因此并不存在对其人身危险性判断所赖以存在的实质标准和坚固基础。最后，总结起来可以说，因为对无责任能力者并未处以刑罚，保安处分措施执行所附带的自由剥夺并未完全不能接受，也正是因为执行的对象是无责任能力者，国家以强力的手段对其予以改善和治疗具有当然的必要性和正当性，"治病救人"式的保安处分当然是出于治愈病人病症的考虑，是被收容者和社会的双赢；而有责任能力人已经为其行为得到了与其罪行相称的刑罚惩戒，刑罚已经抵消了行为人对其犯罪所应负有的罪责，在此之外，以保护社会为目的，继续对行为人予以收容，对行为人而言意味着额外的不利，可以说是一种刑外之刑，是一种罪责之外的负担，因而更加地需要正当性的证明，尤其是立足于个别预防的刑罚执行与同样着眼于行为人人身危险性并着力于对其进行个别预防导向的危险性消减的保安处分措施及其执行之间并不存在显著的实质性差别的前提下，这种正当性的证明就更加困难。可见，对于无责任能力者而言，其对于肇因行为本身并无罪责，因而肇因行为只能纯粹地作为人身危险性程度的表征，是行为人在将来有可能再次实施法益侵害行为的重要证明；而对于有责任能力人来说，肇因行为本身就是可罚的，而且多数情况下行为人也确实因此被判处并实际执行了刑罚，而在此之外，肇因行为也间接地说明了行为人人身危险性的存在，并成为对其科处保安处分的根据。

进一步来看，就"肇因行为"而言，其不可或缺性并不仅仅是出于权力分立视角下刑事法官对保安处分案件所享有的主管权力的考虑。① 亦即，按照司法权与行政权之间的权力划分，更为准确地说是法官所享有的刑事司法权力与警察所享有的治安处罚权力之间的划分，只有当行为人的不法行为属于刑事不法，也就是行为人的行为构成犯罪的前提下，对其处置的权力才属于刑事法官所有。以权力分立作为"肇因行为"的前提，更多的是对历史发展和制度现状的一种事实描述，亦即，基于行为人的人身危险性而对其科处保安措施的权力最初是属于公安机关，尔后由法院所行使，对此，需要追问的问题是，为何会发生上述权力的让渡？将对行为人科处保安措施的权力由警官过渡到法官，仅仅是由于法官处于居中裁判的地位，而警察相对而言更容易对行为人具有严重偏见吗？将对行为人科处保安措施的权力交由警察行使难道就不是另外一种类型的权力分立吗？另外，将对行为人科处保安措施的决定权交由警察，并使被科处保安措施者享有向法院提起行政诉讼的权利，难道不是权力分立和制约的一种更好的方式吗？上述设问从作为法治原则重要内容的权力分立可能并不能够引申出确定的回答，事实上，并非权力分立构成了"肇因行为"的基础，反而是"肇因行为"的前提设定构成了权力转移的依据。

早在对李斯特马堡规划的批判中，古典学者就已经指出，李斯特将刑

---

① Stooss, Karl, Strafe und sichernde Maßnahme, schwZStR 1905, S. 4；Stooss, Karl, Zur Natur der sichernden Maßnahmen, schwZStR 1930, S. 263.

罚的目的定位为着眼于具体犯罪人的、特殊预防导向的犯罪预防，与其坚持将目的刑罚作为（准）犯罪行为的法律后果之间存在着不一致，也使得目的理念在其思想当中并未得到彻底的贯彻。在犯罪行为发生之前就能够防患于未然，从而将犯罪消灭于无形，岂不是更加值得追求？可是，犯罪未曾发生就断言行为人具有应当被处以保安处分的人身危险性，是无论如何都难以被正当化的。[①] 在法治国家的框架内就更是如此。在刑法原本所具有的打击犯罪功能之外，法治原则所赋予和要求刑法的，主要就是刑法所应当具有的自由保障功能，如上所述，这一功能主要是通过罪刑法定予以贯彻和实现的，对于个人在社会当中的行动自由而言，罪刑法定本质上意味着，任何社会个体的行为，只要没有触犯刑法以构成要件形式固定下来的各个犯罪，没有侵犯或者威胁到刑法以刑法规范形式予以保护的法益，就不应当受到国家施加的刑事惩罚，个体的基本权利和个人权益也不应当受到国家权力的任意限制。也就是说，只要刑法没有禁止的，那就是允许的。

可以设想的是，如果不以犯罪行为的发生作为科处保安处分的前提，那么，对于以精神病人和患有特殊癖癖的人为代表的无责任能力人来说，无异于将其变为了纯粹的"实验品"，对其科处保安处分的条件，无非就是因为某种精神疾病或者是对酒精、毒品和药物的依赖性，使之具有了在将来实施犯罪的可能性，也就是对于社会而言的人身危险性。可是，如果仅仅是以医生对于行为人患病的诊断为条件，对于行为人人身危险性或者说犯罪可能性的判断，也就纯粹变成了一个医学或者科学问题，然而医学能够得出的，只能是行为人患病的结论，对于行为人在今后的社会生活中能不能做到与他人无犯，尤其是不侵犯他人的法益，甚或行为人是否仍然有能力享受自由、参与社会生活，科学对此无能为力，这是一个社会、一个国家的社会政策和法律制度问题。仅仅以一纸病历就成为将行为人予以强制收容和治疗的"判决书"，无异于一场以行为人的人身自由和基本权利为代价的赌博，是一种将人降格为物的尝试，实际上是不再将精神病人视为

---

① Frisch, Wolfgang, Die Maßregeln der Besserung und Sicherung im strafrechtlichen Rechtsfolgensystem, ZStW 1990, S. 377.

真正意义上的人，是对人人应当享有的平等尊严和基本权利的否定，构成对法治原则的根本背离。对于有责任能力人来说情况则更为残酷，当然也更为荒谬。其实，相对于无责任能力者而言，肇因行为对于行为人而言本身就至为关键，即便是对于所谓的惯习犯的划分，也是因为其在一段时间内一而再再而三地实施犯罪，甚至在对其执行了较长时间的监禁刑罚之后，仍然未见有任何的改善效果，甚至愈发严重，犯罪已然成了其所习得的一种习惯，甚或一种瘾癖。之所以能够在对有责任能力人判处刑罚之外，另外对其科处剥夺自由的保安处分，就是因为即便是经历刑罚的惩戒，即便是历经刑罚执行期间的改造，行为人的再次实施犯罪的可能性仍然极大，行为人依然具有极高程度的人身危险性，为防止社会免受其再次犯罪的侵害，故而允许将其继续监禁并予以更深层次的改造。肇因行为的取消同时势必意味着惯犯划定的消弭，那么，据以认为有责任能力人具有人身危险性的标准，越来越多地具有了"天生犯罪人"的蕴意和危险，其所能够依据的，依然是所谓的科学，比如行为人的生理构造、成长环境等。然而，犯罪学当中现存的（甚至包括以后的）所有解释犯罪原因的理论，实则都具有其片面性，如果犯罪学之类的科学理论甚至连犯罪的原因都无法彻底解释清楚，又何谈对行为人将来是否实施犯罪的预测呢？当然，肇因行为的取消还有另外一层意思，那就是行为人之前多次实施了犯罪，因此可以在其尚未再次实施犯罪，但有证据表明其具有人身危险性的情况下，将其保安监禁，也就是说，将屡次实施犯罪的有责任能力人与患有精神疾病因而不能认识和控制自己行为的无责任能力者等同视之，将行为人屡次犯罪视为一种心理或精神上的病症，将刑罚执行在行为人身上的不能奏效视为行为人被改善能力的欠缺，然而，行为人守法或者自律意识薄弱并不能将其与患有精神疾病等同视之，国家不能一方面承认其责任能力的具备，因而对其施以刑罚；另一方面又否认其责任能力的存在，因而对其处以保安处分。可以说，刑法上的责任能力并非意味着对行为人所有的人身因素的彻底考察，所指的仅仅是认识和控制自己行为的能力，只要行为人达到了一定的年龄并且精神和智力发展正常，就应当认为其是具有责任能力的。此外，如果将有责任能力人与无责任能力者等同视之，仍然会存在上述侵犯被收容者基本人权的风险。

以"肇因行为"作为对行为人判处保安处分的硬性条件，至少能够最低限度地保证行为人对于社会而言是具有一定的人身危险性的，其确实具有一定的实施犯罪的可能性。对于无责任能力者来说，其所具有的精神病症或特殊瘾癖确实有引致法益侵害的危险；对于有责任能力人而言，屡次实施犯罪也确实说明，对之科处和执行刑罚显然并不奏效，其再次实施犯罪的可能性的确较大。因此可以说，肇因行为是科处保安处分的起始和最低条件。既然需要以肇因行为作为科处保安处分的条件，而肇因行为实质上指的是犯罪行为或者是符合了刑法规定的构成要件因而具有刑事违法性的行为，那么，保安处分实质上属于犯罪行为的法律后果。因此，以"肇因行为"，即行为人已经实施了符合犯罪构成要件并因而具有刑事违法性的法益侵害行为，或者是行为人的行为已经构成了犯罪，作为启动保安处分的必要条件，恰恰构成了保安处分被规定在刑法，而非行政法、社会法等其他的部门法当中，以及保安措施属于刑事制裁措施而非行政处罚措施的决定性原因，这也正是法治国家的必要构建和法治原则的必然要求。

第三节　结论

作为正式制度存在于刑法当中的保安处分，不论其正当性还是合理性，都必须在国家制度的框架内、在法律秩序的约束下展开讨论。只有与整个法律体系及法律秩序能够和谐共处，保安处分才能作为一项切实正当的制度发挥作用，才能真正地获得其正当性。对保安处分的正当性证明主要从伦理面向和规范层面展开。

在伦理维度最具代表性的保安处分之正当性说明是 Welzel 所持的"内部与外部自由对应论"，即不享有内部自由者亦不配不享有外部自由。这一观点对于针对无责任和限制责任能力者科处的保安措施具有一定的解释力，但对于以完全刑事责任能力人为对象的保安措施而言，并不适用。这一思路与李斯特思想具有亲缘性，也须面临相似的诘问。"惯犯"群体因为可激励性的欠缺，亦可与无责任和限制责任能力者一样，被认为是缺乏归责能力，从而被囊括到保安处分的对象当中。上述命题的主要问题在于：不论是对于内部不自由的前提，还是对于外部不自由的结果，都是一种质上的绝对判断，并没有包含任何量上的相对余地；只涉及将不可改善者无害化这一单一的类别；将保安处分的对象归类为不享有内部自由者，从社会伦理的角度实际上已经将其排除在社会共同体之外了，已经将其归类为与社会当中的其他个体存在质的差别的一个类别或人群，而对其本应享有的外部自由予以剥夺，仅仅是其社会地位和伦理定位的必然反映和要求，这显然与法治国家框架内对犯罪人群的社会定位大相径庭；在法治国家的论述框架内，将一部分的犯罪人群划定为不配享有自由的不自由者，显然与宪法对所有个人的平等保护径相冲突，也会间接地导致被监禁者处遇的极度恶化。因此，这一思路并不可取。此外，"自由的社会约束"理论是对保安处分正当性说明的又一路径。依此，社会中的个人所享有的自由并非绝对的、没有限制的，而是相对的、有其边界的，而个人自由的最大限制就是自由的"社会约束性"。这一思路的问题在于：并未对保安处分之改善的一面予以足够的关注和重视；对保安处分的正当性证明仍然局限于社会伦理层面，并不存在规范基础或者法律依据。

其后对保安处分的正当性证明转向了规范领域。"权利丧失论"认为，没收、充公和销毁等非刑罚措施均属于预防性处罚措施，也就是保安措施的范畴，相应地，保安措施的正当性就是通过剥夺行为人的某些权益从而达到预防犯罪的目的。这一思路的问题在于，与非刑罚措施不同，对于保安处分而言，行为人已经实施的犯罪甚至是已经被判处和执行的刑罚都是非常重要的参考因素，但也只具有参考和参照意义，而非决定意义。这构成二者之间的本质区别。之后，具有规范底蕴的其他路径主要集中在试图通过"正当防卫"和"紧急避险"为保安处分提供正当性基础。在此，正当防卫与紧急避险当然并非严格的规范意义上的，而只是以之作为理解和论证一个典型形象而已。对保安处分的正当性说明而言，紧急避险相较于正当防卫而言更为合适。但仍然存在的问题是，紧急避险要求危险是现实可能的，但这与行为人将来可能再次实施犯罪的危险之可能性并不具有可比性；紧急避险所涉及的是个人的私力救济相对于国家刑罚权发动的优先性，讨论的主要是作为私人的社会个体所享有的个人权益之间的较量与衡量，这并不能够类比地应用于关涉国家权力与私人权利的刑事制裁措施之正当性说明之上。

　　保安处分的正当性基础必须在规范层面予以论证，但并非仅仅是指在现行规范中寻找到一个与自己的理论论证思路和过程最为相似的规范构造，而是在保安处分之正当化依据的指导下制定出一个具体的、专门的条文，或者在保安处分之相关规定的上位法，首要是在《德国基本法》当中，论证或阐释出保安处分的正当化依据。对此，伦理论上的思辨显然难以落实为规则，规范化方向的努力却又严重脱离了规范，所以其尝试必定会无果而终。

　　保安处分的正当性依据在于，在法治国家框架内，或者说在法治原则约束下，通过着眼于具体犯罪人的人身危险性而对其科处和执行特殊预防导向的保安处分，达到预防其再次犯罪从而保护社会的目的。在其背后，实质上是社会免受犯罪侵害的整体利益与具有人身危险性之行为人的个人权益之间的博弈与权衡。而保安处分的正当性所在，就是对于更为重要的社会整体利益的保护。保安处分的正当性只能是建立在法治原则之上，与法治国家性质和法治基本原则的符合性，构成了保安处分的最为坚实的规范性、制度性基础。以法治国家的基本理念对保安处分予以限制从而使其正当，是保安处分获得尤其是维持其正当性的关键步骤。

　　建立在法治国家基础之上的保安处分的正当性所在主要体现在以下方面：第一，保安处分的制度设计与功能定位实质上是与国家所负有的保护职责紧密联系的。国家对于社会负有保护职责，体现在刑法领域，国家应通过打击犯罪的方式对法益进行保护；仅以刑罚及其执行为手段，并不能完全实现以预防犯罪来保护法益的目的；为实现预防性法益保护的目的，保安处分所具有的个别预防功能使其能够发挥刑罚所不具备的作用，在刑罚之外具有其存在的必要性。国家以保安处分为手段，通过对具体行为人的个别预防，实现预防性保护法益的目的，这就是保安处分所具有和追求的正当目的所在。第二，法治国家的精神和灵魂在于对社会个体人格尊严和基本权利的尊重和保护，这一点鲜明体现在作为保安处分目的的保安与改善之间的位序关系上。鉴于对行为人再犯可能性判断的不准确性，国家对保安处分的动用应保持警惕并将被收容者视为一种特定意义上的"受害者"，这构成制度设计的基本预设。基于人道主义和人权保障立场，在保安处对行为人自由的剥夺或限制、对行为人权益的损害，本身并非目的而只能是手段，对改善行为人的目的的强调构成了保安处分所可能获得的唯一的正当性基础。在保安和改善两个目的之间，改善是实现保安目的的唯一的正当手段。第三，罪刑法定原则的主要作用在于实现刑法的保障功能，罪刑法定原则具体包括禁止明确性要求、习惯法、禁止溯及既往和禁止类推四个方面。其中，禁止类推适用原则对于包括保安处分在内的刑事制裁措施的适用性已经为判例所认可。除此之外，鉴于《德国刑法典》当中刑事制裁体系的双轨制构造，严格适用于传统的刑罚措施的罪刑法定原则并未对保安处分措施的科处和执行形成严格的约束，这集中体现在禁止溯及既往原则的适用之上。对于刑罚和保安处分，分别应当适用行为时和裁判时法。据此，禁止溯及既往对于保安处分显然并不适用，因为裁判时法相对于行为时法而言，毫无例外地属于事后法的范围。可是，所有保安措施均以行为人实施了符合刑法典规定的构成要件的法益侵害行为作为科处条件，鉴于此，溯及既往地对行为人毫无例外地适用相对于行为时有效的法律而言属于事后法的裁判时法，可能会对行为人造成更为不利的后果。归根结底，禁止溯及既往原则所保护的，正是在国家刑罚权力面前个人行动的自由，以及在个人权利面前防止国家刑罚权力的恣意。法院科处保安处分，当然应以裁判时所存在的与行为人的人身危险性相关的事实状况为基础，也即，行为之后、裁判之前所发生的行为人人身危险性的改善或恶化的事实，应成为决定是否科处保安处分以及确定保安处分的执行期限的依据；相反，不能因行为之后法律的变动而对行为人的权益和自由予以更多的剥夺或限制。第四，保安处分立足于行为人所具有的人身危险性，目的在于行为人人身危险性的消减，从而与行为人刑法之间更具有亲缘关系。可是，如果仅仅将行为人具有可能实施犯罪的人身危险性作为科处保安处分的唯一条件，事实上就意味着保安处分的适用条件是完全主观性、开放性的。如此，则流动性的国家权力最终会完全僭越个人自由的狭小空间，无处不在的国家权力也就同时意味着个人自由的窒息而亡。这显然从根本上与法治国家和法治精神径相悖逆。法治原则的基本要求就是必须以存在行为人已经实施了符合刑法所规定的构成要件因而具有刑事违法性的行为为前提，这在保安处分领域就体现在所有的保安处分措施的科处都必须以"肇因行为"的存在为前提。

第四章 保安处分与比例原则

保安处分之法治国家框架或法治原则基础所涉及的，实则是以人权保障作为国家权力的界限，以人的尊严和基本权利作为保安处分的底限，因此可以说，法治原则以人权保障为红线为保安处分的制度设计划定了一个框架和范围。在保安处分的背后，实质上是代表个人自由的权利与以保护社会为名的权力之间的博弈，保安处分实质上也是以侵犯法益的手段实现保护法益的目的的一把"双刃剑"。以此为基础，进一步衡量在规则设定和制度运作上权力与权利之间孰轻孰重的根本标准，就是作为法治原则之基本内容的"比例原则（Grundsatz der Verhältnismäßigkeit）"。

第一节 比例原则的内涵

比例原则又称"禁止过度（Übermaßverbot）"原则，主要在于强调手段与目的之间的相称性。最初形态的比例原则可以追溯到行政法院在限制警察权力过度地侵犯个人的自由和财产的过程中所形成的裁量原则。在《德国基本法》颁行之后，通过联邦宪法法院的一系列判决，比例原则实质内容日益充实、适用范围日益广泛。在此期间的比例原则呈现如下的发展趋势：第一，不仅是行政权力，对于包括立法权力和司法权力在内的全部国家权力，比例原则都具有约束力；第二，比例原则不仅适用于最初的警察法领域，对于其他的行政法、刑法、经济法和社会法领域也都存在适用的可能，亦即，凡是具有国家权力性质的公权行为，比例原则都是一个基本的限度限制和衡量标准；第三，甚至是对于国家权力对公民权利的侵犯，即便是服务性质或公益性质的国家权力行使，也在一定程度上受到比例原则的制约。① 对于比例原则而言，最为核心的标准或者内容是，"只有当相对于所欲实现的目的，国家权力对个人权利的侵犯是合适的（geeignet）、必要的（erforderlich）并且适当的（angemessen），才是被允许的。"②

对应作为比例原则重心的"目的—手段关系"，这一原则的适用可被划分为两个层次：一是目的或者效果的正当性；二是手段实施对于目的实现的合比例性。后者进而又可被细分为手段对于目的的合适性、必要性和适当性。③ 合适性指的是，对于目的的实现而言，所运用的手段是合适的，在一般情况下，手段的实施能够带来目的的实现；必要性指的是，对于同一目的而言，并不存在损害更轻、代价更小的其他手段，也就是说，对于所追求的目的，所实际运用的手段是损害最小的、绝对必要的；适当性是指，手段与目的之间不能出现显然的不对称关系，适当性要求在国家权力所追求的目的与国家权力所侵害的个人权利之间，作一合理的、细致的权衡。适当性也被称为狭义的比例原则，因为相对而言，适当性实则是比例原则的核心所在，而正当目的、适合性、必要性更多地属于适当性判断的前置条件，因为如果缺乏了上述三个条件，自然也就没有适当性可言了，由此亦可见得，作为比例原则的四个条件实际上构成了层层递进的深入关系，前一条件构成后一条件的必然前提。

第二节　保安处分法上比例原则概述

在保安处分领域，对于比例原则，《德国刑法典》第62条规定："若其与行为人已经实施的和预计实施的行为的重要性以及行为人所表现出的危险性的程度不成比例，则不能科处改善与保安处分。"这一条款为1969年颁行的《第一次刑法改革法案所增加》，④ 并为1975年生效的《第二次刑法

① Maurer, Hartmut, Staatsrecht Band 1, 6. Auflage 2010, § 8 Rn. 55.
② Maurer, Hartmut, Staatsrecht Band 1, 6. Auflage 2010, § 8 Rn. 55.
③ Maurer, Hartmut, Staatsrecht Band 1, 6. Auflage 2010, § 8 Rn. 56.
④ BGBl. I, 1969, S. 649.

改革法案》所沿用,① 是除了《德国刑法典》第 61 条对所有保安措施的列举性规定之外,唯一一条适用于所有保安措施的一般性规定。这一规定是宪法层面的比例原则的落实和体现,处于宪法原则的等级,意味着"社会的安全利益和被收容者的自由②诉求之间的交互校正以及在具体案件中的彼此权衡"③,因而对所有的保安措施均具有拘束力。④

一、比例原则的适用范围

虽然从字面意思来看,比例原则仅适用于保安处分的科处,但是一般认为,这一原则对于保安处分的科处和后续决定均具有拘束力,⑤ 可以说,保安处分科处和执行过程中的任何一个决定,都是一次具体的、全面的合比例性权衡,这既符合立法者的原意,⑥ 也是绝对的通说观点。⑦

在保安处分法当中,对于吊销驾驶执照措施,《德国刑法典》第 69 条第 1 款第 2 句规定:"不需要再根据第 62 条作另外的检验。"表面看来,这构成了第 62 条规定的比例原则在保安措施当中适用的例外,也即,吊销驾驶执照措施的科处并不受刑法典第 62 条规定的约束。⑧ 换言之,鉴于一名不适合驾驶机动车辆的司机可能给他人带来的财产特别是人身上的巨大伤害,只要能够判定行为人是不适于驾驶机动车辆,即可认为在吊销驾照的损害与社会安全利益之间的适当性是存在的,因而额外的合比例性判断就

---

① BGBI. I, 1969, S. 20.

② 此处的自由应作广义的理解,而不应限于对行为人行动自由的剥夺,禁止行为人驾驶机动车辆(吊销驾驶执照)、禁止其从事特定职业(职业禁止)、禁止其进出特定场所或接触特定人群(行状监督),也是对行为人自由的限制。因此,这一原则不仅适用于剥夺自由的保安措施,也同样适用于非剥夺自由的保安措施。

③ BVerfGE 70, 297.

④ Ziegler, Theo, in: Beck'scher Online-Kommentar StGB, StGB § 62 Rn. 1.

⑤ Pollähne, Helmut, in: Nomos Kommentar zum StGB, 4. Auflage 2013, StGB § 62 Rn. 1.

⑥ Erster Schriftlicher Bericht des Sonderausschusses für die Strafrechtsreform, Drucksache V/4094, S. 17.

⑦ Dessecker, Axel, Gefährlichkeit und Verhältnismäßigkeit. Eine Untersuchung zum Maßregelrecht, Berlin 2004, S. 345.

⑧ Bae, Jong-Dae, Der Grundsatz der Verhältnismäßigkeit im Maßregelrecht des StGB, Frankfurt a. M., 1985, S. 95.

是不必要的。① 亦即，一方面，剥夺行为人在一段时间内驾驶机动车辆的自由，对行为人而言并非重大权益的侵害，而且即便行为人自己没有资格驾驶机动车辆，其仍然可以乘坐他人驾驶的机动车辆或者搭乘公共交通工具，吊销驾照并不会对行为人的行动自由造成重大的限制甚或剥夺，这一措施所带来的不利益应该是大多数人能够接受的。另一方面，如果允许一名不合格的司机在公共道路上驾驶机动车辆，则会对不特定的多数人的安全利益造成重大安全隐患，而且考虑到机动车辆造成的交通事故所可能带来的对受害人人身上的巨大损害，相对于行为人不能驾驶机动车辆的不自由，当然是社会公众的安全利益更加值得保护。基于对多数情况的一般考量，额外的适当性考量确实不太必要。然而，具有争议的是，在法官科处吊销驾驶执照措施的过程中，是否仍可能出现剥夺行为人驾驶资格与社会安全利益之间的不适当？法官在这一判断过程中是否可以将具体案件中出现的特殊情况纳入考量的范围？比如，货车司机甲以驾驶货车为职业，而且其整个家庭的收入完全来自甲的货运所得。因为甲长时间的疲劳驾驶，酿成了一起车辆追尾事故，造成受害人重伤的后果。事故发生后，甲深刻地认识到自己的错误，并主动参加了驾驶员培训课程以强化自己的守法守规意识。在此，将甲的驾驶执照予以吊销，不只是对甲驾驶机动车辆的自由予以了限制，而且会对甲的经济收入和家庭生活带来重大的损失，因为驾驶机动车辆对甲而言并非只是代步工具，而是谋生的手段。因此，在保安处分的科处对象一方，吊销驾照所带来的不利益明显上升。同时另一方面，考虑到甲为了养家糊口而疲劳驾驶，事后又积极地参加了培训课程来强化自己的交通安全意识，也可以说甲再次肇事从而危害社会的可能性明显降低。然而问题在于，上述考虑能够被纳入法官的考量范围之内吗？毕竟，这显然属于适当性的考察。

法官应当将上述因素纳入是否科处驾照吊销措施的考量范围，原因在于：首先，这并不违反第 69 条第 1 款第 2 句的明确规定。② 因为上述条款

---

① Gemmeren, Gerhard van, in: Münchener Kommentar zum StGB, 2. Auflage 2012, StGB § 62 Rn. 14.

② Schöch, Heinz, in: Leipziger Kommentar StGB Online, 12. Auflage 2008, StGB § 62 Rn. 14.

只是规定，对于吊销驾照措施的科处，并不需要额外地依据第62条对比例原则的规定进行考察，是"不需要"而非"不允许"，据此只能认为在立法者看来，吊销驾照给行为人带来的不利益与社会的安全利益之间的适当性应当能够从行为人不适于驾驶机动车辆的判定之中推断出来，而不需要额外的判断。但这并非意味着比例原则或适当性考量对吊销驾照措施是完全不适用的，或者说，吊销驾照措施构成比例原则的唯一例外，比例原则额外考量的不必要的背后，实际上恰恰是一种推定的默示的合比例性考察，合比例性考察在此显然并未缺席。其次，比例原则构成对包括立法、司法、行政在内的所有国家权力的限度制约，倘若认为这对于吊销驾照措施而言是个例外，吊销驾照的科处对于比例原则而言属于法外之地，显然有使第69条第1款第2句的规定陷入违宪性境地的危险。再次，将上述规定在合宪性的轨道上予以解释，应当认为，法官在对于行为人是否适合驾驶机动车辆的判断过程中，就已经对吊销驾照措施的适当性予以了重视，或者说，法官的这一判定过程是在比例原则的约束下进行的。① 因此，以甲为例，法官对甲是否适合继续驾驶机动车辆的判断，应当将吊销驾照可能对甲及其家庭带来的损害，甲主动悔改并参加培训等情节纳入考量的范围，比如可以认为，吊销其驾照对甲所可能带来的损害，甲自己应该比其他任何人都有着更为深刻的体会，当然也会从事故当中认真地吸取教训，并引以为戒，在之后驾驶机动车辆的过程中更加地遵纪守法。可见，即便是限于对行为人是否适于驾驶机动车辆的判断，也能够为其他的相关因素找到立足空间。当然，如果行为人确实不适于驾驶机动车辆，比如职业司机屡次超速、超载驾驶并酿成事故，即便吊销驾照措施可能造成其失业的后果，也并无妨碍将其认定为不适于驾驶机动车辆。要而言之，处于宪法层级的比例原则对吊销驾驶执照措施的科处当然具有约束作用，对第69条第1款第2句的规定的解释亦应在这一前提下展开。据此，应将具体案件当中与合比例性判断相关的因素纳入对行为人是否适于驾驶机动车辆的判断过程当中，以适合性判断为中心，兼顾行为人个人权益与社会安全利益之间的适当性。

---

① Schöch, Heinz, in: Leipziger Kommentar StGB Online, 12. Auflage 2008, StGB § 62 Rn. 14.

二、比例原则的体系地位

比例原则主要基于如下考量：保安处分的科处并不以行为人对其行为负有罪责为前提，因此，对行为人科处甚至是剥夺自由的保安处分的正当性只能在于，鉴于行为人通过其法益侵害行为所表现出的危险性，为保护更为重要的社会利益，对其基本权益进行限制或剥夺是具有适当性的。[①] 实际上，比例原则对于包括立法权和司法权在内的尤其是损害社会个体的基本权利的侵犯型国家权力构成限制，并为其合法、合宪与正当限度设定了标准，因此，立法者在从形式和实质两个侧面为具体的保安措施设定条件的过程中，实则已经是一个一般层面的合比例性考量，亦即，对于符合立法者所设置的科处条件的行为人而言，鉴于其自身所具有的人身危险性，也就是再次实施犯罪的可能性，为保护更为重要的社会整体的安全利益，对其处以保安处分一般而言是适当的。如果立法者所规定的科处条件达不到这一标准，则显然存在违宪的可能，难以获得其正当性。

面对立法者交由其具体执行的法律，法官在对具体的行为人判处保安处分的过程中，首先应当以比例原则或曰合比例性作为具体适用法律、判断保安处分之科处条件是否具备的基底，尤其是判定行为人是否符合相关条文所规定的实质条件更是如此，而且需要注意的是，立法者所设定的形式层面的条件，根本上都是为了证明实质条件的存在服务的，因此并未实质性地限制法官的自由裁量权力和空间，而法官自由裁量的根本标准，无疑应当是比例原则。

更需注意的是，立法者在《德国刑法典》第 62 条当中对比例原则再次作出了规定，明确要求在保安处分对行为人基本权利的侵犯与行为人对社会具有的危险之间进行合比例性考量，并非只是对宪法原则的刑法落实，亦非只是对已存原则的明文宣示，更为重要的是如下一层蕴意，即符合具体条文所规定的形式和实质条件，并非意味着对行为人最终科处和实际执行保安处分就一定是合乎比例原则要求的，相反，对于符合条件的行为人科处保安处分，仍然存在违反比例原则的可能性。立法者在第一、二次刑

---

① Fischer, Thomas, Beckscher Kurz-Kommentar zum StGB, 62. Auflage 2015, StGB § 62 Rn. 2.

法改革过程中将比例原则在刑法当中予以明确规定，并将其作为整个保安处分法的根本原则，也可以说是唯一的原则性规定，实则也是鉴于对实践中并不鲜见的问题的反思，那就是对比例原则并未予以足够的重视，并未自觉地以比例原则作为科处和执行保安处分的基本要求和根本约束。比如，在刑法改革特别委员会看来，对于刑法原第 42b 条所规定的收容于治疗和看护机构措施的科处，行为人在无责任能力或限制责任能力状态下可能再次侵犯的法益的重要程度并未受到足够重视。在实践当中经常出现的状况是，只要行为人因为责任能力的欠缺或降低而存在再次侵害法益的危险，法院就会倾向于对行为人科处保安处分而不是相反。① 根据 Kinzig 的实证研究数据，法官的这一倾向，以及因而出现的类似问题，在保安监禁措施的实践当中同样存在，甚至更为突出。② 因此，法官有权也应当以比例原则作为保安处分科处和执行的最后一道屏障，需要依第 62 条规定，最终确信对行为人所作出的保安处分的相关决定是符合比例原则要求的。第 62 条的任务就在于，将具体案件中的保安处分决定限制在法治国家所能承受的范围之内。③

三、比例原则的限制功能

有观点认为，类似于罪责原则对于刑罚的限制作用，比例原则对于保安处分亦具有根本的限制功能，因为不管是保安处分的科处还是执行，只有与行为人已经实施和预计实施的行为及其人身危险性相称的保安处分，才可能是正当的，比例原则对于保安处分的正当性具有本质上的意义。④

这一观点有可取之处，即刑罚只能以行为人对其行为具有罪责为核心要件，同样，也只有具有合比例性的保安处分才是正当的。然而，与罪责与刑罚之间所存在的法律伦理和政治哲学意义上的因果联系，因而刑罚作

---

① Erster Schriftlicher Bericht des Sonderausschusses für die Strafrechtsreform, Drucksache V/4094, S. 17.

② Kinzig, Jörg, Die Sicherungsverwahrung auf dem Prüfstand. Ergebnisse einer theoretischen und empirischen Bestandsaufnahme des Zustandes einer Maßregel, Freiburg i. Br. 1996, S. 62 ff.

③ Gemmeren, Gerhard van, in: Münchener Kommentar zum StGB, 2. Auflage 2012, StGB § 62 Rn. 1, 3; Schöch, Heinz, in: Leipziger Kommentar StGB Online, 12. Auflage 2008, StGB § 62 Rn. 2.

④ Pollähne, Helmut, in: Nomos Kommentar zum StGB, 4. Auflage 2013, StGB § 62 Rn. 3.

为对有责的犯罪行为的报应具有实现正义的效果。但正义并非保安处分的目的所在，为保护更为重要的社会利益而牺牲个人的基本权益，其中并未有任何正义面向的考量，对个人基本权利的侵害，即便是起因于行为人以已经发生的法益侵害行为而表现出的再次实施犯罪的人身危险性，但即便危险性再高、可能性再大，让行为人为其可能实施的未然之罪接受惩罚，对行为人个人而言显然没有任何正义可言。为社会安全利益起见，强制性地要求行为人作出一定的"牺牲"，对具有人身危险性的行为人判处保安处分，也就并不像科处刑罚那么理所当然、理直气壮。合比例性通过对保安处分施以限制，当然能够在一定程度上保证保安处分的正当性的实现，但比例原则本身并不能够完全地为保安处分提供正当性证明，因为其所能提供的，的确是但也只能是一个底线性质的外部限制，需要在内容上和标准上对之予以具体化。[①]

第三节 保安处分法上比例原则之展开

一、比例原则的具体内容

总体上看，《德国刑法典》第 62 条所规定的应予衡量的对象，一边是被判处保安处分者的基本权利，甚至是被收容者的自由权利，一边是行为人及其行为。其中，行为包含已经发生的以及可能发生的行为，而行为人主要指的是其再次实施犯罪的人身危险性。所有的考量因素当中，既有已经发生的、静态的法益侵害行为以及由其所表现出的行为人的人身危险性，也有面向未来的、动态的可能再次发生法益侵害行为以及作为其因由的行为人的人身危险性。就三者之间的关系而言，不难发现行为人的人身危险性处于核心的说明和被说明的地位，既关涉过去，亦关照未来；既由行为人已经实施的犯罪行为所证明，亦可说明行为人在将来再次实施犯罪的可能性。作为已经发生的事实，对于已经发生的犯罪及其所表现出的行为人

---

① Schöch, Heinz, in: Leipziger Kommentar StGB Online, 12. Auflage 2008, StGB § 62 Rn. 3.

的危险性的判断能够相对更为客观，但正因为最终需要判定的，是行为人在将来实施犯罪的可能性，因而即便是已经确证存在的发生在过去的事实，也只能具有参照而非决定意义。与之不同的是，反而是裁判前所出现的、对于行为人的人身危险性具有说明意义的事实，更应成为合比例性考量的重要因素，比如经过治疗，实施了犯罪的精神病人在行为之后、裁判之前病情明显好转，因而再次实施犯罪的可能性明显降低，等等。更为重要的是，不管是已经发生在过去的已然之罪，还是可能发生在将来的未然之罪，以及作为其依托的行为人的人身危险性，均应符合于、因应于一时一地的社会现实，[①]也就是说，社会观念的进化以及刑事政策的考量都是必不可少的。

就第 62 条的字面意思来看，立法者看似仅仅规定了在保安处分施予行为人之侵害与行为人对社会之危险之间的合比例性考察，联系比例原则的整个体系，立法者所明示的，似乎只涉及适当性，也就是狭义的比例原则考量。也就是说，只要行为人通过可能再次实施犯罪所表现出的对社会存在的危险性与保安处分给行为人带来的不利益之间，并未明显悖违合比例性的要求，保安处分的科处和执行就是正当的，也是被允许的。比如，因为吸食毒品成瘾，行为人屡次实施盗窃、诈骗等财产犯罪以获得"毒资"，因为行为人已被数次收容于戒毒机构，现有的戒毒手段对其已经没有明显的改善效果，经医生诊断，行为人已经染上的毒瘾因而几乎不存在完全戒除的可能性，这也就意味着，一旦行为人重获自由，其必定会再次实施犯罪以满足毒瘾。对此行为人，在一定期限，比如五年之内将其收容于戒除瘾癖的机构，至少能够保证在此期限内其不再继续实施犯罪、危害社会。衡量行为人为期五年的自由权利与社会免受其犯罪侵扰的安全利益，对其科处上述措施显然并不违背适当性原则的要求。然而，对于适合性的考量，也就是对行为人科处收容于戒除瘾癖的机构这一措施是否能够真正地防止其继续实施犯罪，可能并不具备。在此需要注意的是，适合性原则所要求的，并非在行为人收容期间是否能够有效防止其继续实施犯罪，因为不管是刑罚当中的监禁刑或者说自由刑，还是剥夺自由的保安措施，通过将行

---

① Pollähne, Helmut, in: Nomos Kommentar zum StGB, 4. Auflage 2013, StGB § 62 Rn. 5.

为人监禁或收容于特定的机构，将其与社会隔离开来，当然能够起到至少在此期间有效防止其实施犯罪、危害社会的效果。正如所谓的刑罚的改造效果，所指的并非在刑罚执行期间是否有效地阻止了行为人再次实施犯罪，而是指通过刑罚执行期间的改造，行为人在刑满释放之后是否并未再次实施犯罪，所谓的保安处分的适合，所指的也应是通过收容期间的改善，行为人会因其人身危险性的显著降低而不再实施犯罪。如果收容期间的改造措施对行为人而言已经不起作用，收容措施的科处和执行就难谓适合。对于必要性原则的考察与之类似，比如，如果行为人因患有精神疾病而在无责任能力状态下实施了犯罪，但在行为发生之后，行为人家属将其送至精神病院医治，并取得了积极的治疗效果，行为人的精神病症明显减轻。在此情况下，对行为人科处收容于精神病院措施当然也可能是适当的，但是如果允许行为人在精神病院继续已经开始的治疗，就已经能够实现将其治愈、从而预防其再次实施犯罪的效果，强行地将其收容于精神病院对行为人的权益损害而言显然并非最小的，因而这一措施的判处也就不具有必要性。申言之，在比例原则内部，也可能存在符合适当性原则要求却不符合适合性原则或必要性原则的措施的可能性，在此就涉及如何界定刑法典第62 条之具体内容的问题。

对此，一般认为，比例原则以目的的正当性以及手段相对于目的的适合性、必要性和适当性为核心内容和基本框架，是属于宪法位阶的基本原则，具有为国家权力行使划定界限的功能。相对于宪法层面的比例原则，刑法典第62 条所规定的适当性原则虽然只是比例原则的一个层面，但鉴于刑法受宪法约束的法律位阶（Normenhierarchie），宪法层面的比例原则也当然应当适用于刑法当中的保安处分法以及其中的合比例性考量。[1] 以宪法对刑法的约束力为依据，要求法官在作出科处与执行保安处分的相关决定的过程中以及在适用刑法典第62 条对合比例性作出判断的过程中应遵循宪法层级的比例原则，当然能够部分地说明在保安处分法当中系统适用比例原则的必要性和可能性。可是，既然宪法层级的比例原则构成对所有公权力行使的界限限制，立法者在刑法典第62 条当中将适当性原则加以明确规定

---

① Schöch, Heinz, in: Leipziger Kommentar StGB Online, 12. Auflage 2008, StGB § 62 Rn. 9.

的举动，也就只能被解释为对法官适法的再次提醒，如此一来势必会导致第 62 条规定的虚置，沦为可有可无的提示性条款。需要看到，在第 62 条的范围内，以保安处分对行为人的个人权益予以限制或剥夺属于手段，而防止行为人再次实施犯罪，也就是保护社会免遭犯罪侵扰属于目的，依照这一条文的规定，行为人所本应享有而为保安处分所限制或剥夺的个人权益与防止行为人再次实施犯罪，也就是保护社会免受犯罪侵扰的社会安全利益之间，应具有适当性或曰合比例性。其中对于手段相对于目的的适合性，也就是对行为人科处和执行保安处分能够达到消减其再次实施犯罪的人身危险性的效果；对于手段相对于目的的必要性，亦即对行为人科处和执行保安处分是防止其再次实施犯罪的对其损害最小的举措，的确并未明文提及。然而，并不必须从宪法高于刑法的法律位阶当中引申，而只须从适当性考量的应有内涵出发，即可得出适合性和必要性考量的不可或缺。理由有二：第一，从比例原则的内容和体系来看，正当目的、适合性、必要性和适当性并非彼此无关的独立考量，而是处于层层递进的承接关系当中，亦即，如果目的尚且不正当，比如保安处分的目的在于种族灭绝，则不管手段再其适合、必要或适当，也不可能因其符合比例原则而具有合宪性，同样地，适合性或必要性的缺乏也会必然导致下一阶层考量的不必要和不可能。与此相应，既然刑法典第 62 条规定了以手段与目的之间的适当性作为科处和执行保安处分的基本原则，同时当然也就要求目的正当性以及手段与目的之间的适合性和必要性的具备，作为比例原则考量的最后一个层级，适当性考察必然要求以适合性和必要性的具备为前提。第二，对刑法典第 62 条所规定的适当性原则的理解，并不能够仅仅局限于对法律条文的字面意思的形式化解读，而应立基于适当性原则的实质内涵。作为对侵犯公民私权的国家公权行使的根本限制，适当性原则要求以侵犯个人权益为"适当的"手段，追求更为重要的权益的保护和实现。在保安处分的场合，正当目的当然就在于对更为重要的社会安全利益的保护，在此之外，如果对公民权益的侵害并不能实现维护社会安全利益的目的，那么手段与目的之间的相关关系尚且不存在，也就不构成所谓的手段与目的，适当性当然也就无从谈起。手段与目的之间的必要性也同样如此，如果在保安处分之外，仍然存在以更为轻微的侵害手段实现同一目的的可能性，那么保安处分的适用也就难言适当。亦即，比例原则内部的层级划分，将适当性考量置于最后一环的体系安排，实际上也就意味着，适合性与必要性能够脱离于适当性而独立成立，然而反之却不然，也就是说，适当性实际上是以目的正当、适合性和必要性为必要内容的。是以，对刑法典第 62 条所规定的合比例性考察应作广义的理解，实际上应当包含目的正当、适合性、必要性和适当性四个层面。

在保护更为重要的社会安全利益这一正当目的的统一支配下，适合性、必要性与适当性三者之间的关系，特别是必要性与适当性之间的侧重点的不同，有进一步讨论的必要。适合性主要涉及手段的运用能够实际地达到所欲追求的目的，保安处分的目的在于通过消减行为人所具有的再次实施犯罪的人身危险性，防止其再次实施犯罪从而保护社会免受犯罪的侵扰。与目的刑罚不可能完全地贯彻于刑罚当中不同，整个保安处分法都是受合目的性支配的，保安处分的正当性因此也就不在于报应犯罪式的公正追求，而是对社会防卫目的的实现。当然，社会或公共利益的保护并不能无限地蔓延扩张，而需要遵循一定的底线，也可以说，一方面人之所以为人的基本权利是不容侵犯的，人本身属于目的，而不仅仅是工具；另一方面，对个人的基本权利的限制应当保持在正当的界限之内，划定这一界限的标准就是比例原则。在上述两个方面之间，前者（底限）又进一步构成对后者（界限）的约束。如同上文所述，保安处分对人的尊严的尊重体现在只能是通过改善的手段达到保安的目的，也就是通过消减行为人人身危险性的手段来实现预防其再次犯罪的目的，仅仅是隔离式的关押以及与刑罚执行并无二致的监禁，显然只能认为是为保安而保安，当然难以满足这一要求。因此，适合性考量要求，对行为人科处保安处分措施是能够实现对其改善从而消减其人身危险性效果的，如果现有的保安处分措施对行为人而言已经几乎不再可能奏效，就只能因此不对行为人科处或继续执行保安处分措施，仅以保安为目的的保安处分会因适当性手段的缺失而不再具有正当性。

必要性和适当性是建立在适合性存在的基础之上的。必要性指的是，在具有适合性的数个手段之间，只有运用对个体权益带来最小侵害的手段，才可谓是具有必要性的；在能够选择损害更小的手段的前提下，动用对个人而言损害更重的处置措施显然并非必要。手段与目的之间的必要性考量，意味着对于同一目的所使用的手段必须是必要的，亦即不能以其他对被科处保安处分者损害更小、更为轻微的手段对预防其再次犯罪的目的予以实现，相对而言，科处保安处分是对行为人损害最小的处置措施。比如，对于无责任能力的精神病人来说，如果能够以其他对其损害更小或限制更少的治疗措施达到治愈其精神疾病，消减其人身危险的目的，则对其科处收容于精神病院措施就并非必要；对于有责任能力人而言，如果在刑罚执行过程中，通过有针对性的教育改造措施能够达到预防其再次犯罪的目的，在刑罚执行完毕之后继而对其执行保安监禁措施就并非必要。可见，在必要性考察的层面，仅仅限于对适于达到目的的数个手段的严厉程度的比较和鉴别，其所能够提供的，也只是一个相对而言的结论，假如只有一种手段能够被用于实现所欲追求的目的——这种情况在实践当中并不少见甚至颇为常见，对于维护公共利益的目的的实现，往往并不存在若干的可供选择的选项——那么这种手段也就自然而然地成为了具有必要性的手段。因此，必要性"自身（an sich）"并不包涵任何实质性的限制。① 也可以说，即便公权力的行使者意欲寻求权力行使的实质限制，但因为只要存在（一个或者若干个）适合的手段，最终就总能够选择出一个造成损害最小因而具有必要性的措施，即便是在必要性原则的过滤之后，国家权力都会动用和行使，因而必要性原则的限制就只能是相对而非绝对意义上的；只能是形式而非实质意义上的；只能是限于权利内部，而非往返于权利与权力之间的。

由此，在必要性原则之后，依适当性原则在国家权力与个人权益之间作一衡量和比较是不可或缺的。适当性考察的是两种权益，也就是个人的自由权益和社会的安全利益之间是否具有相当性、合比例性或曰适当性。与必要性原则不同，适当性原则为国家权力行使的界限划定引入了外部的权利标准，也就是权力所代表的利益与权利所意味的权益作一比较，以权利制约权力，因而适当性"自身"就带有了尺度性和评判性，适当性原则的判断结论是绝对的，不具有适当性的权力行使因其不具有正当性而应予禁止。因而如果在适合性、必要性和适当性之间进行进一步的划定，适合

---

① Schöch, Heinz, in: Leipziger Kommentar StGB Online, 12. Auflage 2008, StGB § 62 Rn. 7.

性和必要性两个层面仍然完全停留在国家权力的内部，前者讨论行使权力的手段是否能够达到权力所追求的目的，后者探讨数个权力行使的手段之间的优劣序列，但并不可能从根本上构成对国家权力行使的否定，至多不过是保证权力行使应具有必要的理性而已。适当性考量则不然，权力与权利，也就是对立的权益之间的衡量，使得权力的行使具有了刚性的界限，从根本上限制了可能的权力恣意，因而构成合比例性考量的深化和升华，是比例原则的核心所在。也可以说，必要性解决的是比例原则的"是否（ob）"问题，而适当性则进一步解决比例原则的"如何（wie）"问题。①

二、比例原则的适用阶段

比例原则对于立法、司法和行政权力均具有约束效力。据此应当认为，立法者为科处和执行保安措施所设置的条件均已包含了合比例性考量。在此之外，立法者于第 62 条当中再行规定作为一般条款的合比例性原则，显然意指，在行为人及其行为充足了相关条款所规定的形式和实质条件的前提下，继而需要对保安处分科处和执行的合比例性进行判定。当然，这并非意味着行为人及其行为是否符合刑法规定的条件与对行为人科处保安处分是否适当之间是必然分开的两个阶段或者过程，对于条件是否符合的判断实则间接地为适当性之判定提供了依据，而适当性判断实际上在条件符合性判断阶段就已经在发挥作用，对于行为人有可能实施犯罪因而具有危险性的实质条件的判断，属于第 62 条所规定的、据以判断适当性的要素之一；即便是对形式要件的判断，收容于精神病院、收容于戒除瘾癖的机构、保安监禁以及职业禁止措施均要求行为人存在再次实施重大的不法行为的危险，在不同的措施当中作为条件的"重大的不法行为（erhebliche rechtswidrige Taten）"的涵义，特别是重大的判断标准显然是相对的。② 因为在上述四个措施中间，前三种属于剥夺自由的保安措施，职业禁止属于非剥夺自由的保安措施，前后两类措施的严厉程度，也就是对行为人的权益的侵害程度显然不同，基于合比例性的基本考虑，作为其前提的行为人

---

① Schneider, Peter, Pressefreiheit und Staatssicherheit, Weilerswist-Metternich 1968, S. 119 ff.

② Sinn, Arndt, Systematischer Kommentar zum StGB, 8. Auflage 2014, StGB § 62 Rn. 3.

具有再次实施犯罪的危险，其中不论是犯罪及其重大与否，还是危险及其程度高低，均依具体措施的不同严厉程度而具有差异。即便是在剥夺自由的保安措施中间，因为收容于戒除瘾癖的机构、收容于精神病院与保安监禁所呈现的严厉程度的递进，对行为人可能从事的犯罪的严厉程度以及行为人再次实施犯罪的可能性均应相应地作越来越高的要求。保安处分科处和执行的核心要件——行为人所具有的再次实施犯罪的人身危险性——是面向未来的，只能是一种并非完全绝对的可能性预测，因此，相较于刑罚，在保安处分的科处条件中，不可避免地会更为频繁地出现"可能性""很有可能""具有危险性""重大犯罪"之类的价值和主观判断色彩浓厚的用语和表述。有鉴于此，以第 62 条规定之比例原则整合和贯穿整个保安处分的科处和执行过程当然是必要的。①

三、比例原则的考察要素

（一）考察要素的体系结构

作为检验因素，立法者规定了行为人已经实施的犯罪、行为人预计可能实施的犯罪以及行为人的人身危险性。对于三个标准或曰因素之间的关系，有观点认为，既然行为人的危险程度所指的无非是行为人再次实施犯罪的可能性，那么这一要素显然能够为行为人预计实施犯罪的重要性所包含，由此行为人所具有的危险性并非独立的判断要素，适当性考量只需以行为人已经实施的以及可能再次实施的犯罪的重要性作为依据即可。② 这一观点很难获得认同。有学者指出，行为人预计实施的犯罪的重要性的确包含行为人再次实施犯罪的可能性，也就是行为人所具有的危险性，但行为人所具有的危险性的"程度高低（Grad）"并不能够为预计实施犯罪的重要性所包含。③ 亦即，行为人预计实施的犯罪当然需要以行为人实施犯罪的可能性为逻辑前提，行为人实施犯罪的可能性的大小则与行为人预计实施的犯罪的重要性之间并不存在必然关联。

---

① Schöch, Heinz, in: Leipziger Kommentar StGB Online, 12. Auflage 2008, StGB § 62 Rn. 17.

② Sinn, Arndt, Systematischer Kommentar zum StGB, 8. Auflage 2014, StGB § 62 Rn. 4.

③ Schöch, Heinz, in: Leipziger Kommentar StGB Online, 12. Auflage 2008, StGB § 62 Rn. 19.

笔者之见，之所以会在行为人预计实施犯罪的重要性与行为人所具有的危险性之间出现以前者替代后者的主张，主要是因为不管是对行为还是行为人的判断，均属对行为人将来可能实施的法益侵害行为的判断，既然行为是行为人的行为，那么二者的判断必定是不能截然分开的。可是，这并非意味着两个要素的其中一个是可有可无或者可被替代的，相互联系的两个因素的侧重点明显存在差异，即前者是立足于行为，而后者是着眼于行为人。在二者之间，行为必然不能替代行为人而单独存在，对于行为人将来可能实施的犯罪的判定就更是如此，因为对于判断所赖以存在的依据而言，行为是将来时的、是尚且不存在的，而行为人却是现实的存在，是对其将来如何行为以及是否犯罪作出判断的赖以存在的基础。亦即，在行为与行为人之间，与其说行为可以取代行为人，倒不如说行为人能够包含（可能的）行为。更为重要的是，包括行为人已经实施的法益侵害行为在内的三个要素所集中说明的，主要是行为人再次实施犯罪的可能性，也就是行为人的人身危险性。三个要素之间，行为与行为人之间，应当是行为人要素而非行为因素处于绝对的核心地位，属于应然的判断重点。当然，在此也并非主张完全以行为人要素取代（过去已经发生以及将来能预计的）行为因素，而是强调不同的要素的相异定位和侧重。围绕着行为人再次实施犯罪的可能性这一问题，行为人已经实施的法益侵害行为、行为人预计实施的类似行为以及行为人再次实施犯罪的可能性实则属于一个各有侧重的体系，即便是单独规定行为人的人身危险性，其所指涉的，也只应是行为人再次实施犯罪的可能性，对于这一因素的判断，行为人可能再次实施犯罪的严重性应属必要的判断对象，而行为人已经实施的犯罪则对行为人再次实施犯罪的可能性和危害性均具有直接的、重要的说明意义。

（二）已然之罪

对于保安措施，尤其是保安监禁的科处而言，行为人已经实施的犯罪行为的意义仅在于对行为人的人身危险性作出说明。亦即，行为人对其行为所应承担的罪责以及因此而被判处和执行的刑罚，与保安处分的相应决定并不直接相关；在行为人对其法益侵害行为不负罪责的情况下，行为人的行为所导致的法益侵害的严重程度，与保安处分的相关决定亦非直接关联。仅在其能够与行为人将来再次实施犯罪的危险性联系起来的前提下，上述事实才可能具有意义。尤其需要排除的是对行为人及其行为的罪责式的谴责，即认为行为人被处以保安措施是"罪有应得"，不论是对无归责能力者还是有归责能力人科处的保安措施，均不以罪责为前提，亦不应以罪责为标准。

就其对于行为人再次实施犯罪的人身危险性的说明意义而言，已经实施的犯罪的重要性主要体现在如下几个方面：第一，犯罪的严重程度（Schwere）。在判例当中，将犯罪行为分为轻微犯罪、一般犯罪和严重犯罪，绝对排除在考虑范围之外的，是所谓的小偷小摸之类的"轻微犯罪（Bagatelldelikte）"。[①] 需要注意的是，按犯罪的严重程度对之所进行的上述划分，并非基于法律的明文规定，与《德国刑法典》第 12 条对于"轻罪与重罪（Verbrechen und Vergehen）"的划分——即以相关条款中所配置的法定最低刑是否为一年及其以上的自由刑为划分标准——也并没有直接关联。犯罪行为是轻微还是严重，是对犯罪人及其罪行的全面考察，只有当犯罪行为并未造成严重的法益侵害结果，同时行为人的可责性亦较为轻微，才可认为行为人已经实施的犯罪属于轻微犯罪，对其不予科处保安处分。在犯罪行为的法益侵害结果的严重性与行为人的可责性两者中间，前者当然更为重要，一则是因为在很多情况下，比如对无责任或减轻责任能力人判处的收容于精神病院或戒除瘾癖的机构的保安措施，行为人的罪责及其可责性是不存在的；二则是因为即便对于保安监禁之类的对完全责任能力人判处的保安措施，行为人的罪责及其程度也并非法官在科处保安处分过程中所应主要考虑的因素。是以，与行为人再次实施犯罪的危险性相联系，行为人已经实施的犯罪的严重程度主要指的是行为人的行为客观上所造成的法益侵害结果，这对于判断行为人在将来可能实施何种程度的犯罪无疑具有直接的参照和说明意义。第二，行为的类型（Art der Taten）。行为的类型也是需要重点考察的对象，尤其是行为所具有的社会意义以及行为的频繁程度等。[②] 正因为预测的是行为人再次实施犯罪危害社会的危险性，行为人已经实施犯罪的次数和频繁程度，及其对社会造成的影响都是行为当中

---

① BGH NStZ-RR 1997 230.

② Fischer, Thomas, Beckscher Kurz-Kommentar zum StGB, 62. Auflage 2015, StGB § 62 Rn. 3.

需要重点考察的对象。其中更为重要的是行为人已经实施犯罪的次数，行为人实施犯罪越频繁，其在将来再次实施类似犯罪的可能性也就会越大。第三，行为的关联性。亦即，行为并非单独发生的偶然事件，而是复杂的社会现象的一部分。① 犯罪来源社会并反作用于社会，正如每个人都不可避免地需要面对生老病死一样，每个社会有机体都会有一定的犯罪存量，惩治和预防犯罪是社会治理的重要一环，因此，不管是对犯罪原因的讨论，还是对犯罪后果的评价，都需要将其置于具体的社会环境当中予以考察。所谓偶然发生的独立事件，主要指的是行为人实施法益侵害行为只是偶然的因素使然，促使犯罪发生的因素并非常见的，犯罪行为也并非常发的，比如妻子不堪忍受丈夫的非人虐待而将其残忍杀害，或者迷失荒野的探险者将自己的同伴杀害并食其肉以求生存；而作为社会现象的一部分犯罪，则指的是犯罪的发生并非偶然，犯罪本身也较为常见，比如财产犯罪、性犯罪、暴力犯罪等。对于行为人的人身危险性，特别是行为人再次实施类似犯罪的可能性的判断，偶发与频发、鲜见与常见之罪行的区别就在于，前者再次发生的可能性显然更小，甚至可以说不再存在，据此可以认为行为人不再具有实施类似犯罪的可能性，也就可以认为行为人不具有对其科处保安处分所应有的人身危险性；而对于后者，可以认为只要行为人在将来面对类似的情境，就很有可能继续实施犯罪。由此，作为对行为人科处保安处分的前提，行为人已经实施的犯罪应当能够预示着行为人再次实施犯罪的极大可能。此外，并非已经发生的犯罪行为均应纳入考察的范围，对于犯罪前科或者说先前罪行的消灭，《联邦中央登记法（Bundeszentralregistergesetz；BZRG）》第 51 条关于"评价禁止"之第 1 款规定："如果登记系统中存入的判决已经或需要删除，则在法律事务中不得再因罪行及判决而谴责相关人员或者作出对其不利的评价。"② 亦即，如果根据"犯罪登记法"之规定，相应罪行应当从登记系统当中删除，则至少在法律层面上上述行为就不再具有任何意义，也就不能被作为先前行为、肇因行为或已经实施的犯罪进行评价。

---

① Pollähne, Helmut, in: Nomos Kommentar zum StGB, 4. Auflage 2013, StGB § 62 Rn. 10.

② Schöch, Heinz, in: Leipziger Kommentar StGB Online, 12. Auflage 2008, StGB § 62 Rn. 20.

在此之外，已经实施的犯罪所应当判处或实际判处的刑罚，对于法官作出保安处分的科处决定亦有约束效力。"罪犯有权基于并限于其法益侵害的强度被惩罚和被处置。"① 行为人已经实施的法益侵害行为的严重程度以及行为人对此应负的罪责构成对刑罚界限的刚性限制，这一点并无疑问；但对于保安处分而言，情况并非如此明了。将保安处分分为对有责任能力人和无责任能力者科处的保安处分，对于前者而言，行为人已经为其实施的犯罪承担了刑事责任并接受了刑罚制裁，已经实施的犯罪的法益侵害程度如何对保安处分的科处形成限制，不管是将行为人已经被监禁的时间作为对保安处分期限的限制，还是将行为人因单次犯罪而被判处的刑罚制裁作为对保安处分的限制，显然都不合适。对于后者来说，因为归责能力的欠缺，行为人为其法益侵害行为并未承担刑事责任，亦未因此被剥夺自由或其他权益。既然刑罚的目的，更为准确地说是刑罚执行的目的最终也是在于对未然之罪的预防，那么，至少在这一点上，刑罚与保安处分之间是能够取得一致的。相应地，犯罪人为其行为所本应承担的刑罚后果，不论其最终是否承担了应有的责任还是最终刑罚是否完全地被执行，能够为行为人所应承受的保安处分措施的力度提供一个具有约束性的参照，比如，犯罪人为其罪行应当被判处三年有期徒刑，但是因其患有精神疾病不具有刑事责任能力而不能对之处以刑罚，而只能科处收容于精神病院措施，但是保安措施的期限应处于应当判处的有期徒刑的期限，也就是三年之内。这种方案当然是可行的，亦即，行为人"本应承担的"罪责构成国家以保安处分形式剥夺其权益的上限，对行为人而言，保安处分不应意味着更大的不利益。但是，一者"可能的罪责""本应承担的责任"之类的概念原本就是不确定的，而以此为标准确定保安处分执行期限的上限带有一定的模糊性；二者罪责并非保安处分的标准或依据，相反，保安处分仅以行为人的人身危险性作为唯一的依据，具言之，即便行为人在无责任能力状态下实施了本应被处于较长时间监禁刑罚的严重犯罪，但在审判之时行为人的精神病症已经痊愈，行为人不再具有因其精神疾病而实施法益侵害行为的

---

① Bae, Jong-Dae, Der Grundsatz der Verhältnismäßigkeit im Maßregelrecht des StGB, Berlin 1985, S. 93.

可能性，那么，不管行为人已经实施的犯罪造成了何其严重的法益侵害后果，法院亦不能对其科处保安处分；反过来，如果行为人因其心理疾病而屡次实施猥亵妇女的犯罪行为，即便行为人的行为均未给被侵害妇女造成严重的损害后果，但法院亦可因其再次实施类似犯罪，甚至是实施侵害妇女身心健康的性犯罪而对其科处保安处分。而且不容忽视的是，保安处分的期限是相对甚至是绝对不确定的，其最终的执行期限仅仅取决于对行为人的改善情况，也就是通过收容和治疗，行为人的人身危险性是否明显得以消减，行为人是否已经不再存在再次实施犯罪的可能性。可见，保安处分的期限确定与最终执行并不取决于行为人已经实施的犯罪，而是取决于行为人在行为发生之后，尤其是保安处分执行期间的情况和表现。与之相应，（本应有的）罪责大小与保安处分严厉程度之间，可能呈现相符或相反的关联性，二者之间并不存在必然的联系。因此，对于行为人为其已经实施的犯罪所本应或实际承担的罪责，法官在对行为人是否科处或者继续执行保安措施的决定时，可将其纳入适当性考察的范围，但不宜将其作为硬性指标予以确定。

（三）未然之罪

与已经实施的犯罪的考察要素相类似，行为人预计实施的犯罪的严重程度与行为类别同样属于考察的重点所在，也就是行为人可能实施的犯罪所可能侵害的法益的重要性，以及犯罪行为对法益可能带来的侵害的严重性。[1] 行为人在将来可能实施犯罪的频率也是重要的预测因素之一。当然，对行为人可能实施的犯罪的预测当然需要以其已经实施的犯罪为判断基础，不管是可能侵害的法益，还是侵害法益的严重程度，均需以已然之罪为基础和依据，只有当行为人已经实施的犯罪对被害人至关重要的财产、人身等重要法益造成了较为严重的损害，才能据此认为行为人在将来有继续实施类似犯罪的危险，亦即，在已然之罪与未然之罪之间需要具备必要的联系性、相关性和连续性。在侵害法益的严重程度与犯罪实施的可能频率之间，显然前者更为重要。换言之，作为保安处分的科处前提，必要的是行为人再次实施犯罪、严重侵犯重要法益的极大可能，而非行为人在将来多

---

① BGH StV 1992 571.

次实施犯罪的可能性，亦非经过了长期犯罪的浸染，行为人是否已经以犯罪为业或习得了犯罪的习惯。在行为人人身所呈现的应予谴责的程度与行为人的再犯可能对社会所意味着的法益侵害危险之间，后者当然更为重要，需要判断的并非行为人是惯犯式的"坏人"，而是行为人很有可能"害人"。由此，屡次实施的小偷小摸，即便已经形成行为人的犯罪习惯，也难以为保安处分的科处提供足够的支撑。① 相反，如果行为人在醉酒状态下致人死伤，且因其所具有的嗜酒瘾癖，可期待行为人再次实施严重侵犯他人人身的暴力犯罪，即便迄今为止只发生过一次，亦可对行为人科处相应的保安措施。当然，行为人预计实施的犯罪所可能侵犯的法益以及侵犯的严重程度的考察，对于保安处分的暂缓执行以及执行终止的决定同样重要。

对于行为人可期实施的犯罪，立法者已经为其规定了相应的法定刑格。对于保安处分之期限长短与法定刑格之严厉程度之间的关系，有学者建议，"如果行为人很有可能再次实施的犯罪是应被判处一定期限的刑罚，则这一刑罚的尺度也就构成对所将要科处的保安处分的期限的具有约束性的参照标准。"② 亦即以行为人可能实施的犯罪所可能被判处的法定刑作为保安处分的最高执行期限的限制。然而，鉴于刑罚立足于罪责报应而保安处分着眼于人身危险性消减的根本差异，对法定刑的限制功能并不能评价太高。③

笔者之见，以行为人预计实施的犯罪可能的法定刑作为保安处分期限的限制，既不可能，亦不可取。需要看到，根据以构成要件形式确定下来的具体罪名的典型事实，立法者按照各个罪名的不同的严重程度为其配置了相应的法定刑格，其中关键的考量因素当然是不同的犯罪行为可能侵犯的法益的重要性以及法益损害的严重程度，也就是结果不法或者说结果无价值的考量。然而，在法益侵害之外，不管是法定刑格的归属，还是具体案件当中宣告刑罚裁量，所需依据的核心标准应当是行为人的罪责及其程度，也就是行为人为其行为所造成的法益侵害结果所负有的刑事责任及其大小。亦即，在法益侵害的考量之外，行为人为法益侵害结果负责的前提

---

① BGH NStZ-RR 1997 230.

② Frisch, Wolfgang, Die Maßregeln der Besserung und Sicherung im strafrechtlichen Rechtsfolgensystem, ZStW 1990, S. 385.

③ Schöch, Heinz, in: Leipziger Kommentar StGB Online, 12. Auflage 2008, StGB § 62 Rn. 21.

是罪责的存在，相应地，作为犯罪行为之法律后果的刑罚自然也就属于对行为人罪责的报应，刑罚的本质和功能在于罪责抵消式的报应。因此，将行为人将来可能实施法益侵害行为及其可能造成的法益侵害结果与刑法所规定的相应的法定刑格进行直接的关联，其中欠缺了不可或缺的、至关重要的对行为人罪责的考量，因而其结果必定是不准确的，因为法定刑格的升高或者降低，并非仅仅受到法益侵害及其严重程度的影响，而是由行为人的罪责程度所决定的。而且不容忽视的是，相当部分的保安措施，比如收容于精神病院或戒除瘾癖的机构，所针对的实际上是无责任能力者，而对于这一部分的保安处分的科处对象，不论是对于已经实施的犯罪，还是将来可能实施的犯罪，因为行为人归责能力的欠缺，对于自己行为所导致的法益侵害结果，其并不负有刑事责任，亦即，归责能力的缺乏导致归责的不能，罪责的缺失导致刑罚的失效，针对这一部分行为人探讨其已经实施和预计实施的行为所可能面临的法定刑，事实上并不可能，也没有意义。这是其不可能的一面。

之所以谓之不可取，是因为其主要着眼于行为人再次实施犯罪的人身危险性的消减，即通过对行为人进行改善从而达到预防其再次犯罪的目的，立法者对保安处分的期限的规定都是绝对或者相对不确定的，这与立法者对刑罚期限规定的绝对或相对确定形成了明显的对照和反差，究其原因，盖因为刑罚以行为人对其行为所导致的法益侵害结果所应负有的罪责及其程度为标准，刑罚是面向过去的、是对已经发生的犯罪行为的报应，因而其考察对象和评价标准是相对或绝对确定的；与之相反，保安处分以行为人再次实施犯罪的人身危险性为基础，以行为人实施犯罪的人身危险性的消减为目的，以对行为人实施个别预防导向的改善措施为手段，保安处分是面向未来的，不仅将来可能发生的犯罪不能够，即便已经发生的法益侵害行为亦不可能（至少是直接地）为保安处分的裁量提供坚实的客观支撑。事实上，谓之"保安处分的裁量"本身亦是不准确的，或者说，与刑罚不同，保安处分并不存在所谓的"保安处分裁量"这一过程，法官判处刑罚需要经历是否判处刑罚、判处何种刑罚和刑罚尺度为何几个阶段，但对于保安处分的科处而言，法官只需亦只能作出是否科处保安处分这一决定，至于保安处分的强度或者说期限，是法官在裁判当时不允许也不可能作出的，因为作为保安处分科处和执行的根据的行为人的人身危险性，是时刻在变动的，而保安处分执行的目的所在，也正是消减行为人已经具有的实施犯罪的人身危险性。虽然江山易改禀性难移，但对犯罪人再社会化的努力毕竟至少意味着人是可以改造的。因此，法官作出保安处分的相关决定，只能以裁判当时所存在的证明行为人人身危险性高低的事实作为依据。与刑罚不同，行为当时的行为人及其行为的情况，对于保安处分的意义是极其有限的。刑罚的科处类似于"显微镜下的实验"，在刑罚判处的过程中，法官将其目光紧紧地锁定在行为人已经实施的犯罪行为之上，"管中窥豹、可见一斑"，通过对行为人所实施的某一个确定的、具体的犯罪行为的考察，对行为人为其行为所应负有的罪责进行判定，在此过程中对于行为人形成的判断当然是片面的、片段化的、碎片式的，但是刑罚意在苛责一次或数次具体的行为，而非行为人本身。保安处分的科处类似于"望远镜中的观察"，在此过程中，法官以行为人一次具体的法益侵害行为为起点，向远处看、向前面看，对行为人所具有的再次实施犯罪的人身危险性作出判断。这一判断当然并非局限于行为人已经实施的行为，亦非局限于行为人已经具有的人身特征，在行为之后，在行为之外，行为人的成长环境、经济条件、精神状况、个人癖好等，均是法官需要考察和注意的对象。在法官的头脑中，围绕着行为人再次实施犯罪的人身危险性，行为人的人身特征逐渐清晰。法官必须清楚地了解，其所面对的是一个怎样的人，他过去的行状如何，他将来的行为又会如何。据此，刑罚的基础是牢靠的、是固定的、也是稳定的，相应地其期限，尤其是法定刑和宣告刑的期限，必然是相对和绝对确定的；① 相反，保安处分的根据却时刻居于变动之中，非但事前对保安处分的法定期限予以确定不可能，甚至在法官科处保安处分的当时，也并不能够将具体案件当中个别行为人的保安措施的执行期限予以确定，保安处分的执行期限，只能够在具体的执行过程中，根据行为人的改善情况和人身危险性状况进行定期检验和确定。可见，对于保安处分的

---

① 不容忽视的是，刑罚的实际执行期限大多并非绝对确定的，也并非完全地等同于法官在判决中所确定的宣告刑。实际上可以说，执行刑的期限越接近或等同于宣告刑，说明对行为人的改造效果越差，刑罚执行的改造功能越失败。当然，刑罚的执行期限亦应受到行为人的罪责程度的限制，这集中地体现在刑法对最低的刑罚执行期限的限制性规定。

期限而言，并不存在所谓的法定刑或者宣告刑，而只存在执行刑，也就是实际的执行期限。保安处分的执行期限完全取决于行为人的人身危险性高低，以所谓的刑罚的法定最高期限为其提供参照或施以限制，并不可取。

虽然行为人预计实施的犯罪的可能的法定刑并不能为保安处分的科处和执行提供"硬性"标准和限制，但立法者为特定的构成要件特别是其法益侵害实质规定了相应强度的惩戒措施，的确能够为具体的法益侵害行为提供相对的适当的惩罚参照。虽然保安处分并非意在对行为人进行惩戒，但保安处分的执行确实会附带地给行为人带来自由剥夺、权益受限等不利益。在判例对保安处分之适当性的考量当中，联邦宪法法院也只是部分地认可了相应的刑罚法定刑格的参考价值，即用以辅助判断将要科处的保安处分是否属于较长期限的收容措施。① 这也说明，以行为人预计实施的犯罪的法定刑格对保安处分的执行期限予以严格限制，从宪法的角度来看并非必要。②

（四）人身危险性

行为人的人身危险性指的是其再次实施犯罪的可能性。行为人所具有的再次实施犯罪的人身危险性当然需要进一步具体化。③ 其中，就再犯可能性预测的内容而言，主要包括行为人可能侵犯的法益以及法益侵害的严重程度，行为人在将来可能实施犯罪的间隔时间，行为人可能再次实施犯罪的次数；就再犯可能性预测的依据而言，只能是以行为人已经实施的犯罪行为作为依据，即行为人已经侵犯的法益及损害后果，行为人已经实施犯罪的次数，行为人已经被施以刑罚的次数，行为人实际接受刑罚处罚的次数和刑罚执行期限的长短，行为人数次实施犯罪的间隔时间；就再犯可能性预测的标准来看，科处保安处分需要行为人在将来"很有可能（Wahrscheinlichkeit）"实施犯罪。必须承认，因其涉及对行为人在将来实施犯罪的可能性的预测，不论预测的手段何其先进，考察的因素再其全面，法官并无可能得出行为人在将来"必然"实施犯罪的确信，全然"决定论"式的犯罪可能预测与

---

① BVerfG NStZ-RR 2004 76，78.
② Schöch，Heinz，in：Leipziger Kommentar StGB Online，12. Auflage 2008，StGB § 62 Rn. 21.
③ BVerfGE 20 297，313.

对行为人的"意志自由"的理性假设不相符合；而且犯罪行为在多数情况下是由于偶然因素的共同作用所引发的，即便是对于意志并不（完全）自由的非完全责任能力人，也并不能预言其在将来就一定会实施犯罪。对于行为人实施犯罪的可能性的预测就会相应地存在程度的差异，而科处保安处分要求行为人很有可能实施犯罪。所谓"很有可能"，显然并非简单地指行为人有从事犯罪的可能性。常言道"有一就有二"，一般而言，只要是行为人并非完全地出于偶然因素，并非完全情非得已地实施犯罪，其再次实施犯罪的可能性就是存在的，至少比从未实施犯罪的一般人的犯罪可能性要大得多，但这种可能性的程度显然是不够的。"很有可能"也并非指行为人实施犯罪的可能性大于不实施犯罪的可能性，或者说行为人更有可能实施犯罪，因为这种可能性的反面就是行为人也有可能不实施犯罪，或者说行为人是否实施犯罪，仍然是个未知数，是不能做出肯定的预测的。"很有可能"应当指的是，只要是行为人再次面对与之前的犯罪相似的情境，比如精神病患者因受到他人言语的刺激就伤害他人人身，比如患有特殊瘾癖者一旦嗜酒就会侵害他人，比如性犯罪者一旦有机会就侵犯他人，才可能认为是行为人很有可能在将来继续实施犯罪。可以说，只有行为人的法益侵害行为的发生并非偶然，而是与行为人所具有的特殊的人身要素，比如精神病症、特殊瘾癖、犯罪癖好等相联系，受行为人人身危险性的作用也同时反映了行为人人身危险性的存在，才能够得出行为人具有再次实施犯罪的人身危险性。

（五）预期效果

在第 62 条规定所明示的已然之罪、未然之罪与人身危险性之外，将要科处的保安处分对行为人可能具有的改善效果是否也属于适当性衡量的考察要素之一，是一个较有争议的问题。有观点认为，既然保安处分能够对行为人起到改善的效果，则意味着保安处分的执行对行为人而言并非全然的权益剥夺和限制，因此能够说明保安处分对行为人造成损害的程度的降低。[1] 当

---

[1] BVerfGE 70 297, 318; Frisch, Wolfgang, Prognoseentscheidungen im Strafrecht. Zur normativen Relevanz empirischen Wissens und zur Entscheidung bei Nichtwissen, Heidelberg 1983, S. 101, 148; Kinzig, Jörg, in: Schönke / Schröder Kommentar zum StGB, 29. Auflage 2014, StGB § 62 Rn. 2.

然亦有相反的主张，认为应将对行为人改善可能的考量排除在适当性衡量之外。①

在保安处分所应具有的保安与改善两个方面之间，保安处分的应然定位是以改善为手段实现保安的目的。根据第 62 条规定，保安处分所追求的保护社会免遭犯罪侵扰的保安目的，也就是社会的安全利益构成了适当性权衡的一个方面，另一个方面是相关个人的基本权益，适当性原则要求，只有社会安全利益明显重于个人基本权益的前提下，保安处分的科处和执行才属正当。作为保安的手段，改善应当是属于国家权力的方面，亦即，保安处分的动用能够起到消减行为人的人身危险性的效果，这对于行为人而言并非意味着完全的不利益，因而也使得相对的保安措施显得更为轻缓和柔善。言下之意，即便是行为人一方通过已经实施和可能实施的犯罪所表现出的人身危险性并非十分强烈，但对于以对行为人亦有益处的面目出现的保安处分的严厉性的要求亦可相应地降低。也即，保安处分所具有的改善效果能够降低适当性原则对保安处分侵害行为人权益的强度的要求，换言之，保安处分所具有的改善效果能够使得本来并非适当的侵害变得符合比例原则的要求。

在此，且不论根本起不到任何改善或照管效果的保安措施对行为人而言意味着对人之为人的尊严和地位的侵害，因而仅仅追求保安效果的保安处分明显存在侵犯人权并因而悖违法治国家基本理念的危险，从而改善效果本就应当是保安处分的题中应有之义。退一步而言，仅为保安利益计，就能够决定对行为人科处或继续执行相应的保安措施。仍然不能忽视的是，对于刑罚所具有的罪刑抵消的报应本质而言，在判决所确定的时间内对行为人的行动自由予以剥夺，将其与社会隔离开来，将其监禁于特定的场所，已为足够，并不需要额外地对其施加限制或者进一步剥夺其所享有的除自由以外的其他权益，因而也就使得刑罚执行能够与报应相分离的其他目的相适应，刑罚的科处以及以之为前提的自由的剥夺意在报应，但具体的刑罚执行过程可以旨在预防，即通过对犯罪人有针对性地进行教育改造，消减其人身危险性，从而达到预防其再次实施犯罪的目的。对此，最应反对

---

① Sinn, Arndt, Systematischer Kommentar zum StGB, 8. Auflage 2014, StGB § 62 Rn. 6.

的当然是所谓的刑罚与保安处分的叠加（Kumulation）。① 亦即，认为刑罚的本质和作用就是彻头彻尾的报应，在刑罚设置、裁量、科处和执行的整个过程中都必须得到完全贯彻，而不能以刑罚的科处和执行追求特殊预防，也就是防止行为人再次实施犯罪的目的；针对具体行为人人身危险性的个别预防为导向的预防措施只能存在于保安处分领域，也就是在刑法执行完毕之后，再出于社会防卫的目的，继而对行为人进行改善。与之类似，保安处分也当然不能仅仅作为将行为人与社会隔离开来的措施，不能仅仅作为对行为人的自由予以剥夺的措施发挥作用，考虑到刑罚与保安处分定位上的区别，即刑罚（尤其是自由刑）以对行为人基本权益的剥夺本身为目的，可以认为是通过剥夺行为人自由的方式对其施加的赤裸裸的报应；而保安处分（尤其是剥夺自由的保安处分）的执行对行为人的基本权益的剥夺本身并非目的，而是保安处分执行所附带的不得已的后果，将保安处分与刑罚完全等同，将保安处分也仅仅视为对行为人自由的剥夺，就显得更加不可理解。申言之，刑罚特别是刑罚执行并不能仅仅被视为对行为人的自由的剥夺，对保安处分而言更是如此。

既然改善手段、改善可能、改善效果原本就是保安处分的必要部分，保安处分的执行预计能够起到消减行为人人身危险性的效果，也就并非值得特别予以考量的因素，在国家权力一端，所主要考量的，应当是保安处分的执行将可能给行为人带来的权益的剥夺和限制。

另外，保安处分所可能具有的改善效果对适当性衡量的可能影响的另外一层含义是，从剥夺行为人自由的期限上看，保安处分的继续执行显然违背适当性原则的要求，在此情况下，是否能够以保安处分的继续执行起到降低行为人人身危险性的改善效果为由，对行为人继续执行"原本"过限的保安处分。② 论者对这一问题大多持否定态度，理由就在于，改善本身并不能够单独构成保安处分科处和继续执行的足够理由。③ 亦即，保安处分

---

① Frisch, Wolfgang, Die Maßregeln der Besserung und Sicherung im strafrechtlichen Rechtsfolgensystem, ZStW 1990, S. 379.

② Schöch, Heinz, in: Leipziger Kommentar StGB Online, 12. Auflage 2008, StGB § 62 Rn. 29.

③ Frisch, Wolfgang, Prognoseentscheidungen im Strafrecht. Zur normativen Relevanz empirischen Wissens und zur Entscheidung bei Nichtwissen, Heidelberg 1983, S. 148.

的最终目的在于保护社会免受犯罪的侵扰，也就是保安目的，在保安目的不存在的情况下，单独的改善目的已经超出了刑法的应有框架。① 对此需要进一步探讨的问题是，所谓的单独的改善目的是否能够真正地存在。保安处分科处和执行最为理想的效果莫过于，通过个别预防导向的改善措施的执行，有效地消减了行为人的人身危险性，并在行为人不再具有再次实施犯罪的危险性的前提下，宣告对行为人科处的保安措施执行完毕，而最终的执行期限既未超过法定的最高期限，亦符合比例原则的基本要求。然而，可能出现的问题是，按照比例原则的要求，能够剥夺行为人自由的最高期限已经届满，在此之外对行为人继续执行最初科处的保安处分措施显然不再适当，虽然上述措施的继续执行可能具有消减行为人人身危险性的作用。对此，应当看到，保安处分对行为人可能具有的改善作用意味着，在法定最高期限以及依据比例原则所限定的期限内，保安措施的执行能够切实地达到消减行为人人身危险性的效果，如果超过了这一期限，行为人的人身危险性并未明显降低，甚或不降反升，就只能得出保安处分的执行并不能起到明显的改善行为人的效果，亦即，不仅是保安处分的保安目的，而且保安处分的改善手段亦应受到比例原则的约束。保安处分对行为人的改善并非意味着对行为人予以改善，从而使其合道德地生活，而是意味着，经过对行为人的改造，使其不再实施犯罪；保安处分的改善手段并非意味着可以无限期地对行为人进行治疗或矫正，而是意味着，在法定的或合乎比例的期限之内，有效地降低行为人再次实施犯罪的人身危险性。是以，在比例原则的约束之外，另外存在着以保安处分为手段对行为人的有效改造的观点，本身就是无法成立的。

（六）综合判断

在此需要再次申明的是，《德国刑法典》第 62 条所规定的合比例性考量首先意味着对行为人是具有再次实施犯罪的人身危险性的判定，是对行为人及其行为的全面考察和综合判断；在对行为人已经实施的行为、预计实施的行为以及行为人所具有的人身危险性加以评价的基础上，需要继而

---

① Schöch, Heinz, in: Leipziger Kommentar StGB Online, 12. Auflage 2008, StGB Vor § 61 Rn. 34.

将其与相应的保安措施施以行为人的基本权益的限制和剥夺进行适当性衡量。① 行为人所具有的侵害法益的危险性与保安处分可能给行为人带来的损害二者构成了整体权衡的实质，也是第 62 条规定的核心所在。② 当然，在第 62 条所规定的三个要素之间，与保安处分旨在面向未来、预防具体的行为人再次实施犯罪的目的相符合，行为人本身所具有的人身危险性，以及基于危险性所可能实施的犯罪的严重性，而非其已经实施的法益侵害行为的严重性，应与保安处分对行为人将会造成的权益损害之间处于适当的比例关系当中。③ 换言之，区别于刑罚，保安处分并非对已经发生的罪行的报应和惩戒，而是对将来可能出现的犯罪的预测和预防。

鉴于三者在重要程度上所存在的差别，有观点认为："即便是行为人已经实施的犯罪并非十分严重，但可预计其在将来实施更为严重的犯罪，则应决定对其科处保安处分。"④ 保安处分针对的仅仅是可能发生的未然之罪，相较而言，行为人已经实施的犯罪只能起到一定的参照作用，这并无疑问。然而，认为即便行为人已经实施的犯罪较为轻微，但仍然可以预计行为人在将来可能实施更为严重的犯罪，这种评判标准及其结论本身较有疑问。既然评价的是行为人再次实施犯罪的可能性，既然探讨的是行为人实施较为严重的犯罪的可能性，既然评估的是行为人实施严重犯罪的人身危险性，迄今为止行为人仅仅只是实施过较为轻微的犯罪的事实，就不足以证明行为人在将来有从事更为严重的犯罪的人身危险性。在此涉及对行为人已经实施的犯罪，也就是先前罪行或曰起因罪行的评价问题。可以说，起因罪行不重要，因为与刑罚是针对已经发生的犯罪以罪责抵消为目的的报应不同，保安处分仅仅着眼于行为人再次实施犯罪的人身危险性，不管是行为

① BGHSt 24 134, 135; Kinzig, Jörg, in: Schönke / Schröder Kommentar zum StGB, 29. Auflage 2014, § 62 Rn. 2; Pollähne, Helmut, in: Nomos Kommentar zum StGB, 4. Auflage 2013, StGB § 69 Rn. 13.

② BVerfGE 70 297, 315, 317; Sinn, Arndt, Systematischer Kommentar zum StGB, 8. Auflage 2014, StGB § 62 Rn. 5.

③ Jescheck, Hans-Heinrich / Weigend, Thomas, Strafrecht. Allgemeiner Teil, Berlin 5. Auflage 1996, S. 805.

④ Maurach, Reinhart / Gössel, Karl Heinz / Zipf, Heinz, Strafrecht Allgemeiner Teil 2, Heidelberg 8. Auflage 2014, § 67 Rn. 17.

人对其已经实施的犯罪因责任能力的欠缺而不需承担责任，还是行为人已经为其所实施的犯罪实际承担了责任，对于保安处分的科处而言并无影响，保安处分与已然犯罪无涉、与行为罪责无关。但是同时又必须承认，肇因行为很重要，因为保安处分所瞄准的，是行为人再次实施犯罪的可能性，既然是再次实施犯罪，那么起因罪行的存在，也就是行为人已经实施了侵害法益的犯罪行为是保安处分启动的必要前提，对于尚未实施犯罪之人，是无论如何也无法得出犯罪可能性预测的，亦即，至少是在保安处分领域，初犯可能性预测并不存在；既然是对行为人再次实施犯罪的可能性作出预测，所主要依据的事实，也只能是行为人及其已经实施的犯罪，肇因行为的犯罪类型、严重程度、发生频率等，均对未然之罪的预测具有重要意义，是得出结论所主要（甚至是唯一）能够依据的事实；而且以行为人实施犯罪的人身危险性为中心，已然之罪和未然之罪的联系就在于均起因于行为人所具有的人身危险性，同时又能够反过来对行为人的人身危险性作出说明，也即，已然之罪、未然之罪与人身危险性之间是紧密关联的，已然和未然之罪均能够统一于行为人所具有的人身危险性，也可以说，以已然之罪为基础，行为人所具有的人身危险性得以证明，基于行为人业已被证明的人身危险性，对未然之罪的预测才成为可能。申言之，以行为人所具有的人身危险性为纽带，行为人已经实施的犯罪对其将来可能实施的犯罪具有直接的、重要的说明意义，是对行为人可能再次实施的犯罪进行预测的主要的、核心的证据。因此，以行为人已经实施了较为轻微的犯罪为依据，得出行为人将来可能实施更为严重的犯罪的结论，明显欠妥。当然，虽然行为人已经实施了较为严重的犯罪，但根据对行为人的人身危险性评估，认为其在将来并不存在再次实施严重犯罪的可能性，[①] 相反却能够成立。在行为人已经实施的犯罪和可能实施的犯罪之间，并不存在直接的、必然的决定和被决定的关系，已然之罪与未然之罪之间，需要以对行为人的人身危险性评估作为桥梁和纽带，而行为人的人身危险性是可能升高或降低的，如果从已然之罪当中，并不能够得出行为人具有高度的人身危险性，因而应当对其科处保安处分，则不能以行为之后发生的、与行为人实施犯罪的

---

① Schöch, Heinz, in: Leipziger Kommentar StGB Online, 12. Auflage 2008, StGB § 62 Rn. 26.

可能性无关的其他情况径直作为行为人可能实施犯罪的证据；相反，如果已然之罪昭示了行为人所具有的人身危险性，但事后发生的其他事实能够说明行为人人身危险性的明显降低，则可以之为依据不对行为人科处保安处分。

第四节　结论

法治原则以人权保障为红线为保安处分的制度设计划定了一个框架和范围。以此为基础，"比例原则"为保安处分背后的权力与权利之间的轻重权衡提供了根本标准。比例原则旨在强调手段与目的之间的相称性，属于对所有国家公权行为的原则性限制，其最为核心的内容是，只有当相对于所欲实现的目的，国家权力对个人权利的侵犯是合适的、必要的并且适当的，才是被允许的。比例原则考量具体包括目的的正当性，手段对于目的的合适性、必要性和适当性四个层面，比例原则的四个条件实际上构成了层层递进的深入关系，前一条件构成后一条件的必然前提。

《德国刑法典》第 62 条对合比例性原则的规定是宪法层面的比例原则的落实和体现，处于宪法原则的等级，意味着社会的安全利益和被收容者的自由诉求之间的交互校正以及在具体案件中的彼此权衡，不仅适用于所有的保安措施，而且对于保安处分的全部科处和后续决定均具有拘束力。保安处分科处和执行过程中的任何一个决定，都是一次具体的、全面的合比例性权衡。《德国刑法典》第 69 条规定的吊销驾驶执照措施亦应受到比例原则的约束和限制。

比例原则对于包括立法权和司法权在内的国家权力构成限制，立法者在从形式和实质两个侧面为具体的保安措施设定条件的过程中，实则已经是一个一般层面的合比例性考量；法官在对具体的行为人判处保安处分的过程中，首先应当以比例原则或曰合比例性作为具体适用法律、判断保安处分之科处条件是否具备的基底，尤其是判定行为人是否符合相关条文所规定的实质条件更是如此，而且需要注意的是，立法者所设定的形式层面的条件，根本上都是为了证明实质条件的存在服务的，因此并未实质性地限制法官的自由裁量权力和空间，而法官自由裁量的根本标准，无疑应当是比例原则；特别需要注意的是，符合具体条文所规定的形式和实质条件，并非意味着对行为人最终科处和实际执行保安处分就一定是合乎比例原则要求的，相反，对于符合条件的行为人科处保安处分，仍然存在违反比例原则的可能性，据此，法官有权也应当以比例原则作为保安处分科处和执行的最后一道屏障，需要依第 62 条规定，最终确信对行为人所作出的保安处分的相关决定是符合比例原则要求的，而第 62 条规定的任务就在于，将具体案件中的保安处分决定限制在法治国家所能承受的范围之内。

总体上看，第 62 条所规定的应予衡量的对象，一边是被判处保安处分者的基本权利，甚至是被收容者的自由权利，一边是行为人及其行为。对刑法典第 62 条所规定的合比例性考察应作广义的理解，实际上应当包含目的正当、适合性、必要性和适当性四个层面。

作为考察要素，立法者规定了行为人已经实施的犯罪，行为人预计可能实施的犯罪以及行为人的人身危险性。三个要素之间，行为与行为人之间，应当是行为人要素而非行为因素处于绝对的核心地位，属于应然的判断重点。围绕着行为人再次实施犯罪的可能性这一问题，行为人已经实施的法益侵害行为、行为人预计实施的类似行为以及行为人再次实施犯罪的可能性实则属于一个各有侧重的体系。

首先，对于保安措施，尤其是保安监禁的科处而言，行为人已经实施的犯罪行为的意义仅在于对行为人的人身危险性作出说明，在这一意义上，已经实施的犯罪的重要性主要体现在犯罪的严重程度、行为的类型、行为的关联性等方面。其次，与已经实施的犯罪的考察要素相类似，行为人预计实施的犯罪的严重程度与行为类别同样属于考察的重点所在，也就是行为人可能实施的犯罪所可能侵害的法益的重要性，以及犯罪行为对法益可能带来的侵害的严重性。再次，行为人的人身危险性指的是其再次实施犯罪的可能性。行为人所具有的再次实施犯罪的人身危险性需要进一步具体化。就再犯可能性预测的内容而言，主要包括行为人可能侵犯的法益以及法益侵害的严重程度，行为人在将来可能实施犯罪的间隔时间，行为人可能再次实施犯罪的次数；就再犯可能性预测的依据而言，只能是以行为人已经实施的犯罪行为作为依据，即行为人已经侵犯的法益及损害后果，行为人已经实施犯罪的次数，行为人已经被施以刑罚的次数，行为人实际接受刑罚处罚的次数和刑罚执行期限的长短，行为人数次实施犯罪的间隔时间；就再犯可能性预测的标准来看，科处保安处分需要行为人在将来"很有可能"实施犯罪。此外，既然改善手段、改善可能、改善效果原本就是保安处分的必要部分，保安处分的执行预计能够起到消减行为人人身危险性的效果，也就并非值得特别予以考量的因素，在国家权力一端，所主要考量的，应当是保安处分的执行将可能给行为人带来的权益的剥夺和限制。最后，刑法典第 62 条所规定的合比例性考量意味着对行为人是具有再次实施犯罪的人身危险性的判定，是对行为人及其行为的全面考察和综合判断；在对行为人已经实施的行为、预计实施的行为以及行为人所具有的人身危险性加以评价的基础上，需要继而将其与相应的保安措施将施以行为人的基本权益的限制和剥夺进行适当性衡量。

第五章　保安处分的危机与应对

　　保安处分之正当性所须面对的最大拷问就在于，在罪责之外，在罪责报应的刑罚之外，在刑法规定的传统刑事制裁措施之外，保安处分依据何种理由或具有何种根据，对行为人的基本权益予以剥夺或限制。特别是对于剥夺自由的保安处分，虽然理论上为论证保安处分的合理与可取，会认为保安处分执行须以对行为人自由的剥夺为必要条件，但剥夺行为人的自由本身并非保安处分的目的所在，而刑罚的目的端在于以剥夺权益的方式对犯罪人施以惩戒，可这或许也只是理论上的主张或刑事政策上的声称，现实就是，至少表面看上去是，与刑罚的科处和执行一样，保安处分亦属对行为人自由的剥夺，而且因为保安处分执行期限的不确定性，其对行为人自由的剥夺较刑罚尤甚。在剥夺自由的保安措施当中，对无责任能力者科处的收容于精神病院措施和收容于戒除瘾癖的机构的措施，从刑事制裁体系的整体观之，因为行为人的归责能力的欠缺，其并不需要承担刑事责任、接受刑罚制裁，作为对刑罚的替代，保安处分的科处和执行相对显得并非完全不能接受，毕竟是行为人侵犯法益在先，而保安处分执行在后；可是，针对有责人能力人科处的剥夺自由的保安处分，也就是保安监禁，行为人为其已经实施的犯罪行为已经实际地承担了责任、接受了惩罚、执行了刑罚，凭何在罪责之外，在刑罚之外，又额外地对行为人另行科处和执行保安监禁？所声称的对行为人继续施以改善、将行为人继续与社会隔离等，不过是继续剥夺行为人自由、继续将行为人予以监禁的另外一种说法罢了，保安监禁与刑罚监禁在实际执行方面的毫无区分，更是坐实了这一论断。可以说，保安处分的正当性危机首先是相对于刑罚而言的，是通过与刑罚的比较而出现的，是因其与刑罚之间剪不断理还乱的纠葛而产生的；而在保安处分内部而言，相对于非剥夺自由的保安措施来说，剥夺自由的保安措施的正当性危机更为深刻，在剥夺自由的保安措施中间，相较于收容于精神病院措施和收容于戒除瘾癖的机构措施而言，保安监禁所面对的正当性盘诘显然更难作答。

对于德国刑法中保安处分的正当性基础或根据，前文已经做了基本的、系统的、递进式的回答，从保安处分所具有的以个别预防为导向、通过对具体犯罪人施以改善措施从而消减其人身危险性的手段，到保安处分用以保护明显更为重要的社会安全利益的目的；从法治国家在人权保障方面施予保安处分的合法治性制约，到比例原则给予保安处分的正当性说明，建立和维持保安处分正当性的基本框架已经形成。然而，理论上的清晰并不足以解决实践中的问题，理论上的倡导也并不总是能够落实为实践中的制度。立足于保安处分的实践，着眼于双轨制或曰保安处分的危机，对保安处分的正当性予以进一步的检视是当然必要的。作为保安处分正当性的薄弱环节，保安监禁的正当性考察构成论述的重点。

第一节　"双轨制"的正当性危机及其体现

一、双轨制危机的产生背景

在《惯犯法》将保安与改善处分写进刑法之后，德国刑事处罚体系的"双轨制（Zweispurigkeit）"正式宣告建成。[①] 在"双轨"当中，传统的刑罚措施着眼于过去发生的犯罪行为以及犯罪人对其应负的罪责，而保安处分措施的科处则取决于行为人人身危险性，目标在于预防将来可能发生的犯罪。刑罚的轻重取决于罪责的大小，刑罚的功用在于罪责的抵消。但刑法的任务并不仅仅在于对已经发生的犯罪——也可以说是法益侵害的事后的相对被动的惩罚，也在于对将来可能发生的犯法益侵害行为的积极主动的预防。然而，因为受到罪责原则的限制，刑罚预防犯罪的功能是有限的，

---

① Eser, Albin, Zur Entwicklung von Maßregeln der Besserung und Sicherung als zweite Spur im Strafrecht, in: FS für Müller-Dietz, München 2001, S. 214.

甚至可以说是次要的。刑罚的这种局限性在两种情况下体现得尤为明显：首先，对于精神疾病患者或者未成年人等不具有刑事责任能力的行为人，其法益侵害行为因有责性要件的缺乏而欠缺可罚性，因而不能对其施以刑罚，但其仍然具有在将来实施法益侵害行为的危险性；其次，对于人身危险性程度极高的犯罪人，对其所判处的罪责刑相称的刑罚，并不足以消除其再次犯罪的可能性。而在刑罚"无地用武"或"力不从心"之处，保安处分则"补充（neben）"或"替代（statt）"刑罚①而得以"大展身手"。可以说，刑罚触角不及之处恰恰是保安处分开始形成的地方，因此，从抽象的理论论证或者宏观的制度设计上看，刑罚与保安处分二者可谓是泾渭分明。

现行《德国刑法典》总论部分第三章"行为的法律后果"（第 38 ~ 76a 条）当中，第 1 ~ 5 节属于对刑罚的规定，第 6 节（第 61 ~ 72 条）规定了"改造与防卫措施"，即保安处分。在剥夺自由的保安处分当中，所谓的"收容"，与"监禁"类似，指的就是剥夺人身自由。鉴于其执行均以剥夺行为人的人身自由为条件，在自由刑与剥夺自由的保安处分措施之间，也就有了将其区分开来的必要。进一步来看，在收容于精神病院和收容于戒除瘾癖的机构两种保安处分措施与自由刑之间，界限是相对清晰的，主要体现在如下两个方面：第一，法院判决将行为人收容于精神病院和收容于戒除瘾癖的机构，虽然也以法益侵害的存在为前提，但行为人的行为并不是完全意义上的"构成犯罪"，而是虽符合犯罪构成要件、具备违法性但缺乏有责性，因而最终不可罚的行为。也就是说，收容于精神病院和收容于戒除瘾癖的机构之类的措施，针对的恰恰是因不具有有责性而欠缺罪责的行为人，这类措施是"替代（statt）"刑罚适用的，二者之间是或此或彼的排斥关系。第二，从执行机构上看，收容于精神病院和收容于戒除瘾癖的机构措施的执行，有专门的主管机关和负责机构，即精神病院和戒除瘾癖的机构，而非监狱或监狱中的下属科室；而从执行方式和处遇上看，收容于精神病院和收容于戒除瘾癖的机构措施更注重"治病救人"，而刑罚执行

---

① Jakobs, Günther, Strafrecht Allgemeiner Teil. Die Grundlagen und die Zurechnungslehre, Berlin 2. Auflage 1993, Rn. 53.

则首要是"惩前毖后"。

相较而言，最有必要予以界分的是监禁刑罚与保安监禁。首先，对行为人判处保安监禁措施，不仅要求其行为已经构成犯罪，即符合构成要件、违法且有责，而且要求对犯罪人判处的自由刑已经执行完毕。在此基础上，如果刑罚的判处与执行并未让被监禁者"改邪归正"，其仍然具有很高的人身危险性，换言之，倘若将行为人释放，其极有可能再次实施重大犯罪，则应将其收容于保安监禁，实际上也就是将其继续监禁，只不过换了个称谓，由被监禁者变成了被收容者，"出了一个监门，又进了另外一个监门"。其次，极其类似的执行过程更是让二者之间的界限变得非常模糊。从执行机构上看，因为人、财、物的缺乏，被收容者一般均被收容于"监狱"之内，只不过由不同的科室分管。从执行依据上看，监禁刑罚与保安监禁的执行依据同为《自由刑和剥夺自由的保安处分措施执行法》，而这部法律一般也被简称为《刑罚执行法（Strafvollzugsgesetz/StVollzG）》。在《刑罚执行法》当中，仅有第131~134条四个条文对保安监禁的执行作出了特殊的规定，分别涉及"监室布置""着装""劳动和零用钱"以及"释放前的准备工作"，而根据第130条的原则性规定，"对于未作特殊规定的其他事项，适用监禁刑执行的相关规定。"可以说，虽然理论上认为，自由刑以罪责为基础而着眼于惩罚，保安监禁以危险性为基础而侧重于改造，但在制度设计和具体执行上面，鉴于保安监禁执行过程中并不存在有效消减行为人人身危险性的相关措施，显然对被收容者"改造"的一面不足，而"防卫"社会免遭犯罪侵害的一面有余。对被收容者个人而言，对其人身自由的剥夺与刑罚执行并无差异，与其说是"改造"，不如说是"惩罚"。

二、双轨制危机的具体体现

在刑事制裁体系的发展历史当中，最早出现的是刑罚而非保安处分，这有着社会伦理学和历史人类学的深刻基础。如果对刑罚作宽泛意义上的理解，刑罚的历史大体与人类的历史一样悠久，即便将刑罚限制在国家刑罚的范围内，刑罚也至少是随着国家的出现而产生的，刑罚权力是国家权力不可或缺的组成部分，是国家在和平时期唯一拥有的统治暴力。而保安处分很大程度上是工业社会的产物，是人类社会发展到一定阶段的新生事物，刑法领域的保安处分更是如此，保安处分成为刑事制裁体系的一部分，既是刑法和刑罚体系的现代进化，也是保安处分制度的法治提升。与现代学派最初的设想不同，保安处分的出现并非同时意味着刑罚的消亡，保安处分最终并未能够完全地取代刑罚，刑罚与保安处分在实质和目的上的区别，使得双轨制成为二者之间和平共处的最大可能，这与其说是现代刑法观念的让步，不如说是传统刑法观念的进步，其根据就在于刑法所应具有的社会保护功能，即通过预防犯罪的方式保护法益。双轨制的应有内涵和题中之义当然就是立足于罪责报应的刑罚与着眼于危险预防的保安处分的截然分开，让刑罚的归刑罚，保安处分的归保安处分。与之相应，刑罚代表了刑法发展的传统，是刑法的核心与精神所在，而后于刑罚产生并与刑罚在本质上大相径庭的保安处分，至多只是昭示了刑法的发展方向或者说刑事制裁体系的可能面向，保安处分具有相对于刑罚的次要性和补充性，需要在刑罚面前，相较于刑罚不断地证明己方的必要性、正当性与合理性。并不奇怪的是，在刑罚之外、罪责之外发挥其功用的保安处分的发展愈加迅猛，双轨制或保安处分的正当性危机也就愈加深刻，盖因为面向未知的未来的保安处分，具有风险性预测的风险和危险性评估的危险，本身就潜藏着为达目的不择手段的危机。自 20 世纪 90 年代以来的保安处分复兴之后，双轨制危机开始越来越多地为各界所认识、关注、探讨和争论。① 具体来看，双轨制危机的内容和表现主要有如下几点：

（一）刑罚与保安处分的交织与混同

作为德国刑法中规定的刑事制裁体系的双轨，共同作为犯罪的刑事法律后果，共同服务于打击犯罪和保护法益的刑事政策目的，刑罚与保安处分实质上只是实现同一目的的不同手段而已。② 因此，刑罚与保安处分在一定程度上产生相互替代、相互结合、相互联系、共同作用的混同效果，不仅是难免的，而且是必要的。讨论刑罚与保安处分的逐渐混同，应当以保安处分产生之初两类刑事制裁措施所具有的典型特征，或者是理论上对两

---

① Frisch, Wolfgang, Die Maßregeln der Besserung und Sicherung im strafrechtlichen Rechtsfolgensystem, ZStW 1990, S. 345; Pollähne, Helmut, in: Nomos Kommentar zum StGB, 4. Auflage 2013, StGB § 61 Rn. 20 ff.

② Bruns, Hans-Jürgen, Strafzumessungsrecht, Köln 2. Auflage 1974, S. 228.

类刑事处罚措施所建构的核心内涵作为讨论起点和参照标准。就二者之间的核心区别而言，刑罚的本质在于对已经发生的犯罪进行罪责抵消的报应，这是刑罚的本质所在，除此之外，刑罚并不以目的理念为导向，因为人不能成为实现任何目的的手段；保安处分则完全是目的导向的，其目的在于通过对具体的行为人施以个别预防导向的改善措施，消减其人身危险性从而预防其再次实施犯罪。刑罚的本质在于事后对已然之罪的报应式惩罚，保安处分的本质在于事前对未然之罪的目的性预防。

以此为基础，从刑罚的一面观之，其所日渐具有的保安处分特征首先在于，刑罚的原初本质虽然未变，但刑罚亦应（可）成为犯罪预防的手段和工具。因此，按照对刑罚作用的"统一论"理解，报应性质的刑罚亦应具有积极和消极意义上的一般和特殊预防。[①] 不仅如此，应然的理论论证层面的刑罚虽然并未脱离其报应本质，但在实然的实际执行层面，尤其是对于自由刑而言，刑罚所具有的报应本质仅仅体现在一定的期限内对行为人的行动自由的剥夺，以及以此种方式体现出的对行为人的罪责的抵消，对行为人的恶害施加和道义谴责。但刑罚的执行绝不应是纯粹地对行为人自由的剥夺，纯粹地对行为人施以恶害，就整个刑罚执行过程而言，其应当首要服务于促进犯罪人再社会化的个别预防目的，相应地，在刑罚执行期间，执行机关应当积极地对行为人采取预防其再次实施犯罪的改造措施。只有如此，才能通过刑罚的执行，切实起到预防犯罪的目的。毕竟，刑罚作为犯罪的必然结果，在犯罪发生之外，的确不再需要其他的理由为刑罚的发动进行论证。但正如恶害施加本身并不构成目的，但刑罚和刑法的目的在于保护法益，而仅仅靠施加刑罚本身并不足以实现这一目的，尤其是预防犯罪从而保护法益的目的，故而以对个别预防的犯罪人改造作为刑罚执行的基本内容是犯罪预防的必然要求。在再社会化理念的指导下，甚至是一定期限的自由剥夺这一恶害本身也应当服务于对犯罪人改造和犯罪预防的目的，这鲜明地体现在对行为人判处的刑罚全部或部分地宣告缓期执行之上，也即，促进行为人再社会化的缓刑和假释制度，显然已经突破了刑罚所应具有的报应本质的下限。而且就缓刑和假释的执行措施和制度构

---

① Roxin, Claus, Strafrecht. Allgemeiner Teil, Band 1, München 4. Auflage 2006, § 3 Rn. 1 ff.

造来看，与非剥夺自由的行状监督措施基本相同，其保安处分的因素远远多于其刑罚的因子，多数的刑罚执行措施实则相对地独立于刑罚的本质和功能本身。

从保安处分一方面来看，个别的保安措施，特别是吊销驾驶执照措施具有了越来越明显的刑罚色彩。吊销驾照措施的主要目的在于，通过吊销不适于驾驶机动车辆的行为人的驾照，并在一定的期限内禁止其再次获得驾照，将不适于驾驶机动车辆的驾驶人从公共交通领域剔除出去，从而实现保护社会的目的，亦即，吊销驾照措施的科处仅仅体现了保安处分当中保安目的的一面，并没有显著地对行为人进行改善的考量。① 此外，虽然科处吊销驾照措施的目的并不在此，但不可否认的是，吊销驾照措施的存在对一般的机动车辆驾驶人而言，显然会具有一定的威吓意义，也就使得这一措施具有了刑罚措施所具有的消极的一般预防效果。当然，因为保安处分着眼于对具体行为人采取个别预防导向的改善措施，故而刑罚因素渗透于保安处分当中的可能性较小。双轨制的模糊和刑罚与保安处分的混同，主要针对保安处分，尤其是其所秉持的个别预防目的对刑罚及其执行所可能产生的影响。

也因为刑罚与保安处分共同服务于犯罪预防和法益保护的目的，也因为二者在执行过程中均着眼于对行为人施以个别预防导向的改善措施，在法院既对行为人判处了刑罚，又同时对其科处了保安处分的情况下，比如法院同时对减轻责任能力人判处刑罚和收容措施，又如法院对犯罪人同时判处刑罚和保安监禁措施，将刑罚与保安处分整合为一个协调一致的有机整体，而非人为地刻意地将其分开，显然是更加值得考虑的选择。在刑法改革的过程中，立法者对这一建议亦予以了充分的重视。② 然而，这一看似明了的方案在实践当中执行起来却困难重重，在不少问题上难以形成一致意见。

刑罚及其执行对保安处分科处和执行的影响是直接的、明确的。根据

---

① Meier, Bernd-Dieter, Strafrechtliche Sanktionen, Berlin 4. Auflage 2015, S. 233.

② Schöch, Heinz, in: Leipziger Kommentar StGB Online, 12. Auflage 2008, StGB Vor § 61 Rn. 13 ff.

《德国刑法典》第67d条关于"较晚开始的收容"的规定，如果因相同的一个或数个行为，行为人被同时科处了自由刑和保安处分，而且刑罚执行先于保安处分进行，则在保安处分开始执行之前，法院需要再次判断对行为人科处的保安处分是否仍然有实际执行的必要；而如果有证据证明，保安处分的目的已经达到，或者保安处分的实际执行是不符合比例原则要求的，则法院应当决定对已经科处的保安处分不再执行。可见，鉴于保安处分着眼于行为人的人身危险性进行个别预防的目的，而刑罚执行同样以对犯罪人的再社会化为改造目标，那么，如果通过刑罚执行期间改造措施的实施，行为人的人身危险性已经明显降低甚至消除，也就不再存在对行为人继续执行保安处分的必要，这与保安处分并非依赖于行为人对其罪行所应承担的责任，而是立足于行为人再次实施犯罪的可能性的定位相符，法官据以作出所有的保安处分的相关决定的依据，应当是裁判时所存在的对行为人的人身危险性具有说明意义的所有事实。

反过来，同时科处的保安处分对刑罚的科处尤其是裁量所可能产生的影响则是较为暧昧且颇有争议的。根据《德国刑法典》第67条第1款关于执行顺序的规定，如果法院在自由刑之外同时根据刑法典第63、64条规定对行为人判处了收容于精神病院或戒除瘾癖机构的措施，则保安措施应先于自由刑执行。由此产生的问题是，鉴于保安处分的执行必然也会导致对行为人自由的剥夺，同时科处的保安处分是否能够使得法官的刑罚裁量趋向轻缓。对于这一问题，仍然需要结合刑罚的本质和目的进行探讨。刑罚的本质在于罪责报应，以此为基础，刑罚兼具积极和消极面向的一般与特殊预防。就刑罚的预防尤其是对消减犯罪人人身危险性的特殊预防目的而言，同时判处并预先执行的保安处分能够代替刑罚更好地实现上述目的，因此，先予执行的保安处分可以也应当使得法官在刑罚裁量的过程中放弃对行为人特殊预防的考量，特别是法官不需要也不应当出于对行为人特殊预防的考虑加重对犯罪人判处的刑罚。相应地，可将对行为人判处的刑罚"降低到罪责相当的底限"。[1] 进一步来看，同时科处的保安处分是否能够让法官进而突破与犯罪人罪责相当的刑罚的下限，观点并不统一。德国联邦

---

[1]　BVerfGE 109 133, 179.

法院在刑罚裁量上秉持"裁量空间理论（Spielraumtheorie）"，① 与之相应，联邦法院认为，考虑到刑罚与保安处分的定位的不同，即前者意在报应而后者旨在预防，着眼于个别预防的保安处分的科处与执行与立足于罪责报应的刑罚之间存在本质区别，预防的考虑并不能僭越到罪责考量的领地，以罪责为基础和依据的"刑罚框架（Strafrahmen）"的确定与一般和特殊预防的需要无关，同样地，保安处分的执行能够消减行为人的人身危险性，从而实现预防其再次实施犯罪的特殊目的，特殊预防需要的降低并不能够影响到刑罚框架的确定，因此，同时科处的保安处分并不能够让法官在与罪责相当的刑罚底限之下确定宣告刑。② 这一立场较有争议。就报应与预防，罪责与危险性之间的关系，有学者对罪责均衡与一般预防考量之间可能存在的联系进行了研究，并认为与罪责相称的刑罚应当是"让公众觉得公正的刑罚"，也就是将一般预防的考虑融合到对刑罚的罪刑相称性评价当中，更好地实现了对刑罚本质和目的的统一论阐释。③ 与之类似，如果所谓的罪刑相称的刑罚，从来就不可能是一个完全独立于一般和特殊预防考量的裁断过程，既然同时科处的保安处分能够分担刑罚的特殊预防任务，也就应当能够起到减轻对行为人所判处刑罚的作用。

（二）罪责原则的式微与消亡

在法治国家框架内，以打击犯罪为任务的刑法同时也应当是公民自由保障的大宪章，应当是犯罪人权利的大宪章，应当具有人权和自由保障的属性。刑法的这一属性主要是通过两个方面予以实现的：一是法无明文规定不为罪，也就是罪刑法定原则的规定和贯彻；二是无罪责则无刑罚，也就是罪责原则的基本要求。"罪责原则（Schuldprinzip）"构成了刑法，特别是"罪责刑法（Schuldstrafrecht）"的核心和精神，是刑法人权保障一面的集中体现。然而，与刑罚所具有的罪责抵消的报应本质不同，保安处分的科处并不以罪责的具备甚至恰恰是以罪责的不具备作为前提条件的，罪责对保安处分并不具有任何的限制功能，同时也应看到，即便是罪刑法定原

① Streng, Franz, Strafrechtliche Sanktionen. Die Strafzumessung und ihre Grundlagen, Stuttgart 3. Auflage 2012, S. 309 ff.

② BGHSt 24 132.

③ Kalous, Angela, Positive Generalpravention durch Vergeltung, Regensburg 2000.

则，对保安处分的适用范围也是相当有限的。对罪刑法定的突破以及与罪责原则的脱离，使得保安处分的人权保障功能令人担忧。

如上文所述，在法治原则的框架下，在法治国家的基础上，立法者对保安处分设置了严格的形式和实质侧面的适用条件，对保安处分的执行、暂缓执行和终止执行亦有明确的规定，以期使得保安处分法的相关规定尽可能地体系化、明确化和明朗化。更为重要的是，虽然与罪责原则具有完全不同的定位和实质，立法者为保安处分法明确规定了"比例原则"根据，对全部保安措施的科处和执行予以全面限制，只有具有合比例性的保安处分的科处和执行才是正当的，才是合宪的。然而，不得不说，上述举措的作用有限。①

必须承认的是，在犯罪人对其罪行负有罪责的情况下，刑法的任务就仅限于在其罪责限度内对之施以刑罚、予以惩戒，以及在自由刑的执行过程中对其进行必要的再社会化改造，以期使社会整体与罪犯个人双收其益。只有传统刑法和罪责刑罚所不达之处，保安处分才可能获得其正当性基础，比如行为人因其罪责能力的弱失而对其行为不负有刑事责任，又如罪责限度之内的刑罚对罪犯无法起到切实的改善效果，等等。失去了罪责原则所能够提供的道德伦理基础，保安处分只能从保护更为重要的社会安全利益当中寻找到其正当性，但作为前提，最为重要的是保安措施的科处和执行能够切实地起到其所追求的目的，亦即，在目的理念的支配下，保安处分能够获得正当性说明，但首先需要保安处分能够成为实现社会防卫目的的合适的、有效的手段。对于精神病患者和特殊瘾癖患者之类的"病症型"犯罪人，保安处分，或者更为准确地说科学的治疗措施确实可能是有效的；可是，对于刑罚已经执行完毕但是依然具有再次实施犯罪危险的犯罪人，保安处分又有何依据和底气声称，相较于刑罚措施的科处尤其是执行，保安监禁的科处和执行就一定能够更为有效地实现预防具体的犯罪人再次实施犯罪的目的呢？如果仅仅是通过长期将行为人与社会隔离的手段，如果保安监禁的执行与刑罚执行并无二致甚至完全相同，如果保安监禁的实质就是并且只是以保安为目的的监禁，在罪责之外对行为人施以刑外之刑、

---

① Pollähne, Helmut, in: Nomos Kommentar zum StGB, 4. Auflage 2013, StGB § 61 Rn. 22.

进行罚毕再罚，其正当性显然堪忧。由是，不管是其实用性、合理性还是正当性，保安处分，特别是保安监禁仍然并未获得完全坚实和客观的基础，一方面依赖于与保安处分执行相关的改善措施的进一步完善，对行为人人身危险性预测的技术水平的提升，对犯罪原因生成机制和犯罪治理机制制度的继续推进，申言之，依赖于科学和技术水平的进步，另一方面也有赖于社会思想、刑法观念和刑罚理念的进化。这必定会是一个漫长的演进过程，保安处分预示了刑法/刑罚发展的一种具体而现实的可能，其所追求的犯罪预防和法益保护的目标和目的也是明确的，但具体的规则设计和制度构建，仍然是一个在实践的泥沼和迷雾当中探索的过程，对此，理论的构建并非那么重要，反而是实践才可能最终产出真知。

作为对具有不确定性的保安处分的现实折衷，针对保安措施所提出的"实践中予以'节俭'适用"① 的建议当然是值得赞同的，亦即，对于保安处分的科处和执行而言，科处与否两可的应当不予科处，可以执行亦可以不执行的应当不予执行。然而，这种建议的实际意义并不大，因为对于大多数的保安处分的相关决定而言，立法者并未给予法官太大的自由裁量空间，反而规定在符合条件的前提下，对行为人作出科处或执行保安处分的决定是必须的（obligatorisch）。②

（三）刑事制裁措施间的名异而实同

作为刑事制裁体系的双轨，刑罚与保安处分，特别是自由刑与剥夺自由的保安处分之间具有极大的相似性，这一点在两类措施的执行层面体现得尤为明显，即不管是自由刑还是剥夺自由的保安处分，均以将犯罪人予以监禁或曰将行为人与社会隔离为手段，虽然称谓上存在区别，但在作为刑事制裁对象的行为人一方来看，上述两类措施对其均意味着自由的剥夺。既然手段极为类似，自由刑与剥夺自由的保安处分之间定位和目的上的差异也就只能通过执行规则的制定和制度的设计予以体现，然而事实却是，一方面刑罚执行并不应该仅以对行为人的自由剥夺为目的，而应以通过对

---

① Jescheck, Hans-Heinrich / Weigend, Thomas, Strafrecht. Allgemeiner Teil, Berlin 5. Auflage 1996, S. 87.

② Schöch, Heinz, in: Leipziger Kommentar StGB Online, 12. Auflage 2008, StGB Vor § 61 Rn. 22.

行为人的改造来促进行为人的再社会化为目标，因而刑罚执行的目的与保安处分的目的并无实质性差异；另一方面，由于技术、财力、人力等方面的限制，相较于一般的自由刑执行，剥夺自由的保安处分的执行迄今并未取得实质性的进步，因而保安处分的执行大体而言与刑罚执行并无差别，这一点在保安监禁与监禁刑罚之间体现得尤为明显。因此，虽然称谓上存在着刑罚与保安处分的区分，制度设计上也存在着定位上的差异和目的上的区别，但在实践展开特别是实际执行层面上，刑罚与保安处分变得越来越接近、相似甚至相同。仅仅满足于对刑事制裁措施的标签化处理，使得同一制裁措施贴上刑罚的标签就是刑罚，贴上保安处分的标签又可以摇身一变为保安处分。

作为这一问题的突出体现，在改善措施设置和执行制度设计上将保安监禁与一般的监禁刑罚区别开来，一直是《刑事执行法（Gesetz über den Vollzug der Freiheitsstrafe und der freiheitsentziehenden Maßregeln der Besserung und Sicherung）》立法的重点所在。比如，区别于一般的囚犯，被执行保安监禁者可以穿戴自己的衣服、使用个人的寝具（第 132 条），有权支配的零用钱也明显高于一般的囚犯（第 133 条）。此外，虽然保安监禁的执行场所仍然是处于刑罚执行机构当中，但保安监禁的执行完全由独立的部分和机构负责，另外，保安监禁的设施和措施应尽量满足被收容者的个人要求（第 131 条）。[①] 不难看出，立法者通过不断修法改善被执行保安监禁者的处遇的初衷就在于，相对于一般的被监禁者给予被收容者以"优待"，比如房间更大、零用钱更多、探视时间更多、放风时间更长、有权接收更多的包裹、信件等。然而上述处遇上的细小差异一方面确实使得被收容者与被监禁者之间能够被区别开来，在保安监禁与监禁刑罚的执行方面的确能够看到差别，但另一方面，这种处遇上的优待不过是"五十步与百步"之间的差别。显而易见的是，与刑罚监禁一样，保安监禁对行为人的行动自由予以剥夺的性质没有变，保安监禁将行为人与社会隔离开来的实质也没有变，亦即，保安监禁实质上仍然是监禁，与刑罚监禁共享了"监禁"——剥夺

---

① Schöch, Heinz, in: Leipziger Kommentar StGB Online, 12. Auflage 2008, StGB Vor § 61 Rn. 26.

行为人自由——这一本质特征。故而，行为人一周会见一次或者两次家属，行为人一天放风一个或者两个小时，如此等等，并不会让行为人真正地感觉到优待。相反，依然身处高墙之内的被收容者，所能感觉到的，恰恰是自己与被刑法监禁者同样的囚徒身份。更为重要的是，在监禁与改造之间，刑罚意在监禁；在改善与收容之间，保安处分旨在改善，这是刑罚与保安处分之间的实质差异，可是这一差异并未在两类措施的实际执行过程中得以哪怕是些许的体现，很难说，让被科处保安监禁者住大一点点的监室、花多一点点的零用钱，就是对其进行的有效改造，也很难相信，这样的区别对待或者说优待，能够使得保安处分相较于刑罚更有可能取得改善行为人、消减其人身危险性、有效地预防其再次实施犯罪的效果。既然如此，如此设计和执行的保安监禁恐怕只能被认为是刑罚的继续，是刑外之刑，是简单而粗暴地为社会安全利益计而在罪责之外将行为人不定期限地与社会隔离开来。

对于《德国刑法典》第 63、64 条规定的收容于精神病院和戒除瘾癖机构的措施与自由刑执行之间的关系，立法者在第二次刑法改革过程中在刑法典第 67 条为之规定了执行期限之间的 "折抵原则（Vikariierungsprinzip）"，亦即，先于刑罚执行的保安处分的执行期限可以抵消之后的刑罚执行期限。这被认为是 "标签骗局" 的又一佐证。① 亦即，既然保安处分的执行期限与刑罚的执行期限是能够相互换算和折抵的，也就说明二者之间并没有实质的差异，实质不同的事物当然无法被拿来类比和换算。然而，这一观点有待商榷。首先，所谓 "标签骗局"，主要指的是刑罚与保安处分之间并无实质差异，换个标签就可以对行为人继续惩罚，这无异于是国家权力滥用和恣意的骗局和把戏。然而，将已经执行的保安处分的期限折抵为将要执行的刑罚的期限，仅仅意味着二者的执行都以剥夺行为人的自由为手段或者前提，期限的折抵仅仅要求，同时也当然只是意味着，二者在剥夺行为人自由这一点上是不存在实质差异的，然在此之外，刑罚以监禁为目的，保安处分以收容为手段，并不构成二者之间期限折抵的障碍，也不在期限折

---

① Jescheck, Hans-Heinrich / Weigend, Thomas, Strafrecht. Allgemeiner Teil, Berlin 5. Auflage 1996, S. 87.

抵与否以及如何折抵的考虑范围之列。其次，"标签骗局"只是警示权力行使者，切勿将刑罚与保安处分混为一谈，尤其是不要让保安处分彻底沦为对行为人的惩罚措施，退化为不以罪责为前提和限制的赤裸裸的恣意惩罚。再次，对于行为人而言，不管是刑罚还是保安处分，最为显著的影响显然是自由的丧失，出于对行为人有利的考虑，也应当允许在保安处分与刑罚的执行期限之间进行折抵，这应当与同样对行为人有利的"标签骗局"警示不相悖违。最后，对于剥夺自由的保安处分所包含的收容手段和改善目的之间的关系，一直所强调的是，剥夺行为人的自由仅仅是实现对行为人改善的目的的附带效应，是不得已而为之，收容措施必须以剥夺自由为执行条件。由此，允许以收容措施已经执行的期限，也就是剥夺行为人自由的期限折抵待执行的刑罚期限，能够鲜明地体现剥夺自由并非保安处分的本意所在。

相反，以将刑罚与保安处分严格区分为由，禁止在二者之间进行期限的折抵显然与之相悖。窃以为，并非保安处分与刑罚之间执行期限的折抵，反而是被学者认为是有效地区分了刑罚与保安处分的"比例折算"，① 才是真正值得反思的。根据刑法典第 67 条第 4 款规定，先于刑罚执行对保安处分的执行期限，折抵为待执行刑罚的比例，最高只能达到宣告刑的三分之二，亦即，不论因为保安处分的执行，行为人已经被剥夺了多长时间的自由，法院对其判处自由刑的至少三分之一仍然是保安处分执行完毕之后需要继续执行的。对此需要追问的问题是，为何保安处分的执行期限不能完全地抵消刑罚的执行期限？立法者所欲保留的三分之一的刑罚执行期限所追求的目的何在？或者说，在保安处分的执行之外，刑罚执行是否仍然存有有待实现和值得追求的其他目的？虽然刑罚的本质在于对行为人罪责的报应，对行为人施以惩罚、将行为人剥夺自由构成刑罚的实质所在，但刑罚执行并非对刑罚报应本质的一五一十的落实，在一定期限内剥夺行为人的自由本身即已完全地体现了刑罚的惩罚性和报应性，至于刑罚执行的具体内容，显然不能是真空的，不可能是为了监禁而监禁，而应当以行为人

---

① Schöch, Heinz, in: Leipziger Kommentar StGB Online, 12. Auflage 2008, StGB Vor § 61 Rn. 27.

的再社会化为目的，也即，与保安处分类似甚至相同，刑罚执行也应着眼于个别预防导向的行为人的人身危险性消减，既然这一目的已经由保安处分的执行所实现，继续执行刑罚的理由何在，就是一个难以回答的问题。而且，保安处分不以自由剥夺为目的，将因保安处分执行而不得已剥夺的行为人的自由期限折合为以剥夺自由为实质的刑罚期限，显然是使保安处分和刑罚各得其所、双受其益的合理方案。

（四）飘忽不定的人身危险性评估

刑法学研究由古典向现代的转向，使得行为人或曰犯罪人进入刑法/刑罚的视域，甚或成为刑法/刑罚的中心或至少是重心。行为要素当然是不可或缺的，刑法不处罚思想，无行为则无刑罚。但行为的惩处要求以行为人对之负有罪责为前提，惩罚行为所实际惩处的，是行为人因其行为而表现出的可责性。这是刑罚制裁报应的一面。从预防的一面尤其是特殊预防的角度来讲，具体的行为人绝对构成上述考量的核心和重心，而刑法所关注的，主要集中于行为人实施犯罪或再次实施犯罪的可能性，也就是行为人的人身要素当中是否具有沦为犯罪人的因子，当然，如前所述，法治国家基本理念要求国家不能未雨绸缪，更不能无中生有，对行为人的人身危险性评估，针对的只能是行为人再次实施犯罪的人身危险性。[1] 要之，对行为人人格，更为主要的是对其再次实施犯罪的人身危险性的评估和预测，构成刑法学研究的重心（中心）所在。

保安处分的定位是着眼于行为人再次实施犯罪的人身危险性，保安处分的科处前提是行为人具有再次实施犯罪的人身危险性，保安处分执行的目的在于对行为人施与个别预防导向的改善措施，以期消减行为人的人身危险性，保安处分终止执行的条件是行为人不再具有再次实施犯罪的人身危险性，可见，行为人的人身危险性构成了整个保安处分法的核心关注，保安处分的目的、科处、执行、终止等均围绕行为人的人身危险性展开。然而，对行为人的人身危险性进行评估着实是项"技术活"，用的是科学、讲的是概率，故而，对行为人的人身危险性进行评估或预测的不确定性大于其确定性。可是，立法者却对危险性预测的准确程度和发展潜力持极为

---

[1] Göppinger, Hans / Bock, Michael, Göppinger Kriminologie, München 6. Auflage 2008, S. 191.

乐观的态度，在对保安处分科处和实际执行的条件设置当中，立法者不仅基本地采取了穷尽式的列举，而且对于满足条件的案件，立法者要求法官"必须""应当"对具体的行为人科处和执行保安处分，而并未适用诸如"可以"之类的字眼，因此并未给予个案裁判法官充分的裁量空间。① 然而，立法者的这种自信并未太多地得到实证数据统计和研究结论的支持，总体而言，学说当中对上述立法方式也是质疑多于肯定，批评多于支持。② 特别是对于以对行为人的人身危险性为其基底和核心的保安处分法，立法者对于预测可能性的美好想象显得过于烂漫，因而在冰冷的现实面前屡屡碰壁，甚至成了一种毫无根据的自说自话。人身危险性预测是否真正可行、是否能够准确并不重要，关键是立法者这么相信、司法者也如此认为，即已足够。由此造成的后果是，人身危险性评估的准确性经不起推敲和检验，甚至连客观的检测标准都尚不清晰，学者们对人身危险性评估的质疑蔓延到对保安处分的科处和执行的批评，最后甚至连保安处分的正当性亦受到危及、陷入危机。③ 倘若不能客观地预测行为人是否具有人身危险性，是否具有再次实施犯罪的可能性，保安处分科处的根据何在？假如行为人的人身危险性是无法被客观评估的，对行为人执行保安处分的因由何在？假使缺少对行为人的人身危险性进行评估的客观的、可行的标准，保安处分执行的效果又有何凭证？法官决定将对行为人科处的保安处分不予执行或终止执行的理由何在？难道仅仅是因为对行为人的执行已经达到了一定期限？仅仅是因为比例原则的限制，对行为人实际或继续执行保安处分显然不再适当？如果行为人的人身危险性尚属未知，又如何判定对行为人科处和执行保安处分有违比例原则呢？申言之，人身危险性评估的不可能、不可行、不客观、不准确，都将完全摧毁保安处分的正当基础和存在根据，使得保安处分沦为不问罪责、不问期限、不问效果、不问目的的纯粹将行为人与

① Schöch, Heinz, in: Leipziger Kommentar StGB Online, 12. Auflage 2008, StGB Vor § 61 Rn. 144; Pollähne, Helmut, in: Nomos Kommentar zum StGB, 4. Auflage 2013, StGB § 61 Rn. 3.

② Schöch, Heinz, in: Leipziger Kommentar StGB Online, 12. Auflage 2008, StGB Vor § 61 Rn. 144.

③ Kaiser, Günther, Befinden sich die kriminalrechtlichen Maßregeln in der Krise? Heidelberg 1990, S. 17 ff.

社会隔离的处罚措施，这显然与法治国家的基本要求不相符合，违背人权保障、罪刑法定、程度正当等若干法治原则的基本要求，是法治国家的污渍、软肋甚或伤疤。

因其彻头彻尾的规范性属，以现行法律规范为基本和唯一依据的教义刑法学显然无力解决对行为人的人身危险性进行预测和评估的任务。即便是作为"刑法学中的科学"，犯罪学及其相关学科对具体个人的人身危险性评估这一课题也无甚兴趣，并未对之投入应有的精力。人身危险性评估只是犯罪学当中一个并非中心甚或略显边缘的问题域，作为犯罪学的研究重心，学者们显然更加醉心于对犯罪的"来龙去脉"，即犯罪的产生原因以及与之相应的犯罪应对策略的梳理和研究，专注于从对犯罪现象的观察和调研中抽象出一般的犯罪规律，着眼于对犯罪产生原因的一般框架的建构，着力于为实务机关，特别是公安和监狱等司法机关提供犯罪应对策略和方案。[1] 甚至在颇具批判意气的犯罪社会学看来，人为地将可能实施犯罪者或者犯罪人区分为人身危险性各有高低的三六九等，存在不够平等地看待犯罪人群，以将犯罪人标签化的手段造成社会对犯罪人的排斥，进而造成社会分裂的嫌疑。人身危险性评估在犯罪学研究当中是日渐式微，使得科学的犯罪预测这一曾经的"犯罪学研究王冠（Krönung der Kriminologie）"在多数的研究项目或研究机构中日益被边缘化。[2] 刑法学和犯罪学研究者甚至不再将之作为自己学科的"分内之事"，不管是在理论研究还是在实际操作层面，随着科学主义新兴的"法医学和法心理学（Forensische Psychiatrie und Psychologie）"越来越多地实际承担其对犯罪人的人身危险性进行研究、评估和预测的任务。

与之并非完全适应的是，对具体个案中的行为人的人身危险性进行评估和判断，原本是法律人，当然主要是法官应当承担的审理和判断任务。对行为人的人身危险性作出判断，其中虽然牵涉了科学手段的运用和医学问题的解答，但法官并不能够将其完全地推给法医学或心理学专家，当然

---

① Schöch, Heinz, in: Leipziger Kommentar StGB Online, 12. Auflage 2008, StGB Vor § 61 Rn. 146.

② Glueck, Sheldon / Glueck, Eleanor, Predicting Delinquency and Crime, Harvard 1959, S. 150.

也不能将法律问题留给自己，将科学问题抛给科学专家，因为犯罪治理和罪犯评估，本质上仍然是一个法学和法律的问题。必须认识到，对行为人的人身危险性评估并不是法官凭一己之力所能够完成的，法官对此并不是全能的，但同时，离开了法官的判断却也是万万不能的。因此，当下司法现状的实然图景是，以实证研究为基础，以犯罪学方法（当然不止于严格意义上的犯罪学方法）梳理和抽象出对于行为人的人身危险性预判的核心要素，法官主要以以上要素为基础对行为人的人身危险性作出判断，当然，在判断的过程中，对于某个或某些要素是否具备、程度如何等涉及专业知识的问题，法官可以求助相关领域的专家对此所作出的专家鉴定，但对行为人是否可能再次实施犯罪的判断权最终由法官享有和行使。也可以说，法官作出判断主要依据的是规范，但一则规范的内容应当来自以科学手段对实践进行的归纳和总结，二则对规范当中因素的判断法官亦可以借助科学手段。换言之，法官对行为人人身危险性的判断并非一元的、单线的，而是对法学、刑法学、犯罪学、社会学、人类学、心理学、精神医学等各个学科知识的综合运用。[1]

　　具体来看，法官借助于专家鉴定所需要判断的问题主要集中在，[2] 行为人再次实施犯罪的可能性有多大？行为人可能实施何种犯罪？是否会频繁地实施犯罪？可能实施的犯罪将会造成何种严重的后果？通过何种措施可以有效地降低行为人实施犯罪的可能？何种情况的出现又会导致行为人实施犯罪可能性的明显上升？这一预测的适用期限和适用范围如何？[3] 此外，

---

[1]　Rasch, Wilfried / Konrad, Norbert / Rasch, Adelheid, Forensische Psychiatrie, Stuttgart 3. Auflage 2004, S. 393.

[2]　对于行为人人身危险性预测的方法和手段，在此并不展开。需要指出的是，在犯罪原因、犯罪人类型、犯罪人人身危险性评估、犯罪对策等领域，已经形成了一系列以实证数据和科学研究为基础，以类型梳理和规范总结为准线的方法、措施和规则。当然，对于科学判断的准确性目前尚不存在绝对客观的评判标准，其有可能是切实有效的，也有可能只是我们相信或者我们必须信赖已有措施是有效的，正如我们信赖刑罚的科处和执行对于犯罪预防和法益保护的有效性一样。不断提高犯罪预测和行为人人身危险性评估的准确性，仍然是一个不断纠偏和试错的过程，仍然还有很长的路要走。其间需要切实注意的是，人，即便是犯罪人，也不能沦为纯粹的试验品或牺牲品，对犯罪人人权的保障，对人之所以为人的尊严的尊重，应是一切制度和规则的底线所在。

[3]　Nedopil, Norbert, Forensische Psychiatrie, Berlin 2000, S. 301; Schöch, Heinz, Kriminalprognose, Berlin 2007, S. 362 f.

还需要对预测本身，也就是采取何种措施能够使得预测更加准确和可靠作出评估。① 可见，对于行为人人身危险性的评估，业已形成了规范意义上的大体框架，对于据此得出结论的核心要素也基本形成了统一认识，由此，人身危险性评估是有据可循的；然而，同时必须承认，现有的预测手段和评估措施并不能保证得出对行为人人身危险性的客观评价，也不能保证法官据此作出对行为人而言公允和合理的判断和决定，正确与错误的判断和决定相间，甚至正确与错误之间的界限本身也并非完全清晰的，但我们亦不能因此而放弃对行为人人身危险性的评估，在没有更好的评判标准对之进行替代的情况下，不仅是保安处分的科处和执行，至少是刑罚的具体执行也在相当程度上依赖于对行为人人身危险性的评估，我们应当相信，这是一个可取的途径，这也会是一个不断进步的过程。

第二节　保安监禁的合宪性危机及其改革

可以断言，保安监禁绝对是整个保安处分制度的正当性证明当中最为薄弱的一环，正因为此，保安处分所经受的批判和质疑往往是从保安监禁开始，在不少情况下，批判者甚至把保安监禁当成了保安处分的代表或者代名词；可以预见，保安监禁的适用会受到越来越多的限制，虽然保安监禁未必会最终从刑事制裁体系当中消失，有鉴于此，对保安监禁改革的管窥的确为保安处分的正当性基础这一问题提供有力的佐证，因为正是为了保持保安处分存在的正当性，保安监禁的改革才会不断展开和推进。

当下，保安监禁（Sicherungsverwahrung）这一德国刑事处罚体系当中"最为严厉（schärfst）"② 并且"极其残酷（drakonisch）"③ 的处分措施再

---

① Boetticher, Kröber / Müller-Isberner, Böhm / Müller-Metz, Wolf, Mindestanforderungen für Prognosegutachten. NStZ 2006, 537, 544.

② Singelnstein, Tobias, Anmerkung zu BGH, Urt. v. 21. 06. 2011 – 5 StR 52/11, ZJS 2012, S. 128.

③ Landau, Herbert / Greven, Karl, Streit um die nachträgliche Sicherungsverwahrung-Pro, ZRP 2002, S. 324.

次面临异常严峻的考验。从欧洲人权法院到德国联邦宪法法院，接二连三的违法、违宪判决使得保安监禁四面楚歌。在多个被判处保安监禁者①所提起的宪法诉讼的判决当中，② 德国联邦宪法法院更是判定保安监禁的相关条文全部违宪，其中也包括颁行不久的《关于革新保安监禁法规及配套规定的法律》（以下简称《保安监禁革新法》）③ 所新修正的条文，尤其是《德国刑法典》第 66 条、第 66a 条、第 66b 条三个核心条款，整个保安监禁制度看似已穷途末路。为应对这一危机，在《关于在联邦法律中贯彻保安监禁法之界分要求的法律》（以下简称《界分要求贯彻法》）④ 当中，德国联邦议会遵照联邦宪法法院之要求，对保安监禁法再次进行了大刀阔斧的改革。"司法提出诘责、立法予以回应"形成了保安监禁改革的基本模式，"两个判决、两部法律"构成了保安监禁改革的关键节点。

一、保安监禁的危机再现

《德国刑法典》中的保安监禁规定虽在战后得以保留，但自 20 世纪 60 年代开始，保安监禁就遭受到越来越多的质疑和批判。⑤ 批评主要集中在以下两个方面：首先是居高不下的收容人数，⑥ 在 1933 年到 1945 年十多年的时间里，被收容人数甚至高达 16000 人之巨。⑦ 此外更多遭受诟病的是，如此之多的被收容者，并非全部是或者说绝大多数并不是性犯罪者、暴力犯罪者或者其他的重刑犯，而大多是那些小偷小摸、偷蒙拐骗，并且屡教不

---

① 保安监禁的全称是 "Unterbringung in der Sicherungsverwahrung"，即 "收容于保安监禁"，一般将被判处此措施的行为人称为 "Untergebrachte"，即 "被收容者"，或者 "Verwahrte"，即 "被监禁者"。为将其与被执行监禁刑罚者区分以及论述便宜，在本文当中，被执行保安监禁措施者被简称为 "被收容者"，而 "被监禁者" 则专指被执行监禁刑罚者。

② BVerfG 2 BvR 2365/09 v. 04.05.2011.

③ BGBl. I 2010, Nr. 68 vom 31.12.2010, S. 2300 – 2308.

④ BGBl. I 2012, Nr. 57 vom 11.12.2012, S. 2425 – 2430.

⑤ Hussung, Daniel Joachim, Sicherungsverwahrung, in: FS für Kühne, Frankfurt a. M. 2009, S. 694.

⑥ Bartsch, Tillmann, Sicherungsverwahrung. Recht, Vollzug, aktuelle Probleme, Baden-Baden 2010, S. 32.

⑦ Bender, Soledad, Die nachträgliche Sicherungsverwahrung, Frankfurt a. M. 2007, S. 22.

改，从而让社会不堪其累的不法分子。① 以上两点显然与保安监禁作为刑事处罚体系之"最后手段"的定位不相适应。鉴于此，20 世纪 70 年代的德国刑法改革严格限制了保安监禁之适用，以促使其回归本位。其中最为典型的是，在 1975 年 1 月 2 日通过的《刑法第二修正案》中，《德国刑法典》第 67 条 d 第 1 款第 1 句第 3 项增加了"首次保安监禁的执行时间不能超过十年"的规定。② 上述举措成效显著，到 1984 年，仅有 182 人被执行保安监禁，为历史最低值。③ 立法上对其适用条件规定的越来越严格以及司法上对其实际科处和执行的越来越谨慎，让人们一度觉得，保安监禁这一刑事制裁措施将会渐渐过渡成为备而不用的名实相副的"最后手段"。基于实证研究和分析，学者们甚至在设想和展望"一个没有保安监禁的"刑事处罚体系。④

在此背景下，1998 年 1 月 26 日《关于惩治性犯罪及其他危险犯罪的法律》（以下简称《性犯罪惩治法》）的颁行，⑤ 以及以此为开端的随后的一系列改革，多少显得有些突然甚或突兀。接连的刑法修改使得保安监禁的发展调转了方向，"在民众的合理的安全利益与犯罪人并非不那么正当的在刑罚执行完毕之后重获自由的权利之间，频繁的立法活动为其重新划定了界限，并且是移向越来越不利于犯罪人的一边。"⑥

一般而言，社会治安形势的日益恶化集中体现于一定时期内犯罪率的持续上升，通过法律（主要是刑法）的修改，严密刑事法网，加重刑罚力度，属于对其被动的治理应对。然而，根据实证研究的数据，一方面，1993 到 2003 年间的整体犯罪率特别是奸杀（Sexualmord）的犯罪率均呈明显的

---

① Bartsch, Tillmann, Sicherungsverwahrung. Recht, Vollzug, aktuelle Probleme, Baden-Baden 2010, S. 32；Bender, Soledad, Die nachträgliche Sicherungsverwahrung, Frankfurt a. M. 2007, S. 22.

② BGBl. I 1975, Nr. 1 vom 07. 01. 1975, S. 22.

③ Feest, Johannes / Wolfgang Lesting（Hrsg.），Kommentar zum Strafvollzugsgesetz, Köln 6. Auflage 2012, S. 769.

④ Kinzig, Jörg, Die Sicherungsverwahrung auf dem Prüfstand. Ergebnisse einer theoretischen und empirischen Bestandsaufnahme des Zustandes einer Maßregel, Freiburg i. Br. 1996, S. 596ff.

⑤ BGBl. I 1998, Nr. 6 vom 30. 01. 1998, S. 160.

⑥ Meier, Bernd-Dieter, Strafrechtliche Sanktionen, Berlin 4. Auflage 2015, S. 348 – 349.

下降趋势；① 另一方面，在改革之前，从已经被判处刑罚的次数和被执行刑罚的期限两个方面，法官放宽了对性犯罪者判处保安监禁的要求，因此，在全部的被收容者当中，性犯罪者已经占到了被收容者的 34%，远高于抢劫犯（26.7%）和杀人犯（12.9%）的比例。② 不论法官加大对性犯罪者判处保安监禁的力度与性犯罪率下降之间是否具有（直接的）因果关系，性犯罪率的下降和处罚力度的加大均使"加重处罚的必要性显得极为可疑"，③ "完全无法从客观的治安形势中找到其合理依据。"④

　　实际上，暴力犯罪者尤其是性犯罪者让人们觉得对其"忍无可忍（unerträglich）"这一情况是 20 世纪 90 年代开始才出现的。⑤ 1996 年发生在比利时的"Dutroux 奸杀女童案"⑥ 在整个欧洲范围内引起了人们对于恋童癖者奸杀幼女的恐慌。大概同一时间，在德国也发生了两起类似的案件。在其中一起案件中，1968 年出生的 Armin Schreiner 将 7 岁的小女孩 Natalie Astner 绑架、强奸并最后残忍杀害。⑦ 此案引起了人们极大的愤慨，不仅是

---

　　① 对此，Christian Pfeiffer 教授等作了一个非常简单直观但颇具代表性的统计。Pfeiffer 教授比较了两组数据，一组是警务机关所记录的犯罪数据，其中，2003 年的总犯罪率比 1993 年下降了 2.6%，而对于既遂的奸杀罪行（vollendeter Sexualmord），1993 年发生了 32 起，2003 年则下降到 20 起；另外一组是民众意识中的犯罪数量，对于总体的犯罪数量，民众的估计偏高了 21%，而对于奸杀的发生数量，受调民众估计的 2003 年的奸杀数量为 115 起，是实际发生数量的 5 倍多，高了 475%。因此可以说，虽然社会治安形势日趋良好，群众生活越来越安全，但是老百姓自己却多少有点"自己吓唬自己"，觉得自身权益很容易遭受犯罪的侵害。Pfeiffer, Christian / Windzio, Michael / Kleimann, Matthias, Medien, das Böse und wir. Zu den Auswirkungen der Mediennutzung auf Kriminalitätswahrnehmung, Strafbedürfnisse und Kriminalpolitik, MschrKrim 2004, S. 417 – 418.

当然，有可能存在的疑点是，1993 年到 2003 年间犯罪率尤其是奸杀犯罪率的下降，很有可能就是因为《性犯罪惩治法》的颁布，使得对性犯罪的制裁更加有力和有效。然而，把考察的时间段再继续延展，根据德国联邦法院 Wolfgang Pfister 法官的统计，自 1955 年至 2005 年的 50 年间，针对儿童实施的性侵犯数量就一直呈明显的下降趋势。Pfister, Wolfgang, Perspektivenwechsel bei der Sicherungsverwahrung, FPPK 2011, S. 83.

　　② Kinzig, Jörg, Die Sicherungsverwahrung-bewährt oder obsolet?, ZRP 1997, S. 100.

　　③ Jansing, Jan-David, Nachträgliche Sicherungsverwahrung. Entwicklungslinien in der Dogmatik der Sicherungsverwahrung, Münster 2004, S. 137.

　　④ Laubenthal, Klaus, Die Renaissance der Sicherungsverwahrung, ZStW 2004, S. 705.

　　⑤ Meier, Bernd-Dieter, Strafrechtliche Sanktionen, Berlin 4. Auflage 2015, S. 346.

　　⑥ 39 岁的 Marc Dutroux 在自己家的地洞里面监禁、强奸了六名女童，并残忍杀害了其中的五个女孩。德国《明镜》杂志以"逐步灭绝（Vernichtung auf RAllgemeiner Teilen）"为题对于此案进行了报道。Der Spiegel 26. 08. 1996, S. 30 – 38.

　　⑦ 《明镜》杂志以"无助者的哀嚎（Schrei der Hilflosigkeit）"为题对本案进行了报道。Der Spiegel 30. 09. 1996, S. 31 – 33.

因为罪犯手段的残忍和人性的泯灭，更是因为当时 29 岁的 Armin Schreiner 是一名刑满释放人员。在 1993 年，其曾因多次猥亵妇女而被判处四年半有期徒刑，其中有两起案件涉及未成年人。在监禁期间，因其积极地配合治疗，执行三年之后，根据精神医师的建议，法院裁定将其提前释放。① 被精神专家和法官认定为对社会无害的罪犯，却在被提前释放之后，立马犯下了令人发指的滔天罪行，使得司法机关登时成为人们所批评和指责的对象。

　　媒体对于接连发生的性侵儿童案件的轰炸式的密集报道，促使民众的恐慌和愤怒迅速升级。恰逢当时的联邦议会选举，② 沸腾的民怨找到了宣泄的途径，转化为了政治上及立法上的行动。③ 为赢得选民的支持，政客们纷纷表态，表达严惩性犯罪者的决心。德国总理格哈德·施罗德（Gerhard Schröder） "关起来！并且是永远关起来！（Wegschließen-und zwar für immer！）" 的豪言，成了最具代表性的政治家宣言。在《性犯罪惩治法（草案）》的 "理由说明" 部分，对修法背景有如下说明："在过去的几个月中，一系列重大罪行被曝光，在民众当中引起了巨大的恐慌（Bestürzung）。特别是几起由受过刑事处罚的罪犯实施的、强奸甚至杀害儿童的案件，民愤（Empörung）极大。如何将类似的恶性犯罪防患于未然，引起了广泛而深入的讨论。"④ 紧接着，在 1997 年 11 月 11 日召开的第 13 届德国联邦议会第 202 次会议上，对《性犯罪惩治法》进行了第二次和第三次审议以及最终表决。⑤ 在会议上，率先发言的诺贝特·盖斯（Norbert Geis）议员表示，"……上述法律（《性犯罪惩治法》）标示着'刑法的转向（Umorientierung

---

　　① 参见：题为 "像他一样的漏网罪犯（Täter wie er fallen durch alle Raster）" 的报道，Berliner Zeitung 16. 12. 1997.

　　② 第 14 届德国联邦议会选举于 1998 年 9 月 27 日开始。1998 年 10 月 27 日，施罗德正式当选德国政府总理。

　　③ Merkel, Grischa, Incompatible Contrasts? Preventive Detention in Germany and the European Convention on Human Rights, German Law Journal Vol. 11（2010）No. 09, p. 1049.

　　④ Deutscher Bundestag, Drucksache 13/8586, S. 1, 6.

　　⑤ 需要予以简要介绍的是，德国联邦立法程序当中的德国联邦议会内部程序部分，法律草案在表决和最终通过之前，需要经过 "三审（Beratungen）" 或者说 "三读（Lesungen）"。在 "一读" 过程中，草案会分配给对口的专业委员会（Ausschuss）征求意见，其间一般不存在发言环节；在 "二读" 中，会对专业委员会提出的草案版本进行磋商和审议，其间每一个议员都可以发言或者提出对草案的修改意见；如果草案在 "二读" 过程中并未修改，会紧接着组织 "三读"，也就是对草案进行表决。

im Strafrecht）'。我们从尝试着总是仅以犯罪人为中心，转向更多地关注被害人，以及将公共安全、人民安全还有在性犯罪法特别是将我们的孩子的安全放在首要位置。（掌声）……"① 并不意外，《性犯罪惩治法》最终顺利通过。然而，"仓促的立法导致即便是与法律执行紧密相关的职业群体——法官、检察官、律师以及执行机构负责人——在多数情况下仅在立法过程后期甚至是法律生效之后才获知其准确内容。"②

　　根据依《性犯罪惩治法》而修正的《德国刑法典》第 67d 条第 3 款之规定，③ 执行逾十年之后，对被收容者是否继续执行保安监禁措施，交由法官自由裁量，从而取消了对首次保安监禁十年最高执行期限的硬性限制。在此基础上，2002 年 8 月 21 日通过的《关于增设保留适用的保安监禁的法律》④ 增加了第 66a 条对于保安监禁之保留适用的规定；2004 年 7 月 23 日通过的《关于增设事后适用的保安监禁的法律》⑤ 增加了第 66b 条对于保安监禁之事后适用的规定。"更多是受外力驱使而非基于理性考量"⑥ 且 "没有章法（ohne erkennbare Systematik）"⑦ 的立法上的 "组合拳" 取得了明显的效果，根据德国联邦统计局（Statistisches Bundesamt）2014 年 11 月 30 日的最新统计数据，目前全德的被收容者人数共计 511 人，其中 1 人为女性。⑧ 对于被收容者提起的宪法诉讼，德国联邦宪法法院一贯认为，保安监

---

① Deutscher Bundestag, Plenarprotokoll 13/204, S. 18433.

② Jansing, Jan-David, Nachträgliche Sicherungsverwahrung. Entwicklungslinien in der Dogmatik der Sicherungsverwahrung, Münster 2004, S. 138; Ullenbruch, Thomas, Verschärfung der Sicherungsverwahrung auch rückwirkend-populär aber verfassungwidrig?, NStZ 1998, S. 327.

③ 内容为：保安监禁执行满十年，如果不再存在被监禁者实施精神上或身体上严重损害被害人的重大犯罪之危险，法院宣布其执行完毕。

④ BGBl. I 2002, Nr. 60 vom 27. 08. 2002, S. 3344 – 3346.

⑤ BGBl. I 2004, Nr. 39 vom 28. 07. 2004, S. 1838 – 1841.

⑥ Bartsch, Tillmann, Neues von der Sicherungsverwahrung-Konsequenzen des bundesverfassungsgerichtlichen Urteils vom 04. 05. 2011 für Gesetzgebung und Vollzug, Forum Strafvollzug 2011, S. 267.

⑦ Schöch, Heinz, Das Urteil des Bundesverfassungsgerichts zur Sicherungsverwahrung, GA 2012, S. 14.

⑧ 参见：德国司法执行机构中的被监禁者和被收容者之构成（Bestand der Gefangenen und Verwahrten in den deutschen Justizvollzugsanstalten）, https://www.destatlis.de/DE/Publikationen/Thematisch/Rechtspflege/StrafverfolgungVollzug/BestandGefangeneVerwahrte.html, 2020 – 12 – 31 访问。

禁的判处与执行，并不违背《德国基本法》的规定。① 相应地，在理论研究当中，保安监禁的复兴（Renaissance）之势亦是清晰可见。②

然而，2009 年 12 月 17 日欧洲人权法院对"M 诉德国"一案所作之判决使德国保安监禁制度的蓬勃发展戛然而止。③ 鉴于犯罪人 M 的斑斑劣迹，1986 年 11 月 17 日，马堡地方法院在对其判处五年有期徒刑的同时，根据《德国刑法典》第 66 条第 1 款判处了保安监禁措施；1991 年 8 月 18 日，对 M 判处的有期徒刑执行完毕，开始对其执行保安监禁措施；直至 2001 年 9 月 8 日，扣除 M 脱逃的时间，其被执行保安监禁的时间已满十年。然而，马堡地方法院决定在此之后仍然对 M 继续执行保安监禁，而其所依据的，正是依《性犯罪惩治法》所生效的《德国刑法典》第 67d 条第 3 款以及《刑法典实施法》第 1a 条第 3 款④。马堡地方法院对 M 继续执行保安监禁措施的决定得到了法兰克福高级法院的支持。

在穷尽了所有的法律救助途径的前提下，2011 年 11 月 26 日，M 向德国联邦宪法法院提起了宪法诉讼，诉讼的对象就是两级法院所作出的、在期满十年之后继续对其执行保安监禁措施的决定。M 提出，溯及既往地（rückwirkend）⑤ 适用新修正的《德国刑法典》第 67d 条第 3 款，取消对保安监禁执行的十年最高期限的限制，违反了《德国基本法》第 103 条第 2 款的规定。⑥ 对此，德国联邦宪法法院认为，《德国刑法典》第 67d 条第 3 款以及《刑法典实施法》第 1a 条第 3 款与《德国基本法》的规定并不违背，⑦ 亦不违反第 103 条第 2 款"禁止溯及既往（Rückwirkungsverbot）"的

---

① BVerfG 2 BvR 2029/01 v. 05.02.2004，HRRS 2004 Nr. 166；BVerfG 2 BvR 226/06，Beschluss v. 23.08.2006；BVerfG 2 BvR 749/08，Beschluss v. 22.10.2008.

② Laubenthal, Klaus, Die Renaissance der Sicherungsverwahrung, ZStW 2004, S. 703 – 750；Mushoff, Tobias, Strafe-Maßregel-Sicherungsverwahrung. Eine kritische Untersuchung über das Verhältnis von Schuld und Prävention, Frankfurt a. M. 2008, S. 33.

③ EGMR, Urteil v. 17.12.2009—19359/04，（M./Deutschland）.

④ 内容为：1998 年 1 月 26 日生效的《性犯罪惩治法》当中的《德国刑法典》第 67d 条第 3 款的适用不受任何限制（uneingeschränkt）。

⑤ 如上所述，马堡地方法院决定对 M 执行保安监禁措施的判决，是 1986 年 11 月 17 日作出的，而《性犯罪惩治法》则是 1998 年 1 月 26 日才生效的。

⑥ 内容为：只有当在行为实施之前，其可罚性已由法律所规定，一行为才可被处罚。这一条款被原封不动地贯彻到了《德国刑法典》第 1 条，即罪刑法定原则的规定当中。

⑦ BVerfG 2 BvR 2029/01 v. 05.02.2004，HRRS 2004 Nr. 166，Entscheidungstenor.

规定,① 理由主要有以下两点：首先，第 103 条第 2 款的适用范围限于"如下的国家性措施，其展示了对于违法且有责的行为的否定性的主权性的反应，以及因这一行为而施加用以抵消罪责的恶。……仅仅与违法行为相联系的措施是不够的。因此保安监禁措施并不能为第 103 条第 2 款所囊括……"。② 此外，"第 103 条第 2 款意义上的可罚性预设了如下前提，所施加的实质上的恶害是与对应予责难的行为的否定性评价相关联的，而且从目标设定上看，是服务于抵消罪责的。保安监禁措施与之并不相符。"③ 换言之，从"行为"的角度来看，第 103 条第 2 款所调整的是违法且有责的行为，而保安处分措施的判处，多数情况下是以行为人不具有刑事责任能力（如未成年人、精神病人、药物依赖者、酗酒成瘾者、吸毒者等），因而其行为，虽然违法但却并无罪责为条件的。即便是对于具有完全刑事责任能力的行为人所判处的保安监禁措施，决定是否对行为人判处、执行或继续执行这一措施，取决于行为人人身危险性或者说再犯可能性的大小，犯罪人的罪行与罪责，即所谓的"先前行为"，只是法院据此判决的参考因素之一。而就行为的法律后果而言，第 103 条第 2 款所涉及的"刑罚"是以罪责之存在为前提，其主要目的在于对犯罪人之罪行的恶害报应，与保安处分尤其是保安监禁存在本质的差异。

　　宪法诉讼未果，M 遂向欧洲人权法院提起了诉讼，他提出，十年期满后继续执行对其判处的保安监禁的决定，与法院于 1986 年所作的对其判处保安监禁的判决之间，并不具有充分的联系，因此违反了《欧洲人权公约》第 5 条第 1 款第 2 句 a 项之规定,④ 即未经依法审判，不得随意剥夺自由。⑤而德国政府则认为，对 M 继续执行保安监禁措施是符合《欧洲人权公约》第 5 条第 1 款第 2 句 a 项规定的，是"根据判决（nach Verurteilung）"而来的。马堡地方法院在 1986 年 11 月 17 日的判决当中仅仅决定了是否对行为

---

① BVerfG 2 BvR 2029/01 v. 05. 02. 2004, HRRS 2004 Nr. 166, Rn. 126–168.

② BVerfG 2 BvR 2029/01 v. 05. 02. 2004, HRRS 2004 Nr. 166, Rn. 128.

③ BVerfG 2 BvR 2029/01 v. 05. 02. 2004, HRRS 2004 Nr. 166, Rn. 143.

④ 内容为：……只能在如下情况下并以法律规定的方式剥夺自由：

a）根据主管法院所作出的判决依法剥夺自由；

……

⑤ EGMR, Urteil v. 17. 12. 2009—19359/04,（M./Deutschland）, HRRS 2010 Nr. 65, Rn. 88.

人判处保安监禁；至于如何执行已经判处的保安监禁措施，尤其是执行期限问题，则由主管刑罚执行的法院说了算。因此，不管是作出判决的法院（das erkennende Gericht）还是负责执行的法院（das Vollstreckungsgericht），都是"通过主管法院判决依法剥夺自由"意义上的"法院"。①

对于诉讼双方的上述争议，欧洲人权法院首先对"nach Verurteilung"进行了阐释，所谓"判决（Verurteilung）"，不仅包括"根据法律规定的方式确定了犯罪行为的存在，并进而确证了罪责（Schuldfeststellung）"，而且包括"刑罚或者其他的剥夺自由的措施的科处"。而所谓的"在后（nach）"，② 并不单单是指要在判决作出之后才能对自由进行剥夺，更为核心的是要求"在判决与剥夺自由之间必须具有足够的因果联系"。③ 依此，具体到本案，马堡地方法院在1986年11月17日决定对行为人判处保安监禁措施的判决无疑是符合《欧洲人权公约》第5条第1款第2句a项规定的。④ 颇为可疑的是，法院在十年期满后继续对行为人执行保安监禁措施的决定，是否可依上述规定而被正当化。对此，虽然执行期限的长短是由主管执行的法院来决定的，但其应受审判案件的法院所作判决的约束，即"根据判决当时有效的法律规定，在负责判决的法院所给定的框架内"⑤ 作出决定。而倘若没有1998年的法律修正，尤其是《德国刑法典》第67d条第3款的相应修改，执行法院便无权在执行期满十年后决定对行为人继续执行保安监禁。鉴于此，"在1986年的法院判决与保安监禁的继续执行之间，不存在足够的因果联系。"⑥

在其判决中，欧洲人权法院继而检验了法院继续执行保安监禁之决定

---

① EGMR, Urteil v. 17. 12. 2009—19359/04, (M. /Deutschland), HRRS 2010 Nr. 65, Rn. 92.
② 英文版判决中相应的单词为"after"，一般表示时空上的"在……之后"；与之不同，德语中的介词"nach"，既可表示时空上的"在后"，亦有"根据、依照"的意思。
③ EGMR, Urteil v. 17. 12. 2009—19359/04, (M. /Deutschland), HRRS 2010 Nr. 65, Rn. 96, 97.
④ EGMR, Urteil v. 17. 12. 2009—19359/04, (M. /Deutschland), HRRS 2010 Nr. 65, Rn. 106.
⑤ EGMR, Urteil v. 17. 12. 2009—19359/04, (M. /Deutschland), HRRS 2010 Nr. 65, Rn. 109.
⑥ EGMR, Urteil v. 17. 12. 2009—19359/04, (M. /Deutschland), HRRS 2010 Nr. 65, Rn. 110.

从《欧洲人权公约》第5条第1款第2句c项之规定①中获得其正当性的可能。据其规定，为阻止犯罪的发生，可将行为人拘禁。考虑到将被收容者释放，其很有可能继续犯罪危害社会，执行法院因此决定继续对其执行保安监禁措施，似乎可以被纳入其中。然而，第5条第1款第2句c项所涉及的"将来可能发生的犯罪"必须是"足够具体和特定的，特别是对于犯罪实施的时间、地点以及被害人"，为预防犯罪而继续执行保安监禁并不能满足这一要求，就无法从中获得其正当性。②

据此，欧洲人权法院判定，在执行期满十年之后，决定继续对被收容者执行保安监禁措施，违反了《欧洲人权公约》第5条第1款的规定。③

另外，M提出，溯及既往地适用修正后的《德国刑法典》第67d条第3款，在期满十年之后决定继续对其执行保安监禁措施，触犯了《欧洲人权公约》第7条第1款④所规定之"禁止溯及既往"原则。⑤ 而德国政府坚持认为，保安监禁措施并不能被《欧洲人权公约》第7条第1款中所规定的"刑罚"概念所包涵。在德国刑法的"双轨制"制裁体系当中，刑罚与保安处分以及监禁刑罚与保安监禁是被严格区分的。"惩罚特质（Strafcharakter）"的监禁刑罚以犯罪人的罪责为前提；而"预防特质（vorbeugender Charakter）"的保安监禁则以行为人的危险性为基础。⑥ 此外，十年期满后保安监禁的继续执行，并不属于刑罚处罚措施的科处，而仅涉及执行及其期限。⑦

对此，欧洲人权法院认为保安监禁应被归属为《欧洲人权公约》第7条第1款中所规定的"刑罚"。理由有三：第一，与自由刑一样，保安监禁同样是以剥夺自由为前提或者说代价的；第二，被执行保安监禁措施的被

---

① 内容为：……只能在如下情况下并以法律规定的方式剥夺自由：……
c）当有关人员有足够的犯罪嫌疑或者有理由认为，有必要阻止其实施犯罪或犯罪后逃逸，为将其带上法庭而依法逮捕或剥夺自由；……
② EGMR, Urteil v. 17. 12. 2009—19359/04,（M./Deutschland）, HRRS 2010 Nr. 65, Rn. 113.
③ EGMR, Urteil v. 17. 12. 2009—19359/04,（M./Deutschland）, HRRS 2010 Nr. 65, Rn. 116.
④ 内容为：如果某一作为或不作为行为在当时根据国内或国际法是不可罚的，无人可因之而受审判。所判处的刑罚亦不可重于行为当时所应受之刑罚。
⑤ EGMR, Urteil v. 17. 12. 2009—19359/04,（M./Deutschland）, HRRS 2010 Nr. 65, Rn. 119.
⑥ EGMR, Urteil v. 17. 12. 2009—19359/04,（M./Deutschland）, HRRS 2010 Nr. 65, Rn. 124.
⑦ EGMR, Urteil v. 17. 12. 2009—19359/04,（M./Deutschland）, HRRS 2010 Nr. 65, Rn. 126.

收容者同样被拘禁于通常的刑罚执行机构（监狱）当中，虽然可能为不同的下属科室分管；第三，在待遇或者优待上，被收容者与被监禁者之间也只具有些微差别，比如穿自己的衣服、住宽敞点的监室、更经常地与家人、朋友见见面等，远远达不到有效改造顽固罪犯的要求。相应地，德国政府所声称的，保安监禁仅追求预防目的而与惩罚无关，也就不存在实质的或现实的根据。① 此外，欧洲人权法院判定，将最高期限为十年的保安监禁转化为不定期的处罚措施，并在十年最高期限届满后继续执行，不只是具体的执行方式的改变，而是属于"额外的处罚"。② 因此，十年期满后继续对 M 执行保安监禁违反了《欧洲人权公约》第 7 条第 1 款之规定。③

基于类似的理由，在 2011 年 1 月 13 日的判决当中，欧洲人权法院进一步判定溯及既往地适用事后性保安监禁措施同样构成对《欧洲人权公约》上述条款的违犯。④

欧洲人权法院的接连出击终于使得联邦宪法法院彻底转变了立场。⑤ 在 2011 年 5 月 4 日的判决中，德国联邦法院认定与保安监禁相关的四个条款，即第 66 条、第 66a 条、第 66b 条以及第 67d 条第 3 款，均违背了《德国基本法》之规定。⑥ 鉴于在法律依据缺失的前提下，全部被收容者必须被立即释放，而这对于德国的司法系统将是一个几近不可能完成的任务，联邦宪法法院并未径直宣布上述违宪法律无效，而只是向立法者发出了最后通牒，要求其必须在 2013 年 6 月 1 日之前出台对保安监禁的全新规定。⑦ 至此，

---

① EGMR, Urteil v. 17. 12. 2009—19359/04, (M./Deutschland), HRRS 2010 Nr. 65, Rn. 139 – 146.

② EGMR, Urteil v. 17. 12. 2009—19359/04, (M./Deutschland), HRRS 2010 Nr. 65, Rn. 149.

③ EGMR, Urteil v. 17. 12. 2009—19359/04, (M./Deutschland), HRRS 2010 Nr. 65, Rn. 151.

④ EGMR, Urteil v. 13. 01. 2011—6587/04, (Haidn/Deutschland).

⑤ 之所以谓之"彻底"，是因为对于判决结果的 II. 2. 和 IV，八名主审法院取得了一致性意见；其他判决结果亦以 7∶1 的压倒性优势获得通过。BVerfG 2 BvR 2365/09 v. 04.05.2011, HRRS 2011 Nr. 488, Rn. 179.

⑥ 具体条款包括，第 2 条第 2 款第 2 句："人之自由不容侵犯"；第 20 条第 3 款："立法应受宪法秩序，行政和司法应受法律和法之拘束"；第 104 条第 1 款："只有依据正式法律，并按照法律规定的方式，方可限制人身自由。不得在精神上或身体上虐待被拘禁的人员"。

⑦ BVerfG 2 BvR 2365/09 v. 04.05.2011, HRRS 2011 Nr. 488, Rn. 167 – 170；Esser, Robert, Sicherungsverwahrung, JA 2011, S. 732；Leipold, Klaus, Das Urteil des Bundesverfassungsgerichts zur Sicherungsverwahrung, NJW-Spezial 2011, S. 312 – 313.

保安监禁改革如箭在弦。

二、保安监禁的改革举措

（一）改革的核心："界分要求"的提出与展开

笼统地看，"违反《欧洲人权公约》规定""与《德国基本法》规定不相符合"之类的评价会让人觉得保安监禁已然臭名昭彰，"现有规定全部违宪、限期制定新的规定"之类的判决更会让人以为整个保安监禁制度行将就木。然而，细致而全面地考察欧洲人权法院、联邦宪法法院的判决尤其是其说理，保安监禁的问题事实上并没有想象的那么严重。

在联邦宪法法院看来，保安监禁是具有正当基础和存在根据的，只不过前提在于，"立法者在立法过程中要充分考虑到在保安监禁执行过程中对自由予以剥夺的特殊本质，并在剥夺'外部'自由（äußere Freiheit）之外，尽量避免再给被监禁者带来更多的负担。以自由为导向（freiheitsorientiert）并立足于治疗（therapiegerichtet）的措施执行，应充分体现保安监禁的预防性（präventiv）实质。与执行监禁刑罚形成明显对比（in deutlichem Abstand）的是，对于保安监禁的整个执行过程的规划，重获自由的前景（die Perspektive der Wiedererlangung der Freiheit）应始终是一条鲜明的主线。"① 可见，联邦宪法法院据以判断保安监禁之现行规定是否正当的标准，就在于保安监禁的预防性本质是否在立法上得以落实，而这进一步有赖于通过其与监禁刑在执行阶段的差异予以充分体现。字里行间，保安监禁之正当性始终是与"执行（Vollzug）"联系在一起的。联邦宪法法院所采用的上述标准实则已经预设了保安监禁措施本身的正当性，只不过如若立法者无力通过切实可行的立法设计来对保安监禁措施之执行进行设计，那么原本正当的保安监禁也会因执行上的偏差而走了样，从而失却其正当性。与之类似，欧洲人权法院也只是认为溯及既往地适用不设期限的或者事后的保安监禁之相关规定违背了禁止溯及既往的原则以及非经审判不得随意剥夺自由的规定。② 在此之外，其并未对之前已判处保安监禁的案件表示任何

① BVerfG 2 BvR 2365/09 v. 04. 05. 2011, HRRS 2011 Nr. 488, LS. 3 b.
② Kinzig, Jörg, Die Neuordnung des Rechts der Sicherungsverwahrung, NJW 2011, S. 178.

异议，① 更未一般且绝对地否定保安监禁存在之必要与正当。可以说，保安监禁"自身"既不"违宪"（verfassungswidrig），即违反《德国基本法》，② 亦不"违约"（konventionswidrig），即与《欧洲人权公约》相冲突。而保安监禁法在此次合宪性危机当中最终能否转危为安，端赖于执行层面的"界分要求（Abstandsgebot）"是否能真正地落到实处。③

作为确切的概念，"界分要求"首次出现在联邦宪法法院在 2004 年 2 月 5 日的判决当中。④ 所谓"界分"，无疑是指要在执行方面将监禁刑与保安监禁二者区别开来。作为"双轨制"的刑事处罚体系中各自的代表，与自由刑一样，作为保安处分的保安监禁措施的执行同样也需要以剥夺被收容者的自由为前提。然而，剥夺被判处刑罚之人的自由，根本上是基于对已然的法益侵害的报应，与之不同的是，在保安监禁执行过程中对被收容者的自由予以剥夺，全然是为了对未然的犯罪进行预防。对于预防，必须承认，不管科技再发达，技术再进步，都不可能完全准确地预测行为人将来"是否"犯罪。换句话说，即便能够确信行为人在将来"极有可能"再度犯罪，但所谓的"高度可能性"或曰"高度盖然性"永远只能是无限接近而不可能完全等于"必然性"。甚至有学者的研究表明，总体来看，抓住了一个真正的高危罪犯意味着同时监禁了九个被认为是高度危险的无辜者。⑤ 因此可以说，"高度可能性"判断的准确性的"高度不可能"使得被保安监禁者事实上总有些"冤枉"。鉴于此，联邦宪法法院要求，相对于一般的因犯，在执行过程中要更加优待被保安监禁者（durch privilegierten Vollzug）；对于较长期限的保安监禁，更应该给予额外的优遇

---

① Hörnle, Tatjana, Der Streit um die Sicherungsverwahrung. Anmerkung zum Urteil des 2. Senats des BVerfG vom 4. 5. 2011, NStZ 2011, S. 492.

② Ullenbruch, Thomas / Drenkhahn, Kerstin / Morgenstern, Christine, in: Münchener Kommentar zum StGB, 2. Auflage 2012, § 66 Rn. 16 - 27.

③ Hörnle, Tatjana, Der Streit um die Sicherungsverwahrung. Anmerkung zum Urteil des 2. Senats des BVerfG vom 4. 5. 2011, NStZ 2011, S. 490; Zimmermann, Till, Das neue Recht der Sicherungsverwahrung (ohne JGG), HRRS 2013, S. 167.

④ BVerfG 2 BvR 2029/01 v. 05.02.2004, HRRS 2004 Nr. 166, Rn. 123 - 125.

⑤ Schöch, Heinz, Das Urteil des Bundesverfassungsgerichts zur Sicherungsverwahrung, GA 2012, S. 30.

（Vergünstigung），以保证其生活品质（Lebensqualität）。① 也许并不完全准确，联邦宪法法院笔下的"界分要求"大致可被总结为，要区分刑罚与保安监禁，更要区别对待囚犯和被保安监禁者。在初次表述的版本中，其表达模糊其词，看起来更像是顺便提及，② 而且泛泛而谈，从中可以引申出任何结论，从而也就相当于没有结论。③

基于此，在 2011 年 5 月 4 日的判决当中，联邦宪法法院对"界分要求"作了更为系统和全面的阐述。④

在合法性基础（Legitimationsgrundlage）和目标设定（Zwecksetzung）上的差异使得刑罚与保安监禁之界分成为必要。在合法性基础上，国家判处和执行刑罚的正当性根据在于"有责的犯罪实施（schuldhafte Begehung der Straftat）"，"罪责（Schuld）"构成了刑罚之合法性基础，同时也是其界限所在。而保安监禁措施的科处和执行则应遵循"占优利益原则（Prinzip des überwiegenden Interesses）"。据此，只有在社会安全利益（Sicherheitsinteresse der Allgemeinheit）高于被监禁者的自由权益的情况下，保安监禁才是合法的（legitim）。与之相应，刑罚的目的首先在于对有责罪行施以"恶果"（Übelszufügung），保安监禁的目的则"仅仅（allein）"在于防范社会及其成员免遭高度危险的罪犯的侵害。⑤ 一定程度上可以说，刑罚类似于社会在实施"正当防卫"手段，而保安监禁则更像是社会在采取"紧急避险"措施。而根据紧急避险的法理，被保护的利益必须明显高于被牺牲的利益，紧急避险才是被允许的。因此，在保安监禁的执行过程中，一旦社会的整体利益不再高于被监禁者的个人权益，就应将其立即释放。保安监禁之执行甚而整个保安监禁体系皆应鹄望"还被监禁者以自由（Wiedererlangung der Freiheit）"之前景，国家应从执行一开始就制定切实可行的方案，有效降低

---

① BVerfG 2 BvR 2029/01 v. 05. 02. 2004, HRRS 2004 Nr. 166, Rn. 125.

② Zimmermann, Till, Das neue Recht der Sicherungsverwahrung（ohne JGG），HRRS 2013, S. 167.

③ Bartsch, Tillmann, Neues von der Sicherungsverwahrung—Konsequenzen des bundesverfassungsgerichtlichen Urteils vom 04. 05. 2011 für Gesetzgebung und Vollzug, Forum Strafvollzug 2011, S. 270.

④ BVerfG 2 BvR 2365/09 v. 04. 05. 2011, HRRS 2011 Nr. 488, Rn. 95 – 130.

⑤ BVerfG 2 BvR 2365/09 v. 04. 05. 2011, HRRS 2011 Nr. 488, Rn. 103 – 105.

并最终消除被监禁者的危险性，最终使其重获自由。①

在联邦宪法法院看来，"界分要求"实现的可能性主要依赖于通过立法对保安监禁体系进行整体设计。对此，如下七个方面的内容是不可或缺的：

（1）最后手段原则（ultima-ratio-Prinzip）。根据这一原则，只有当采取其他较为轻缓的措施不足以保护社会安全利益时，才可科处保安监禁。② 鉴于启动保安监禁应以刑罚执行完毕为要件，所谓的"较为轻缓的措施"，实际上是指在刑罚执行过程中，已经穷尽了降低行为人之人身危险性的所有可能性，比如各种必要的精神、心理或者社会治疗措施。

（2）个性化及加强化要求（Individualisierungs und Intensivierungsgebot）。最晚到保安监禁执行之初必须毫不迟延地对被收容者进行全面的、符合现代科学要求的检查，深入分析与其人身危险性相关的关键因素，并以此为基础制订详细的执行计划。为给被监禁者创造重获自由的现实可能，应采取职业培训、精神、心理或社会治疗以及理顺经济和家庭关系并创设合适的社会接收空间等相关措施。通过具备专业知识的跨学科专业队伍对被监禁者的个性化和加强化照管，使执行计划得以顺利且持续地落实。如果标准化的治疗手段未见成效，就应当研究制定个性化的处理方案，尤其要避免可能的治疗手段因花费高昂而被搁浅。③

（3）激发积极性要求（Motivierungsgebot）。遥遥无期的保安监禁执行会使被监禁者日益堕落和消沉。为应对这一状况，首先在治疗和照管方案中要充分体现最终释放的现实性。此外，更要有针对性地激发和促进被监禁者配合治疗的积极性，对配合者给予特别优待或者更多自由之类的奖赏。④

（4）分隔要求（Trennungsgebot）。与普通的刑罚执行应形成显著区别的是，只要与安全利益不相冲突，应尽量使被监禁者适应一般的生活环境（allgemeine Lebensverhältnisse）。这就要求与刑罚执行相区隔的特别的建筑物或者区域，但并不要求其与刑罚执行场所空间上完全地脱离。执行机构

① BVerfG 2 BvR 2365/09 v. 04.05.2011, HRRS 2011 Nr. 488, Rn. 106 – 108.
② BVerfG 2 BvR 2365/09 v. 04.05.2011, HRRS 2011 Nr. 488, Rn. 112.
③ BVerfG 2 BvR 2365/09 v. 04.05.2011, HRRS 2011 Nr. 488, Rn. 113.
④ BVerfG 2 BvR 2365/09 v. 04.05.2011, HRRS 2011 Nr. 488, Rn. 114.

内的环境必须符合治疗的要求，并能够提供足够的探视机会，以维系正常的家庭和社会交往关系。另外需要配备足够的工作人员，以保证将自由导向和治疗为主的保安监禁执行整体方案落实到位。①

（5）最小化要求（Minimierungsgebot）。实验性的执行松缓（Vollzugslockerung）不仅可以为人身危险性预测提供重要的事实依据，而且能够为结束保安监禁执行做好准备，因此应当是保安监禁制度设计的重要一环，更应与保安监禁执行的自由导向（Freiheitsorientierung）直接相关。为了能够基于客观的、现实的危险评估来作出执行松缓的决定，可以考虑成立独立于执行机构的专家委员会，负责评估被监禁者的人身危险性，提供咨询并给出建议。释放前的准备工作（Entlassungsvorbereitung）要与释放后对行为人所要采取的措施无缝对接，尤其是要注意与相关人员的接收和负责机构的工作衔接。②

（6）法律保护与支持要求（Rechtsschutz- und Unterstützungsgebot）。被保安监禁者应对降低其人身危险性的措施的执行享有请求权（Rechtsanspruch），并应对其权益的实现提供支持。③

（7）控制要求（Kontrollgebot）。在程序方面，法院至少每年一次对保安监禁的继续执行进行考察。执行机构应定期向主管的刑罚执行庭（Strafvollstreckungskammer）提交进展报告（Sachstandsbericht）。如果有足够的证据表明应中止保安监禁的执行，应立即依职权启动专门的审核程序。④

（二）改革的展开："界分要求"的立法落实

事实上，欧洲人权法院 2009 年 12 月 17 日之判决就已经让德国的立法者意识到了保安监禁改革的必要性，⑤ 被判处违反《欧洲人权公约》的相关规定之修订亦随即展开。《保安监禁革新法》于 2010 年 12 月 22 日获得通过，修订的重点主要在于"巩固基本的保安监禁""扩大保留的保安监禁"

---

① BVerfG 2 BvR 2365/09 v. 04. 05. 2011, HRRS 2011 Nr. 488, Rn. 115.
② BVerfG 2 BvR 2365/09 v. 04. 05. 2011, HRRS 2011 Nr. 488, Rn. 116.
③ BVerfG 2 BvR 2365/09 v. 04. 05. 2011, HRRS 2011 Nr. 488, Rn. 117.
④ BVerfG 2 BvR 2365/09 v. 04. 05. 2011, HRRS 2011 Nr. 488, Rn. 118.
⑤ Deutscher Bundestag, Drucksache 17/4062, S. 1.

和"限制事后的保安监禁"三个方面。① 其中，对事后的保安监禁之限制尤为值得注意，因应欧洲人权法院之判决，原第66b条第1款、第2款被完全删除，② 由此，事后的保安监禁的适用对象仅仅限于，在收容于精神病院措施执行完毕之后，仍然极有可能实施严重伤害被害人身心健康之罪行的行为人。

然而，《德国刑法典》中与事后的保安监禁相关条款的删除并不意味着同一或类似的措施在司法实践中不再被适用了。在《保安监禁革新法》当中，新制定的《心理紊乱的暴力罪犯治疗和收容法》（以下简称《治疗收容法》）③ 正是为了解决保安监禁措施因溯及既往之禁止而不能事后适用这一问题。根据《治疗收容法》第1条的规定，④ 对于因精神紊乱（psychische Störung）而极有可能再次实施严重侵害他人人身的罪行的行为人，为保护社会免受其害，法院可决定将其收容于适合的封闭性机构。立法者将事后的保安监禁的条文体系作如此设计的良苦用心，就在于使保安监禁之相关规定与《欧洲人权公约》之人权保障要求相符合。一方面，将精神紊乱规定为科处事后的保安监禁的条件之一，可以在《欧洲人权公约》第5条第1款第2句e项之规定⑤当中获得其正当性根据。另一方面，通过对保安监禁措施之执行的治疗性设计，将其与监禁刑严格地区分开来，相应地也就可以排除《欧洲人权公约》第7条第1款适用的可能。⑥

2013年6月1日起生效的《界分要求贯彻法》则更是原原本本地兑现了联邦宪法法院在判决中所提出的期许。首先，在《德国刑法典》当中增加了第66c条对于"收容于保安监禁及在先的刑罚执行的安排

---

① Deutscher Bundestag, Drucksache 17/3403, S. 2.

② BGBl. I 2010, Nr. 68 vom 31. 12. 2010, S. 2301.

③ BGBl. I 2010, Nr. 68 vom 31. 12. 2010, S. 2305 – 2307.

④ 内容为：（1）如果根据有效判决，因在保安监禁法中禁止溯及既往地加重处罚，依据刑法典第66条第3款第1句被判处保安监禁的人不能被继续收容，主管法院可以科处将其收容于适合的封闭性机构，如果

1. 其精神紊乱并且对其人格、之前生活及生活条件的综合评价表明，其因精神紊乱极有可能严重侵害他人的生命、身体完整、人身自由或性自主，以及

2. 从第1点所列理由来看，收容对于保护社会而言是必需的。

（2）第1款的适用并不取决于被判决之人是否仍然处于保安监禁执行过程中或者已经被释放。

⑤ 内容为：……为防止传染性疾病的散播以及对于精神疾病患者、酒精或毒品成瘾者和流浪者，依法剥夺其自由；……

⑥ Zimmermann, Till, Das neue Recht der Sicherungsverwahrung (ohne JGG), HRRS 2013, S. 166.

（Ausgestaltung der Unterbringung in der Sicherungsverwahrung und des vorhergehenden Strafvollzugs）"的规定。① 第66c条第1款第1项包含了"个性化及加强化要求"和"激发积极性要求"，第2项规定了"分隔要求"，第3项属于对"最小化要求"的规定，第2款规定则是对"最后手段原则"的落实。其次，通过新增的第67c条第1款第1句第2项②和第67d条第2款第2句③对保安监禁之暂缓执行的规定，进一步确保了"最后手段原则"

---

　　① 内容为：（1）收容于保安监禁执行于如下机构，其
1. 以全面的治疗检查和定期更新的执行计划为基础，为被收容者提供如下照管，
a）其是个性的、强化的以及适于唤醒和促进被收容者的参与积极性的，特别是在标准化的手段没有希望取得成效的情况下，为被收容者量身定制的精神、心理或社会治疗并且
b）其目标在于，消减被收容者对于社会的危险性，以期保安监禁措施之执行能够尽快地被暂缓执行或者宣告执行完毕，
2. 保证如下收容，
a）其尽可能少地给被收容者带来负担，与第1项所规定的照管的要求相符，以及只要是不违背安全利益，与一般的生活条件相适应，并且
b）其在与刑罚执行分开的特别的建筑物或区域中执行，只要第1项所规定的治疗并未例外地提出他种要求，并且
3. 为实现第1项b目所规定的目标，
a）提供开放式执行措施并做好释放准备，只要不存在强制性的理由与之对立，尤其是有现实根据证明，存在被收容者将可能逃脱保安监禁执行或者滥用这一措施实施重大犯罪的危险，以及
b）在与国家的或者独立的实施者的密切合作下使自由状态下的善后照管成为可能。
（2）如果法院在判决中（第66条），保留性地（第66a条第3款）或事后性地（第66b条）判处了收容于保安监禁措施或者在判决中对之予以保留（第66a条第1、2款），在刑罚执行过程中就已经应给犯罪人提供第1款第1项所规定的照管，特别是社会治疗措施，以期尽量使收容的执行（第67c条第1款第1句第1项）或者判处（第66a条第3款）变得多余。
　　② 内容为：
第67c条　收容的较晚开始
（1）如果因相同的一个或几个行为而被科处的有期徒刑先于保安监禁执行，并且在刑罚执行完毕之前所做的必要的检测表明
1. ……或者
2. 收容于保安监禁可能是不适当的，因为整体考量刑罚执行过程，犯罪人并未获得第66c条第2款与第66c条第1款第1项所规定的足够的照管，
法院应暂缓收容之执行；……
　　③ 内容为：
第67d条　收容的期限
……
（2）……法院应暂缓收容措施的继续执行……同样的是，如果法院在收容于保安监管措施开始执行之后确认，继续执行可能是不适当的，因为最晚到由法院确定的最长为六个月的期限届满，被收容者并未得到第66c条第1款第1项所规定的足够的照管；如果并未提供足够的照管，这一期限由法院通过指明有待提供的措施在对暂缓执行的检验中予以确定。

的实现；第67e条第2款将保安监禁执行的"检验期限"由"两年"修改为"一年，在执行逾十年之后为九个月"，属于"控制要求"之体现。此外，"法律保护与支持要求"也在新修订的《自由刑和剥夺自由的保安处分执行（StVollzG）》第109条第3款第1句①和《刑事诉讼法（StPO）》第463条第3款第5句和第8款②当中得以体现。③

通过以上改革，保安监禁之执行的确变得与刑罚执行越来越不像了，其中最为主要和显著的区别就是保安监禁之"监禁"只是手段，而刑罚执行之"监禁"不仅是手段，同时也是目的。以刑罚为参照，将保安监禁与之界分开来的努力同时也就排除了《欧洲人权公约》第7条的适用可能，④当然也就不能继续认为保安监禁措施是违反了《欧洲人权公约》的规定。

作为保安监禁法的核心部分，《德国刑法典》新增加的第66c条对于第66条、第66a条、第66b条以及第67d条第3款第1句之效力的影响是需要进一步讨论的问题。对于上述条款，联邦宪法法院将其定性为"违宪"的同时，决定"直到立法者制订出新的规定，且最晚到2013年5月31日"，其仍可继续适用。⑤然而，《界分要求贯彻法》不仅对其未予修正，甚至根本并未提及。仅仅是根据其中同时修正的《刑法典施行法（EGStGB）》第

---

① 内容为：

如果申请人所要求或抗辩的措施有助于在保安监禁或在先的自由刑执行中贯彻刑法典第66c条第1款，则对于诉讼程序应依职权为其委派律师，除非因事实或法律状况的简单性，律师的帮助显得并不必要，或者可明显看出，申请人自己即可充分行使其权利。

② 内容为：

如果要判处保安监禁，法院要在根据刑法典第67c条第1款作出决定前及时地为没有辩护人的被判决者指派辩护人。

如果要执行保安监禁，对于在执行方面将要作出的法院决定的相关程序，法院要给没有辩护人的被判决者指派辩护人。指派要于初次法院决定之前及时地进行，并且只要指派并未被取消，也适用于任何其他的程序。

③ Zimmermann, Till, Das neue Recht der Sicherungsverwahrung（ohne JGG），HRRS 2013, S. 168–169.

④ Renzikowski, Joachim, Das Elend mit der rückwirkend verlängerten und der nachträglich angeordneten Sicherungsverwahrung, ZIS 2011, 534.

⑤ BVerfG 2 BvR 2365/09 v. 04.05.2011, Entscheidungstenor III 1, 2.

316f 条第 1 款的规定，① 对于自 2013 年 6 月 1 日起发生的新的案件，应适用包括《界分要求贯彻法》新增或修订的条款在内的保安监管之现有规定。问题在于，"现有规定"是否包括《界分要求贯彻法》并未涉及的上述条款？或者说，上述条款的违宪性能够因为《界分要求贯彻法》的颁行而得以消除吗？

虽然立法者在《界分要求贯彻法》当中并未对其作出规定，但应承认上述条款"继续有效（Weitergeltung）"。这是因为，首先，在修订案初稿的说明部分，草案提出者就已指出，"现有规定"应包括根据《保安监禁革新法》予以修订的相关条款。而且联邦宪法法院也承认，通过对"肇因行为"的详细列举，修订后的第 66 条大大限制了基本的保安监禁的适用范围，符合最后手段原则的要求。② 其次，如果第 66 条、第 66a 条及第 66b 条等保安监禁的基础性规定无法适用，新增的第 66c 条对"收容于保安监禁及在先的刑罚执行的安排"的规定也就没有任何意义。③ 执行的对象既然都不存在了，就更谈不上如何执行了。更为重要的是，联邦宪法法院认为保安监禁法整体违宪，最为核心的问题在于保安监管体系尤其是执行的设计不能满足"界分要求"。通过增加第 63c 条的规定，"界分要求"最大限度地得到了满足，保安监管在合宪性方面最大的漏洞得以填补，联邦宪法法院据以认定其违宪的根据也就不再存在。因此，不管立法者是否将其明确地（explizit）宣布，上述规定之有效性都不应存在任何问题。④ 也可以说，保安监禁法被判定违宪，"不是因为其规定了什么，而是因为其仍然不具有什么"，⑤ 立法者通过新增之第 66c 条，体现并落实"界分要求"，已有规定的重新启用也就不应存在任何障碍了。⑥

---

① 内容为：
第 316f 条 关于在联邦法律中贯彻保安监禁法之界分要求的法律之过渡规定
第 1 款 如果因之而被判处或保留适用保安监禁行为或者至少行为之一（肇因行为），是于 2013 年 5 月 31 日之后实施的，应适用自 2013 年 6 月 1 日起生效的文本中的迄今的保安监禁规定。

② Deutscher Bundestag, Drucksache 17/9874, S. 30.

③ Deutscher Bundestag, Drucksache 17/11388, S. 24.

④ Deutscher Bundestag, Drucksache 17/11388, S. 24.

⑤ Volkmann, Uwe, Fremdbestimmung-Selbstbehauptung-Befreiung. Das BVerfG in der Frage der Sicherungsverwahrung, JZ 2011, S. 840.

⑥ Zimmermann, Till, Das neue Recht der Sicherungsverwahrung (ohne JGG), HRRS 2013, S. 171.

第三节　保安监禁改革评析
——以保安处分的正当性基础为准线

如果仅仅以"界分要求"作为评判标准，新近的保安监管措施之立法改革无疑圆满地完成了任务，将德国联邦宪法法院在判决中的要求充分地（一定程度上甚至可以说过于忠实地）落实到了法律文件当中。鉴于联邦宪法法院对"界分标准"的提炼和展开，原本在很大程度上就是为了因应欧洲人权法院所作出的判决，亦即，为了更加地证明保安监禁不属于刑罚的范畴，从而也就排除了《欧洲人权公约》（尤其是其第7条）适用的可能性，对此可以说，改革之后的保安监管措施之相关规定至少大体上应当是与《欧洲人权公约》相符合的。可是，将保安监管与监禁刑罚界分开来的出发原点和改革尝试是否能够真正使得保安监管的正当性、合法性或曰合宪性危机迎刃而解，仍然是个未知数。一方面，尽管德国的政治制度是建立在权力分立的基础之上的，也即联邦宪法法院有权通过审查联邦议会通过的法律的合宪性来对立法权进行限制和制约，而且对法律法规是否符合德国基本法（也就是宪法）规定的审查权力，是由联邦宪法法院独占性行使的，其他机关无权置喙，因此可以认为修订之后的保安监禁的相关规定是具有合宪性的。可是一则有可能联邦宪法法院所提出的标准本身就显得过于单薄甚或浅陋，二则一五一十地将联邦宪法法院判决当中的字句规定到法定当中，一点不少，但同时也一点也不多，会让人更加地怀疑界分要求是否真正地打到了保安监禁危机的"七寸"，最终是否能够药到病除地解决问题。另一方面，从保安处分产生之初直至今日，双轨制一向被认为是德国刑事制裁体系的基本架构，刑罚与保安处分的区分至少在理论探析和制度构建上是足够清楚的，完全以刑罚或者保安处分为主体的一元结构至少从未被立法者认真对待和考虑过。但正是在这一背景下，欧洲人权法院认为保安监禁实质上属于刑罚，对此，当然可以作形式上的理解，即在德国双轨制的构造当中，保安处分至少是保安监禁的规则设定与监禁刑罚之间的界限还不够清楚，从而相应地相对于刑罚将保安监禁作进一步的特殊化的改革尝试；然而，更需要反思的问题也许是，为何一向被认为是与刑罚措施严格区分的保安监禁会在实质上被认为是刑罚措施，是否是保安监禁在本质上出现了问题，从而使其正当性频现危机。

一、界分标准的实际缺失

（一）理论探讨上的界限模糊

对于一般意义上的刑罚与保安处分的界限，前文已有多处涉及，在此不赘。而刑罚与保安处分双轨之间界限的模糊也确实构成双轨制特别是保安处分的危机所在。两类刑事制裁措施之间界分的困难在保安监禁与监禁刑罚之间体现得尤为显著。将保安监禁与监禁刑罚界分开来就显得尤为必要，同时也更加困难。

从抽象层面的概念、目的、本质、根据等出发将监禁刑罚与保安监禁区别开来，看似较为容易。具言之，刑罚是对行为人对其行为所应负罪责的报应，本质和目的均在于罪责抵消；保安监禁为保护更为重要的社会安全利益，将具有再次实施犯罪的人身危险性的犯罪人与社会隔离开来并对其施以改善措施，以期消减其人身危险性，降低其再次实施犯罪的可能性。然而，不管目的在于报应还是保安，不论称谓叫作剥夺自由的监禁还是与社会隔离的收容，监禁刑罚与保安监禁对行为人而言都是并无差别地剥夺自由，亦即，与监禁刑罚无异，保安监禁也是实实在在施予行为人的一种赤裸裸的"恶害"。[①] 而且不管是监禁刑罚还是保安监禁，剥夺自由的恶害都是施加于对其真真切切存在感知能力的有责任能力人之身的，亦即，对于收容于精神病院措施或许还可以认为，不具有可归责能力的行为人，即欠缺认识和控制自己行为的能力的人，也将同时欠缺感知剥夺自由对一般人所必将具有的惩戒效果，换言之，被科处收容于精神病院措施的精神病人并不具有将剥夺或限制人身自由视为一种惩罚、一种惩戒、一种恶害或者是一种改造措施的能力（实则未必），因而可以相应地将对精神病人自由的剥夺视为治疗措施的必要代价和附属效应，而不必将其视为对精神病人基本权利的剥夺，至少在科处对象，也就是精神病患者那里可以如此推论。

---

① BVerfG, 05. 08. 2009 – 2 BvR 2098/08, 2 BvR 2633/08, Rn. 31.

与之不同，因为保安监禁面对的是具有责任能力而且已经亲身接受过刑罚制裁的犯罪人，并不能掩耳盗铃地认为保安监禁的收容对象对于自由的剥夺缺少感知能力。对于一般意义上的刑罚和保安处分而言，其科处均应以行为人行为的构成要件符合性和违法性的具备为条件，区别于刑罚，保安处分的科处并不必然要求行为人对其行为具有有责性，甚至以行为人对其行为不具有有责性为前提。然而，具体到保安监禁，作为其前提的行为人的犯罪行为需要完全地具备构成要件符合性、违法性和有责性三个要件，进而更是要求以行为人已经实际地被判处甚或执行一定期限的刑罚作为科处条件，因而作为保安监禁的科处条件的犯罪行为与监禁刑罚完全一致。保安监禁的特殊之处在于，保安监禁的科处和执行不受行为人罪责的限制和约束。可以说，保安监禁与监禁刑罚共享了所有的前提，在后果上，保安监禁却能够将作为刑罚科处之核心要件的罪责原则置于脑后，在此，保安监禁制度的确显得过于有权和任性。

与双轨制产生之处相比，保安处分并未有实质变更，然而刑罚的本质与目的却早已物是人非了。与最初仅仅将刑罚诠释为对行为罪责的恶害报应不同，对刑罚本质和目的的"一体论"认识早已成为通行观点，在罪责报应之外，刑罚亦应具有积极和消极面向的一般与特殊预防，不同观点的区别仅仅在于预防与报应、一般预防与特殊预防孰先孰后、孰轻孰重的问题。而且，在法治国家框架内，比例原则形成对所有国家权力行使的限制，国家的刑罚权当然亦不例外。在比例原则内部，首要的考察层面就是国家权力的动用需要服务于正当的目的，也即，国家权力的行使应当是目的导向而非盲目任意的。恶害报应显然不能成为刑罚权发动和行使的正当目的，因为其本质上根本就不成其为目的。因此，对犯罪的预防和法益的保护就必然在报应之外成为刑罚权应当服务的正当目的。① 这也就使得对刑罚所应具有的积极和消极面向的一般与特殊预防目的成为必然。

在预防的目的内部，存在将监禁刑罚与保安监禁予以区分的可能。鉴于保安处分整体是特殊预防导向的，仅仅立足于对行为人施以改善措施从

---

① Kaspar, Johannes, Verhältnismäßigkeit und Grundrechtsschutz im Präventionsstrafrecht, Baden-Baden 2014.

而预防其再次实施犯罪，不管是改善还是保安的一面，将其与刑罚目的的具体面向相对应，保安处分显然只具有积极的个别预防的一面，除此之外，其并不具有对具体的行为人施以威吓的消极的特殊预防目的，更与积极和消极的一般预防，即强化社会公众的法规范笃信或者对其施以威吓没有关系。具体到保安监禁则并非完全如此。区别于其他的保安措施，特别是同样对行为人的自由予以剥夺的收容于精神病院或戒除瘾癖机构的措施，保安监禁的科处对象是具有完全责任能力的犯罪人。正是因为科处对象的特殊性，保安监禁显然对犯罪人具有消极的特殊预防，也就是个别威吓的效果。保安监禁都是后于刑罚而执行的，根据学者的调研，对于已被科处保安监禁的行为人而言，刑罚执行完毕之后还存在继续对其执行保安监禁的可能性，这一点具有明显的个别威吓效果。① 即便是对于尚未满足但已接近保安监禁的科处条件的犯罪人，部分法官亦会对其予以警示，如若再次犯罪，将很可能在刑罚之外被判处保安监禁措施。② 法官这样做的目的和前提，显然也是保安监禁能够对犯罪人起到威吓的效果。就一般预防而言，一方面，既然保安监禁对具体的犯罪人具有特殊预防导向的威吓效果，将考察的范围予以扩大，特别是对于很有可能被科处保安监禁的犯罪人，保安监禁的一般预防层面的威吓效果也应予肯定；另一方面，既然立法者为多次实施严重犯罪的惯习罪犯配备了保安监禁的处置措施，不能排除的是，在社会公众心目当中，保安监禁实则被看作是对惯犯或累犯的一种加重惩罚，是一种其应得的报应或恶害，如此，保安监禁的积极的一般预防效果也是不能完全予以否定的。③ 申言之，如果不再仅仅将刑罚视为对行为人罪责的恶害报应，刑罚与保安处分之间的界限也就不再清晰；虽然就保安处分整体而言，其着眼于对行为人进行积极的特殊预防，即通过对行为人的

---

① Kreuzer, Arthur, Neuordnung der Sicherungsverwahrung: Fragmentarisch und fragwürdig trotz sinnvoller Ansätze, Strafverteidiger 2011 (2), 122, 124.

② Kinzig, Jörg, Das Recht der Sicherungsverwahrung nach dem Urteil des EGMR in Sachen M. gegen Deutschland, NStZ 2010, 233, 237; Pösl, Michael, Die Sicherungsverwahrung im Fokus von BVerfG, EGMR und BGH, ZJS 2011, 132, 137.

③ Höffler, Katrin / Kaspar, Johannes, Warum das Abstandsgebot die Probleme der Sicherungsverwahrung nicht lösen kann. Zugleich ein Beitrag zu den Aporien der Zweispurigkeit des strafrechtlichen Sanktionssystems, ZStW 2012, S. 102.

改善实现预防其再次犯罪的目的，然而具体到保安监禁措施，不论是消极的特殊预防、还是积极和消极的一般预防，至少在效果上都是可能存在的。

（二）制度构建上的区分不能

既然以本质层面的恶害惩罚与改善措施的区别，以及目的上的报应与预防的差异，无法有效地将刑罚与保安处分，尤其是保安监禁与监禁刑罚予以界分，在制度构建层面，通过对刑罚和保安处分两项制度的实质原则的把握，将两项制度区别开来，也许是可能的。按照 Roxin 的观点，在刑罚制度当中，起支配作用的核心原则是"罪责原则"；与之不同，在保安处分制度当中，核心原则是"比例原则"或者说"适当性原则"。基本原则的差异能够清晰地表明刑罚与保安处分之间的主要差异。[1] 罪责原则构成了刑罚的基础、根据、核心和限制，保安处分则并不以罪责为前提，亦不以罪责为根据，行为人的罪责有无和程度当然也不构成对保安处分科处和执行的限制，只有比例原则才能为保安处分的适当与否提供依据和标准，并同时构成保安处分不能突破的底限。

然而，以处于核心地位的罪责原则和比例原则的对照，最终亦难以清晰地将刑罚与保安处分界分开来，原因在于：第一，整体来看，保安处分虽然不以行为人对其行为负有罪责作为前提，甚至恰恰以行为人因其归责能力的缺乏而对其行为不负罪责作为条件，而且罪责原则也不构成保安处分的依据，更不属于对保安处分的科处和执行的限制，申言之，保安处分制度整体上是脱离罪责原则而存在的，行为人的罪责属于刑罚重点关注的对象，只有在罪责之外，才属于保安处分的领地，但这对于保安监禁措施并非完全适用。保安监禁所科处的对象是完全责任能力人，其对于自己实施的犯罪行为负有罪责，而且大多已经实际承担了刑事责任，接受了刑罚处罚。在刑罚之外，鉴于其继续实施犯罪危害社会的人身危险性，才对其继续科处和实际执行意在改善和保安的保安监禁措施，也即，表面上看，保安监禁也是脱离罪责而存在的。可是，对保安监禁完全脱离罪责、不受罪责约束、不与罪责关联的理论构想，并不妨碍事实上保安监禁已经实际地起到了与刑罚类似的效果，比如，不管是在行为人自己，还是社会上其

---

[1]　Roxin, Claus, Strafrecht. Allgemeiner Teil, Band 1, München 4. Auflage 2006, § 3 Rn. 65.

他人看来，之所以在刑罚执行完毕之后，继而对行为人执行保安监禁，可以说是行为人具有更高程度的再次实施犯罪的人身危险性，但将其看作是对行为人多次实施犯罪的更大程度的报应或者报复，所表述的内容并无实质的差别；又如，就一般预防的角度而言，人们往往会将在刑法执行完毕之后继而对行为人执行保安监禁措施与行为人多次实施犯罪这一已经发生的事实联系在一起，从行为人多次实施犯罪的已然事实当中能够推导出行为人很有可能再次实施犯罪，但不管是面对过去还是面向未来，可责性程度更高的犯罪人受到了更高程度的惩罚，这显然是不容置辩的事实存在。简言之，不以罪责为基本依据和主要标准的保安监禁并非与罪责因素毫无关系。第二，刑罚也应当受到比例原则的约束和限制。罪责原则作为刑罚科处的基本依据，主要是指刑罚的科处应当以罪责的存在为前提，刑罚的裁量应当以罪责的程度为标准，但并非对于刑罚实现的所有阶段以及与刑罚有关的所有决定，都是以罪责原则作为主要的甚至是唯一的准线。罪责原则主要是对刑罚的动用起根本的限制作用，也即，无罪责则无刑罚，刑罚应当与罪责程度相称。对于所有的国家权力行使的界限，特别是权力与权利之间的权衡，比例原则都具有基本的约束和制约功能，国家的刑罚权力亦不例外。罪责原则仅仅为刑罚权力的行使提供了底线性质的限制，在此之外，比例原则要求，刑罚的动用或曰刑罚权力的行使需要以正当目的的具备为条件，也即，为惩罚而惩罚在比例原则的裁断下站不住脚，报应本身并不能够构成刑罚的合法目的或者正当根据，作为犯罪后果的刑罚发动的必然性并不能取代对刑罚的正当目的进行论证的必要，刑罚的必然性并不能取代刑罚的合目的性。因此，在报应的本质之外，刑罚的预防目的是必要的，报应与预防共同对刑罚的正当基础予以说明；比例原则当中的适合性要求，刑罚措施对于犯罪预防的目的必须是适当的、是合适的、是适于实现目的的；必要性要求，必须对行为人科处相对而言损害最小的处罚措施；适当性原则要求，刑罚对行为人施以的恶害与刑罚本身追求的目的之间必须是适当的、是合比例的。不难看出，罪责原则大体与比例原则当中的适当性考量，也就是狭义的合比例性考量相对应，却不能完全地包含比例原则的其他内容。就比例原则和罪责原则的关系来看，罪责原则应当被认为是比例原则的题中之义和部分内容。① 要言之，罪责原则并不能够为刑罚提供完整的正当性标准，刑罚同样应当受到比例原则的约束和调整。

（三）实践展开上的界分困难

之上所述皆属在理论层面抽象地将刑罚与保安处分相互区分的尝试，在实践展开层面，刑罚与保安处分的本质和目的并非绝对的统一或单一，而是呈现多面性和阶段性。根据刑罚本质的"三阶理论（3-Säulen-Modell）"，在立法者设定刑罚、司法机关判处刑罚以及司法机构执行刑罚三个刑罚实现的不同阶段，刑罚的本质是各不相同或者说各有侧重的：在刑罚设定阶段，体现的是刑罚的一般预防功能；在刑罚科处阶段，刑罚的罪刑抵消本质得以突出体现；在刑罚执行阶段，起支配作用的则是刑罚的特殊预防作用。② 而对于保安处分而言，这种阶段的划分与功能的侧重并不存在或者说并不显著，因为不管是保安处分的规定、科处还是执行，起支配作用的自始至终都是保安和（或）改善的目的，并不会出现任何一方在某个阶段起明显的支配作用的现象。以此为依据能够将刑罚与保安处分有效地予以界分。然而，上述标准仍然存在两个方面的问题：一方面，将刑罚实现的过程划分为三个阶段并无问题，不同的实现阶段与相异的刑罚功能的对应也是大体成立的。可是，绝对化地主张刑罚设定对应一般预防，刑罚科处对应罪行抵消，刑罚执行对应特殊预防，甚至认为在不同的阶段就是刑罚目的的不同面向在交替地发生作用，一则与对刑罚目的的统一论主张不相符合，亦即，既然认为刑罚的本质和目的具体包含绝对的报应和相对的预防，而后者又包括消极和积极的一般与特殊预防，就难以主张在不同的阶段刑罚的本质是在不断变换的，倘若认为所谓的阶段理论所强调的只是不同的刑罚目的在刑罚实现的不同阶段起主要的支配作用，同时刑罚目的的其他方面也同时次要地发挥作用，这实际上又回到了对刑罚目的的抽象探讨之上，如前所述，这一路径并不能够有效地将刑罚与保安处分予以界分；二则刑罚本质的三阶段论实际上在实践中并不存在，很难认为立法者在设定刑罚的过程中不会对刑罚的罪刑相称的一面予以考虑，也很难

---

① BVerfGE 86，288，313.

② Kaiser Günther / Schöch Heinz, Strafvollzug, Heidelberg 5. Auflage 2002，§ 5 Rn. 39.

认为法官在对犯罪人决定是否判处以及判处何种刑罚的过程中不会将预防因素纳入考虑的范围，更难想象，刑罚的执行完全是以对犯罪人的特殊预防为目的，从而不论犯罪人对其罪行所应负有的罪责，不管法官在判决当中对犯罪人判处的宣告刑，不顾对犯罪人已经执行的刑罚期限，仅以犯罪人是否具有再次实施犯罪的人身危险性作为决定是否对犯罪人实际执行或继续执行刑罚的唯一依据。另一方面，对于大部分的保安措施而言，在保安处分的整个实现过程中，确实是保安与改善两者或者是保安一者在起作用。但如前所述，保安监禁具有其特殊之处，即科处对象是完全责任能力人，因此即便保安监禁措施意不在此，即其并不追求罪行抵消、一般预防以及消极的特殊预防的目的，但这并不妨碍这一措施实际上起到了上述效果。由此，所谓的阶段理论以及不同阶段的不同目的，对于保安监禁同样适用，以此为依据区分监禁刑罚和保安监禁同样是徒劳的。

综上，在刑罚与保安处分的双轨，特别是监禁刑罚与保安监禁之间，一方面刑罚的本质并非仅仅限于罪责抵消式的报应，预防目的也是刑罚根据的不可或缺的组成部分；另一方面，保安监禁本质上也具有对行为人所施加的恶害的一面，以行为人的罪责存在为前提，事实上也具有罪责抵消和一般预防的效果。因此，保安监禁更像是介于刑罚与保安处分双轨之间的中间措施，[①] 部分地分别具有了刑罚和保安处分的特征和目的。然而，保安监禁不受罪责原则约束的本质注定使其只能被归属为保安处分的范畴，因此一方面如何将其设计得更为保安处分化，同时另一方面如何将其去刑罚化，都是有待探讨和解决的问题。

二、"界分要求"的缺陷和风险

（一）界分要求的不足之处

保安监禁的定位并无疑问，其只能被归属为保安处分的范畴。为解决集中体现于保安监禁之上的刑罚与保安处分之间的"并轨"难题，联邦宪

---

① Höffler, Katrin / Kaspar, Johannes, Warum das Abstandsgebot die Probleme der Sicherungsverwahrung nicht lösen kann. Zugleich ein Beitrag zu den Aporien der Zweispurigkeit des strafrechtlichen Sanktionssystems, ZStW 2012, S. 107.

法法院提出并发展了将保安监禁与监禁刑罚界分开来的"界分要求"。界分要求并非纠结于在理论探析、原则阐释的应然层面将刑罚与保安处分区别开来，而是专注于在实际的执行过程中将保安监禁与监禁刑罚的区别实际地"表现出来"。

虽然联邦宪法法院并未将界分原则的重点置于抽象的梳理之上，但其提出和展开界分要求的前提，仍然是将刑罚与报应本质，将保安处分与预防目的，将刑罚与罪责原则，将保安处分与比例原则的绝对对应。[①] 不但如此，界分原则之所以可能，主要依赖于如下论断，即在刑罚实现的各个阶段，刑罚执行当然也不例外，对行为人应负罪责的报应均属刑罚的实质所在。如前所述，且不论仅仅将刑罚限制于报应的本质之上既不可取亦不现实，在联邦宪法法院之前的判决中，刑罚执行也早已不再是对犯罪人纯粹的报应，而应通过改造措施的实施和相关制度的构建，促进被监禁者再社会化目标的实现，从而使社会和个人双受其益。[②] 与之相反，按照界分要求，对于被监禁者来说，改善措施的实行、监禁处遇的改善似乎是可有可无的，因为这与刑罚的报应本质之间并无任何关联，报应刑罚仅仅要求在一定的期限剥夺犯罪人的自由，对之施以恶害，从中并不能推导出在监禁期间必须给予犯罪人何种待遇的必然结论，这种论断显然不能成立。

进而，就联邦宪法法院所提出的界分要求的具体内容来看，除了最后手段原则和空间上的分隔要求，其他的要求或者原则不过是把现代刑罚执行理念"换了一种说法"（Reformulierung）。[③] 毕竟，虽然刑罚之本质在于对犯罪人罪责的报应和惩戒，但是现代刑罚执行所追求的首要目标在于犯罪人的再社会化，在促进被监禁者重新融入社会这一点上，刑罚执行与保安监禁执行之间并无不同。易言之，刑罚与保安监管在执行方面并无实质差异。而从字面意思上看，依据"界分要求"，将保安监禁与刑罚区别开来，或者是要求给予被收容者相较于被监禁者更好的处遇，如果仅仅以此

---

① BVerfG 2 BvR 2365/09 v. 04.05.2011, HRRS 2011 Nr. 488, Rn. 104.

② BVerfGE 35, 202, 235.

③ Streng, Franz, Die Zukunft der Sicherungsverwahrung nach der Entscheidung des Bundesverfassungsgerichts, JZ 2011, S. 831.

为目标，"人们不应该忘记，差别从两个方向都可能产生"，① 如下两种窘境是完全可能的：从坏的方面考虑，如果无法积极地显著改善被收容者的执行条件，那么消极地明显降低被监禁者的待遇，也就相当于间接地提高了被收容者的处遇，从而使保安监禁的执行条件"显得"比刑罚执行更为优越。如此一来，"界分要求"虽得到了满足，然被收容者的处境非但并未得到真正的改善，其他被监禁者的处境反而变相地更加恶化了。从好的方面着想，即便是被收容者和被监禁者的待遇都得到了最大限度的改善，但因为在这种情况下，保安监禁和刑罚在执行上并无太大差异，反而不符合"界分要求"了。② 换言之，"比刑罚（执行）更好"并非判断保安监禁（执行）正当与否的实质和最终的标准。

当然，也有学者试图对"界分要求"之实质内容予以解读，认为其并非意味着要将保安监禁与刑罚在所有方面的截然分开，而是指对保安监禁者生活质量及再社会化努力的"最低限度（Mindestniveau）"的更高水平的保障。③ 的确，鉴于被收容者有可能是被错判的，实际上属于无端地被迫牺牲个人利益的"受害者"，因而有必要通过提高其生活水平而对其予以变相的补偿。可是，对事实上并不具有高度人身危险性的群体执行保安监管措施，其正当性是无论如何也得不到证明的！而对于因其所具有的人身危险性而被执行保安监管措施的被收容者来说，其地位与被监禁者并不相同。在此需要再次提及的是，刑罚是基于报应而惩恶，保安监禁则是基于预防而防患于未然。而从国家和个人之间关系的角度来看，国家发动刑罚是出于对个人有责罪行的"被动反应"，罪犯遭受惩罚完全是其咎由自取，责任在其自身，自然应由其承担不利后果；而在个人并无行为，更无罪责的情况下，基于危险性预测，对其执行保安监禁措施，是国家出于社会防卫目

---

① Höffler, Katrin / Kaspar, Johannes, Warum das Abstandsgebot die Probleme der Sicherungsverwahrung nicht lösen kann. Zugleich ein Beitrag zu den Aporien der Zweispurigkeit des strafrechtlichen Sanktionssystems, ZStW 2012, S. 115.

② Höffler, Katrin / Kaspar, Johannes, Warum das Abstandsgebot die Probleme der Sicherungsverwahrung nicht lösen kann. Zugleich ein Beitrag zu den Aporien der Zweispurigkeit des strafrechtlichen Sanktionssystems, ZStW 2012, S. 119.

③ Schöch, Heinz, Das Urteil des Bundesverfassungsgerichts zur Sicherungsverwahrung, GA 2012, S. 18.

的的"积极治理",保障被监禁者的权益并将损害最小化是国家应尽的义务。立基于此,被收容者所应享有的生活条件和执行处遇的界限(并非底限),并不需要像被监禁者那样,必须从人的基本权利和尊严当中推导出来,而是取决于实现保安监禁执行目的之需。换句话说,在保证能够有效消减被监禁者人身危险性从而预防犯罪的前提下,应尽可能地保障其享有一般的社会生活条件。更为形象地说,被执行刑罚者的权益的底限,是从零开始在做加法;相反,被保安监禁者的权益的界限,则是以一般的社会生活条件为基础在做减法。然而,从最终的结果上看,被监禁者和被收容者之间待遇上的差别,并不存在根本上的不同,被收容者的待遇和地位远高于被监禁者的目标的实现,与其依赖于较大程度地提升被收容者的处遇,倒不如指望被监禁者待遇的原地踏步甚或稍有退步来的现实。可是,保安监禁的正当性危机的克服需要以降低被监禁者的地位来予以实现,可能只会加深保安监禁、保安处分、双轨制甚至整个刑事制裁体系的危机程度。

在刑罚执行完毕之后继而执行保安监管措施,其正当性可能在于,除了在刑罚执行期间所实施的措施,还有其他更好的办法可以消减被保安监禁者的人身危险性,使其经过收容,变为一个对社会无害的更好的人。与此相应,不同于刑罚执行所具有的"一刀切式"的一般性,保安监管措施的执行必须是个性化的;不同于刑罚执行以监禁为主,保安监管措施的执行必须是以自由为导向的;不同于刑罚执行的惩戒本质,保安监管措施的执行必须是以治疗为依托的;等等。应当看到,除了在以剥夺(或限制)行为人的人身自由为手段这一点上二者是相同的之外,在其他任何方面,保安监禁都(应)与刑罚有着质的(绝非仅仅量的)区别。而不管是否以刑罚执行为比照,保安监禁都应具备上述特征,这才是对其正当性的真正证明。但是不得不承认,即便将界分要求完全落实,也难以实现对保安监禁本质上的改进,难以真正地将保安监禁与监禁刑罚区别开来。

(二)界分要求的危险导向

"界分要求"的本义在于,以"双轨制"当中的类似的"他者"——监禁刑罚为参照,以期建立自由导向、立足治疗的保安监禁执行体系。而对于"双轨制"之内部关系,保安处分,尤其是剥夺自由的保安处分,或为替代刑罚或为补充刑罚而适用。与收容于精神病院及收容于戒除瘾癖的机构两项措施不同的是，仅在刑罚执行完毕（Verbüßung）之后，才存在执行保安监禁的可能。① 也就是说，刑罚与保安处分并非两条互无交集的平行线。以三阶层之犯罪论体系为分析框架，科处刑罚与保安处分均须以构成要件符合性和违法性为前提，在判处保安监禁措施的案件中，亦不排除有责性存在的可能。

但是，绝对化地理解和落实"界分要求"的最终后果，势必是彻底斩断二者之间的所有联系，尤其是保安监禁对于肇因罪行的依赖关系。既然基于对行为人实施严重犯罪的高度危险性的科学预测，就可将其收容于保安监禁。那么，即便肇因罪行不存在，也即行为人之前尚未实施严重犯罪，只要经过科学检测和分析能够断定其将来犯罪的高度盖然性，也就没有理由不对其处以保安监禁，以防止社会受其所害。② 然而，在判处条件上消解了保安监禁对肇因罪行的依赖，从而去除了业已实际发生的罪行及其刑罚对判处保安监禁的限制，使得原本的决定条件退化为仅供参考的可有可无的次要事实，保安监禁的判处与否完全取决于科学实验的结果，法官如何认为并不重要，关键要看科学家（其实更可能是科学仪器）怎么看。如此，解除了规范评价约束的保安监禁极有可能成为脱缰的野马。而这一设想终归只能是一种理想甚至是空想。科技是否已经进步到能够万无一失地准确预测人的人身危险性（在此，还不能说"行为人"，因为甚至"行为"都尚不存在）的程度，这一问题实则非常容易验证。任何一例犯罪或者任何一个犯罪人的出现，都说明了准确预测进而有效预防犯罪的科学手段的失败或者至少是失灵。然而，科学主义者可能会反驳说我们并不能因噎废食。那么，更难解决的问题就在于，如何对危险性评判的标本或者群体进行选择？是监狱里的犯罪？是具备某些社会背景的群体？是具有某些生理特征的人群？还是社会上的每一个人？即便是面对科学，相对于迷信（科学），当然还是人的理性更为可信、可靠、可取，因为科学检测终归只是手段，而社会治理最终还须是人的事业。在制度设计上，既然是对行为人将来从

---

① Bartsch, Tillmann, Sicherungsverwahrung. Recht, Vollzug, aktuelle Probleme, Baden-Baden 2010, S. 29.

② Zimmermann, Till, Das neue Recht der Sicherungsverwahrung（ohne JGG）, HRRS 2013, S. 178.

事严重犯罪的可能性进行判断，已经发生的严重犯罪就应当是必要的前提，以此严格约束保安监禁之类的剥夺自由的保安处分的适用范围。也就是说，在此需要判断的并非只是犯罪的可能性，而必须是"再犯可能性"。

通过大范围地、大幅度地提高和改善被执行保安监禁者的执行处遇和改造措施，德国联邦宪法法院所提出的"界分要求"确实能够使得因其与监禁刑罚太过于类似而产生的保安监禁危机在一定程度上得以缓释。可是，鉴于对保安监禁收容条件的改造并不是一朝一夕的事情，而是受到科学技术发展水平、执行机构人力物力、国家财政支付能力等各个方面因素的限制和制约，依靠界分要求解救保安监禁于危机当中的方案显然是属于将来时的；而且因为刑罚执行的个别预防导向、人权保障底限和基本权利限制，在保安监禁领域行之有效的改善措施没有道理不同样地适用于对犯罪人在刑罚执行期间的再社会化改造，监禁刑罚与保安监禁执行待遇上的齐头并进也会使得界分要求最终无果而终。如前所述，比例原则构成对保安处分正当性的说明和限制，一方面，比例原则的框架为包括保安监禁在内的保安处分的正当性证明提供了可能，符合比例原则要求的国家权力行使就是合法、合宪并且正当的；另一方面，比例原则也为保安处分制度的构建施以了限制，即只有符合比例原则要求的保安措施才是正当的。也即，在保安处分与比例原则之间存在着在正当性获得与失却上的张力关系。可是，在联邦宪法法院的数个判例当中，对于比例原则虽然多有提及，但从未将其深入并将其作为保安监禁正当性的可能证明，相反，"让人费解的是，为何某一措施（保安监管）的适当性考量（Verhältnismäßigkeit）一定要与其与另一种措施（监禁刑罚）扯上关系。"①

在德国联邦宪法法院和欧洲人权法院的判决之间，保安监禁是否实质上属于刑罚的范畴的确构成了一个核心争点，与之相应，作为对欧洲人权法院将保安监禁判定为刑罚的直接回应，联邦宪法法院在之后的判决当中着力从实际执行的角度界分保安监禁与刑罚，目的就在于证明保安监禁并

---

① Höffler, Katrin / Kaspar, Johannes, Warum das Abstandsgebot die Probleme der Sicherungsverwahrung nicht lösen kann. Zugleich ein Beitrag zu den Aporien der Zweispurigkeit des strafrechtlichen Sanktionssystems, ZStW 2012, S. 118.

不是刑罚。可是，仅仅通过保安监禁的执行方式的改良恐怕难以证否保安监禁与监禁刑罚的相似性，毕竟，正如二者的称谓所显示的那样，不管是保安监禁还是监禁刑罚，二者最为显著的特征都是监禁，都是对行为人自由的剥夺，除非保安监禁能够去除这一特征，否则其去刑罚化的任务注定难以完成。然而，不以监禁或者说将行为人与社会隔离为手段，实际上也就相当于间接地宣告了保安监禁的死刑，而非剥夺自由的、旨在对具体行为人进行改善和保安的保安措施，在德国刑法典中实际上已经存在，那就是《德国刑法典》第68条规定的行状监督。

保安监禁措施，如果具有正当性，也只能专注于这一措施本身，而非以监禁刑罚作为直接或间接的参照和对比。作为国家权力的一种具体行使方式，保安监禁的正当性只能从比例原则当中推导出来。在"界分要求"的基础上，进一步思考如何基于对已然犯罪及犯罪人的更为全面的考察，来更加准确地预测行为人的人身危险性，从而更加有效地预防严重犯罪的再次发生；并且在将被收容者的损害降到最低的前提下，在执行过程中有效消减行为人的人身危险性，仍然是"正在进行"的保安监禁改革的未决的核心议题。

第四节　结论

与原发于人类本能和贯穿于历史发展的传统刑罚不同，保安处分需要不断地证明自身的正当性。保安处分的功能主要在于"补充"或"替代"刑罚而适用，刑罚力所不及之处恰恰是保安处分大有可为之所。作为刑事制裁体系的"双轨"，保安处分的正当性危机主要是相对于刑罚而言的，是通过与刑罚的比较而出现的，是因其与刑罚之间的纠葛而产生的。

"双轨制"危机主要体现在如下四个相互联系的方面：一是刑罚与保安处分的交织与混同。作为德国刑法中规定的刑事制裁体系的双轨，共同作为犯罪的刑事法律后果，共同服务于打击犯罪和保护法益的刑事政策目的，刑罚与保安处分实质上只是实现同一目的的不同手段而已。刑罚与保安处分之间由此具有了混同的潜在风险。就刑罚一面观之，刑罚的报应本质虽然并未发生根本变化，但刑罚也应当和可能成为犯罪预防的手段和工具。依照对刑罚功能的"统一论"理解，报应性质的刑罚亦应具有积极和消极意义上的一般和特殊预防目的；从保安处分一方面来看，个别的保安措施，特别是吊销驾驶执照措施具有了越来越明显的刑罚色彩，对特别预防目的的追求同时带来了一般预防的效果。刑罚与保安处分之间的交互作用和相互影响已是不争的事实。二是罪责原则的式微与消亡。罪责原则构成了刑法的核心和精神，是刑法人权保障功能的集中体现和重要保证。保安处分的科处并不以罪责的具备甚至恰恰是以罪责的不具备作为前提条件，罪责对保安处分并不具有任何的限制功能，在目的理念的支配下，保安处分能够获得正当性说明，如果保安监禁的实质就是并且只是以保安为目的的监禁，在罪责之外对行为人施以刑外之刑、进行罚毕再罚，其正当性显然堪忧。三是刑事制裁措施间的名异而实同。作为刑事制裁体系的双轨，刑罚与保安处分，特别是自由刑与剥夺自由的保安处分之间具有极大的相似性，这一点在两类措施的执行层面体现得尤为明显，即不管是自由刑还是剥夺自由的保安处分，均以将犯罪人予以监禁或曰将行为人与社会隔离为手段。在实践展开特别是实际执行层面上，刑罚与保安处分变得越来越相近、相似甚或相同。仅仅满足于对刑事制裁措施的标签化处理，使得同一制裁措施贴上刑罚的标签就是刑罚，贴上保安处分的标签又可以摇身一变为保安处分，刑罚与保安处分的区分变成了"标签骗局"。四是飘忽不定的人身危险性评估。对行为人人格，更为主要的是对其再次实施犯罪的人身危险性的评估和预测，构成犯罪学研究的重心甚或中心所在，对于刑罚和保安处分都具有重要意义。行为人的人身危险性构成了整个保安处分法的核心关注，保安处分的目的、科处、执行、终止等均围绕行为人的人身危险性展开。人身危险性评估的准确性经不起推敲和检验，甚至连客观的检测标准都尚不清晰，学者们对人身危险性评估的质疑蔓延到对保安处分的科处和执行的批评，最后甚至连保安处分的正当性亦受到危及、陷入危机。

以上四个方面相互结合，就形成了双轨制或曰保安处分危机的整体面向：同为刑事制裁措施，刑罚与保安处分的交织与混同导致了双轨之间界限的模糊；同为犯罪的法律后果，刑事制裁措施间的名异而实同使得国家能够任意地选择对行为人处以或此或彼的处罚措施；对此，作为刑法基底和刑罚核心的罪责原则也面临消亡的风险，因为保安处分的科处和执行能够轻易地冲破罪责原则的底限；最终，保安处分的适用仅需以行为人具有人身危险性为前提，当下人身危险性评估的规范有余而实证不足的缺陷，使得人身危险性评估变得有些危险，使得再犯可能性预测变得不太可能。

保安处分危机集中且突出地体现在保安监禁之上，其显属整个保安处分制度之正当性证明当中最为薄弱的一环。当下，保安监禁这一德国刑事处罚体系当中最为严厉并且残酷的处分措施再次面临异常严峻的考验。始于 1998 年颁行的《性犯罪惩治法》的一系列扩大适用的改革举措，致使保安监禁措施再次陷入危机当中。欧洲人权法院认为保安监禁应被归属为《欧洲人权公约》第 7 条第 1 款中所规定的"刑罚"，并因此判定十年期满后继续执行保安监禁违反了《欧洲人权公约》第 7 条第 1 款的规定。欧洲人权法院的接连出击也最终使得联邦宪法法院彻底转变了立场。联邦宪法法院判决保安监禁的相关条款全部违宪，并向立法者发出了最后通牒。

细致而全面地考察欧洲人权法院、联邦宪法法院的判决尤其是其说理，保安监禁的问题事实上并没有想象的那么严重。保安监禁法在合宪性危机当中最终能否转危为安，端赖于执行层面的"界分要求"是否能真正地落到实处。联邦宪法法院在其判决当中所提出和展开的"界分要求"，主要是指在执行方面须将保安监禁与监禁刑罚界分开来。按照联邦宪法法院的要求，保安监禁的执行甚而整个保安监禁体系皆应鹄望"还被监禁者以自由"之前景，国家应从执行一开始就制定切实可行的方案，有效降低并最终消除被监禁者的危险性，并最终使其重获自由。"界分要求"实现的可能性主要依赖于通过立法对保安监禁体系进行整体设计并主要包含七个方面的内容：最后手段原则；个性化及加强化要求；激发积极性要求；分隔要求；最小化要求；法律保护与支持要求；控制要求。在其之后，2013 年颁行的《界分要求贯彻法》原原本本地兑现了联邦宪法法院在判决中所提出的期许。

然而，将保安监管与监禁刑罚界分开来的出发原点和改革尝试并不能够真正使得保安监管的正当性、合法性或曰合宪性危机迎刃而解。

一方面是由于界分标准的实际缺失。首先，对保安监禁和监禁刑罚的理论界分并不可行：监禁刑罚与保安监禁对行为人而言都是并无差别地剥夺自由，亦即，与监禁刑罚无异，保安监管也是实实在在施予行为人的一种赤裸裸的"恶害"；作为保安监禁前提的行为人的犯罪行为需要完全地具备构成要件符合性、违法性和有责性三个要件，进而更是要求以行为人已经实际被判处其或执行一定期限的刑罚作为科处条件，因而作为保安监禁的科处条件的犯罪行为与监禁刑罚完全一致；保安监禁对犯罪人可能具有消极的特殊预防以及对于社会公众的积极的一般预防效果也是不能完全予以否定的。其次，以处于核心地位的罪责原则和比例原则的对照，最终亦难以清晰地将刑罚与保安处分界分开来：一则不以罪责为基本依据和主要标准的保安监禁并非与罪责因素毫无关系；二则罪责原则并不能够为刑罚提供完整的正当性标准，刑罚同样应当受到比例原则的约束和调整。再次，所谓的阶段理论以及不同阶段的不同目的，对于保安监禁同样适用，以此为依据区分监禁刑罚和保安监禁同样是徒劳的。界分标准的缺失使得保安监禁更像是介于刑罚与保安处分双轨之间的中间措施，部分地分别具有了刑罚和保安处分的特征和目的。

另一方面是因为"界分要求"本身所具有的缺陷和风险。界分要求的不足之处在于，首先，刑罚与保安处分的执行均为着眼于具体行为人的特殊预防，对行为人施以改善措施，以期促进行为人再社会化。就联邦宪法法院所提出的界分要求的具体内容来看，除了最后手段原则和空间上的分隔要求，其他的要求或者原则不过是把现代刑罚执行理念"换了一种说法"。其次，倘若改革的目的仅仅在于相对于被监禁者改善被收容者的处遇，这有可能间接地导致被监禁者监禁环境的恶化。亦即，"比刑罚（执行）更好"并非判断保安监禁（执行）正当与否的实质和最终的标准。保安监禁的正当性危机的克服需要以降低被监禁者的地位来予以实现，可能只会加深保安监禁、保安处分、双轨制甚至整个刑事制裁体系的危机程度。界分要求的危险导向在于，在判处条件上消解了保安监禁对起因罪行的依赖，从而去除了业已实际发生的罪行及其刑罚对判处保安监禁的限制，使得原本的决定条件退化为仅供参考的可有可无的次要事实，保安监禁的判处与否完全取决于科学实验的结果。若如此，解除了规范评价约束的保安监禁极有可能成为脱缰的野马。

保安监禁措施，如果具有正当性，也只能专注于这一措施本身，而非以监禁刑罚作为直接或间接的参照和对比。作为国家权力的一种具体行使方式，保安监禁的正当性只能从比例原则当中推导出来。在"界分要求"的基础上，进一步思考如何基于对已然犯罪及犯罪人的更为全面的考察，来更加准确地预测行为人的人身危险性，从而更加有效地预防严重犯罪的再次发生；并且在将被收容者的损害降到最低的前提下，在执行过程中有效消减行为人的人身危险性，仍然是"正在进行"的保安监禁改革的未决的核心议题。

结　语

李斯特在马堡规划当中建议大家戴上有色眼镜来看待犯罪和犯罪人，由此催生了保安处分制度，虽然这可以说是也可以说不是李氏的本意所在。吊诡的是，从保安处分产生之初直至今日，这项制度也一直被大家戴着有色眼镜在观察和评价。社会的进步、科学的进化、学术的发展，皆属神秘的祛魅和想象的展开的双向过程。本文写作及其间研究的目的，也就是期望能够使作为思想、制度、规则、措施的保安处分不再神秘，能够使读者对其多些了解、少些猜测；多些理解、少些推断；多些理解的批判、少些臆断的重伤。当然，本文选取了"保安处分的正当性基础"这一论题，并非意味着笔者已经形成了保安处分制度具有正当性的内心确信，或者认为保安处分是放之四海而皆准的正当制度，论题之前所加的"德国刑法中的"这一定语，所为并非修饰，而是限制。可以说，即便已经到了文章收尾的阶段，笔者对于保安处分的正当根据仍然是不大有把握的，但至少经过本文的写作，可以肯定的是，从德国法学理论研究者和法律实务工作者，也就是德国的法律人群体，到德国的一般民众，对于德国刑法中的保安处分的正当性都是深以为然的，这其中也包括了已然臭名昭彰的保安监禁措施。作为结论，可作如下展开：

第一，保安处分应当是必要的制度。

古典刑法向现代刑法的转型以及报应刑罚向目的刑罚的转变，最终并未能够实现目的刑罚对于报应刑罚的完全替代或全面取代，刑罚的本质依然是罪责抵消式的报应，罪责原则依旧构成刑罚的根据与限制。可是，罪责原则要求以行为人对其实施的法益侵害行为具有罪责作为对行为人施以刑罚的基础、根据、标准和限制，换言之，作为刑罚动用之必然前提，必须是行为人所实施的满足刑法中以构成要件形式固定下来的行为类型要求并具有违法性和有责性的法益侵害行为。

　　然而，并非所有的法益侵害行为都能够完全地充足构成要件符合性、违法性和有责性三个阶层的要件。而就三个阶层的内部结构而言，构成要件符合性实际上具有推定行为违法性的功能，也即，只要行为人的行为符合刑法规定的构成要件，且并不具备违法性阻却事由，即可认为其具有违法性。上述三个阶层一定程度上可被简化为不法和有责两个层次。所谓法益侵害，尤其是规范意义上的法益侵害，实则指的就是犯罪行为所具有的不法本质，换言之，如果行为并不具有不法性，那么，即便其对他人的权益造成了损害，也并不具有以刑罚手段对其予以惩戒和苛责的可能和必要，对于此类损害，至少刑法是持不置可否的中立态度的。在行为具有不法性质的前提下，有责性阶层主要判定的是不法行为是否能够被归责于具体的行为人，而在因为行为人归责能力的欠缺而导致对其无法归责的情况下，并非意味着刑法或者说整体的法秩序对行为人的行为持中立或容忍的态度，相反，将行为认定为不法，已经充分地表明了法秩序对行为所持的否定态度。概言之，对犯罪行为进行不法和有责的阶层划分，目的在于说明，不法代表的是法秩序对犯罪行为的一般态度，是统一的、抽象的；有责表明的是将犯罪行为归责于行为人的具体可能，是个别的、具体的。可以说，并非所有受到侵害的法益都会进入刑法关注的视域，只有具有刑事不法性的行为才是严格意义上的法益侵害行为。

　　保护社会免遭犯罪侵害，这是国家保护职能的重要一项和关键一环。具体到刑法领域，刑法的任务就在于，以刑事制裁的方式对法益侵害行为作出反应和回应，从而达到法益保护的目的。进而，取决于有责性的有无，法益侵害进而可被划分为可归责的法益侵害和不可归责的法益侵害，但不论可责性的存否，刑法都需要对法益侵害行为作出反应。在此，罪责原则就形成对传统刑罚的最为根本的限制，亦即，有责性的欠缺意味着罪责的缺失，罪责的缺失也就同时意味着刑罚的必然缺席，无罪责则无刑罚。

　　可是，对于不可归责的法益侵害行为，国家以及刑法的无动于衷显然意味着国家在社会和公民权益保护上的失职，但是，此类不法行为并不属于传统刑罚的作用范围，也就是说，在传统刑罚之外，必须创设其他的独立于刑罚的刑事制裁措施，这就是保安处分和双轨制的生成背景和功能必要。不论与之何种称谓，传统刑罚的有限作用范围显然已经不足以满足国家和社会犯罪治理的迫切需要。

第二，保安处分应当是合适的制度。

对于刑罚而言，罪责原则既是其根据也是其限制，罪责以行为人对其行为所应承担的责任为核心内容，以行为为中心，行为人的罪责得以集中体现。在刑罚之外，在罪责之外，保安处分的根据何在？这是保安处分正当与否的一个至为关键和核心的问题。从两个方面着手能够大体得见保安处分依据的可能所在：一方面，行为人对其实施的具有不法性的法益侵害行为不负有罪责，这是以行为为中心或曰重心对行为人的法益侵害行为进行的考察。在行为人及其行为两个因素之间，行为人的可责性只能通过其行为表现出来、刑法不处罚思想、无行为则无刑法当然亦无刑罚之类的格言式的主张，是刑法客观化、理性化进程的积极产出，构成刑法和刑罚的基础和框架，人权保障功能的具备使得刑法在野蛮之外具有了理性的基因和法治的灵魂。始于李斯特的倡导，行为人在刑法和刑罚当中的意义和作用日益凸显，行为是行为人的行为、通过行为所表现出来的是行为人的可责程度和人身危险，此类主张使得目的理念在刑法当中得以重视，使得刑法的运用和刑罚的动用更加地注重效果和效率。另一方面，行为人对其行为不负罪责的可能原因颇为巨细，可是具体到行为人的人格之上，罪责所集中关注的，是行为人的可责性及其程度；反过来说，从行为人的人格出发，其不负责任的最为主要的原因就在于归责能力的缺乏。

对于无责任能力者或者责任能力减轻者所实施的不法的法益侵害行为，虽然笔者并未对之实际地进行考察，在任何一个现代国家，绝不可能对之采取置之不理、听之任之的态度，不管是监禁也好、收容也罢，惩罚也好、治疗也罢，无责任能力者所实施的法益侵害行为必然会相应地引起刑法或其他部门法的反应，不论刑法典中是否存在保安处分的相关规定，不论刑法典中规定的相关措施是否称作保安处分，不论刑事制裁体系是采取单轨还是双轨抑或多轨的构造，不论科处对象是仅限于精神病人抑或还包括其他特殊人群，概莫能外。

以精神病人为例能够最好地说明保安处分正当性的可能存在。因其归责能力的欠缺，对精神病人所实施的不法的法益侵害行为并不能够判处刑罚措施，不仅是因为作为刑罚前提的罪责要素是不存在的，而且是因为精神病人亦欠缺对刑罚恶害的感知能力，因而刑罚对其起不到必要的惩戒效果。可是，如果精神病人所患的精神病症与犯罪实施之间具有必然的因果联系，也即，如果其精神疾病无法得以缓和或治愈，精神病人将很有可能再次实施犯罪，亦即，精神病人对于社会而言是危险的，是具有再次实施犯罪的危险性的。已然之罪不可谴责，但未然之罪是值得预防的，这是对社会负责任，对他人负责任，当然也是对精神病人负责任的必要选择。当然，因其归责能力以及相应的罪责要素的欠缺，对精神病人并不能够施以刑罚，而只能够将其收容；对其并不能够进行惩戒，而只能够进行治疗。这也就是将实施犯罪的精神病人收容于精神病院措施的来源和根据，这也是在笔者看来最为典型、最为必要、最为正当的保安措施。

申言之，脱离了罪责、独立于刑罚，保安处分在定位上是面向未来的、在实质上是目的导向的，立足于行为人所具有的再次实施犯罪的人身危险性，立基于保护社会免受犯罪侵害的法益保护目的，着眼于预防行为人再次实施犯罪。简单说来，国家所负有的尤其是刑法所担负的法益保护目的，仅仅依靠刑罚是单肩难挑的，在刑罚之外，保安处分能够为预防性的法益保护目的的实现提供有力的补充。对此，与其一味地强调罪责原则对于（传统）刑法的根本性的限制作用，不如承认，仅仅依靠对有责性的行为施以刑罚这一单线反应，已经难以完成刑法的法益保护任务。如果认可在罪责之外仍然有刑事制裁措施存在的余地，那么保安处分的正当性至少得到了一个有力的正面支撑，也就有了保安处分生成和发展的可能。

既然认为，对精神病人的不法的法益侵害行为，国家和刑法并不能将其置之不顾，而传统的以罪责为前提的刑罚对此又无能为力，那么，保安处分的必要性和适合性也就理所应当地获得承认了。补充或替代刑罚适用的保安处分，是有效的刑事制裁体系的不可或缺的组成部分。

第三，保安处分可以是适当的制度。

在刑事制裁体系当中应当有保安处分的位置，并不意味着保安处分就一定会是一项适当或正当的制度。至于具体的法治秩序和法律体系当中，保安处分需要从制度根基当中汲取养分，以期能够获得和维持其正当性，并将规则的设计和制度的构建维持在合宪性、合法性和正当性的框架当中。

保安处分应当建立在法治国家的基础之上，受法治精神的指引和制约。在法治国家的框架内，在犯罪面前保护社会和在刑罚面前保护个人皆属国家保护职责的不可偏废的要义。权力与权利对垒的底限是不能对人之所以为人的基本权利和人格尊严的任意剥夺和恣意限制。

体现于保安处分之制度构建方面，首先，在保安处分的科处条件上，肇因行为的具备，也就是行为人已经实施了不法的法益侵害行为，是保安处分启动作为基本和核心的前提。相应地，作为保安处分制度运转之核心存在的行为人人身危险性预测的内容，只能是再次实施犯罪的可能性。法治国家的基本理念要求，每个人都应是自治、自立、自由的个体。据此，既然是对行为人是否具有实施犯罪的可能性或曰人身危险性作出预测，就当然不能对犯罪发生作机械论和决定论的理解。犯罪的实施绝非一系列的因果联系共同作用的产物，而是"人"基于（部分的或者完全的、相对的或者绝对的）自由意志所为的"作品"。将保安处分看作是肇因行为（犯罪行为）的法律后果也许并不太合适，因为保安处分之本义，并非对行为人已经实施的犯罪行为施以恶害报应，与行为人已经实施的肇因行为之间并不具有必然的联系，但是保安处分面向未来的定位绝非意味着保安处分的科处和执行都是无所依据地凭空进行的。肇因行为虽不构成其前提，却是保安处分运转的根本基础，与保安处分相关的所有决定，皆需以行为人已经实施的法益侵害行为作为依据。此外，保安处分与犯罪行为（已然和未然）的相关性，决定了保安处分作为犯罪的法律后果的属性，并因此只能被规定在刑法当中，保安处分科处和执行的权力只能由刑事法官享有和行使。

其次，罪刑法定的核心涵义是，对于行为人实施的法益侵害行为，只有在行为实施之前，作为成文法的刑法将其以构成要件的形式予以了明确规定，并对其配置了明确的刑罚后果，才能对其定罪处刑。罪刑法定要求犯罪前提和刑罚后果规定的明确性、禁止适用习惯法、溯及既往和类推。如果以严格意义上的罪刑法定为标准对保安处分的合法性进行考察，保安处分显然并不完全符合罪刑法定的要求，甚至罪刑法定原则会使得保安处分制度难以实际展开，比如保安处分并不以犯罪的完全成立为前提，又如作为犯罪之法律后果的保安处分在法院判决当中期限并不完全确定，甚至完全不确定，再如，法官作出保安处分之相关决定应依据裁判当时有效的法律，等等。然而，如果对罪刑法定原则作更为本质和深入的理解，其所要求的，无非是对国家权力行使之任意与恣意的限制，无非是禁止因国家权力的随意变更而导致个人处境的恶化。具言之，立法者对于保安处分的科处条件的规定应当是尽可能确定的，不管是形式还是实质要件均应如此；对于保安处分的科处和执行而言，其期限当然可因行为人的改善情况而相对地不确定，但绝不能没有任何限制地绝对不确定，对于保安措施执行的最高期限限制是必需的；对于法官作出保安处分决定的自由裁量而言，实时地依据行为人的人身危险性状况作出相应的决定是必要的，行为人的改善状况、治疗情况等事实均可以也应当事后地纳入考量范围，但对于应予适用的法律范围则不然，因法律的修改而溯及既往地加重对行为人基本权利的侵害是应予禁止的，因为法律的修改与行为人的人身危险性有无和程度并无任何关联，行为人再次实施犯罪的可能性并不会因为立法者随时地修改法律而相应地升高或者降低。

　　再次，法治国家的基本任务在于人权保障，这是一切制度设计和措施执行的最终目的所在，对于人的尊重和保护是法治国家框架内所有制度的出发点和归宿。保安处分的目的在于保安与改善两个方面，就改善的一面而言，通过对行为人施以改善措施从而降低行为人再次实施犯罪的人身危险性；就保安的一面来说，通过降低具体行为人再次实施犯罪的可能性以期实现保护社会免遭犯罪侵害的目的。改善与保安两个目的之间可以是统一的，当然也有可能是分裂的，比如，保安处分的目的可以是为保安而保安，亦即，通过单纯地将行为人与社会隔离开来，实现防止行为人再次实施犯罪的目的；也可以是以改善为手段实现保安的目的，也即，通过对行为人施以改善措施从而降低行为人再次实施犯罪的人身危险性，并由此实现保护社会免遭行为人再次犯罪侵害的目的。在两种路径之间，为保安而保安显然具有触犯人之所以为人的最为核心的人的尊严的可能，有把人不当人看、将人纯粹作为实现其他目的之手段的危险，因而是与法治精神径相悖违的。当然，受到改造措施和治疗水平的限制，对具有人身危险性的行为人实施的改善措施并非最终都能够切实奏效，也并非对于所有的被收容者都存在可资利用的有效改善手段。即便如此，对行为人施以改善、降低行为人人身危险性的努力是必需的，如果已经失去了改善的目的，收容，也就是剥夺行为人自由的手段也就并无正当性可言。

法治国家的基础为保安处分划定了基本的框架和底线，立基于此，权力对权利剥夺和限制的界限进而应依比例原则进行划定。

比例原则属于法治原则的基本要求，是宪法层级的基本原则，构成所有国家权力运行的基本标准和根本限制。其具体包含正当目的，手段对于目的的适合性、必要性和适当性四个层面的要求。《德国刑法典》第 62 条将合比例性原则规定为保安处分的一般原则，适用于所有的保安措施，并在保安处分科处和执行的全部阶段自始至终地发挥作用。任何保安措施的科处、实际执行和继续执行，只要不再符合比例原则的要求，均应将其立即终止。比例原则对立法者设定保安措施科处和执行的具体条件具有限制作用；法官在具体个案中对行为人作出科处或执行保安措施的相关决定的过程中，应将比例原则作为最为基本和最高位阶的标准和原则，即便符合科处或执行保安措施的全部条件，法官亦可依比例原则作出不予科处或执行保安处分的决定；在对行为人具体执行保安措施的过程中，亦应以比例原则为根据，以对行为人造成最小损害的手段实现对行为人改善的目的。

保安处分法上的合比例性考量也应包含正当目的、适合性、必要性和适当性四个层面。保安处分的正当目的在于明显更为重要的社会安全利益的保护；适合性要求保安措施的科处和执行能够切实地起到消减行为人的人身危险性，从而预防其再次实施犯罪的目的；必要性要求在所有可供选择的手段措施当中，应当选择对行为人损害最小的手段；适当性要求在行为人的自由权益和社会整体的安全利益之间进行利益的权衡，只有当社会安全利益明显更为重要之时，对行为人的自由予以限制或剥夺才是适当的。

行为人已经实施的犯罪、可能实施的犯罪以及行为人的人身危险性程度属于对于保安处分的合比例性判断至为重要的三个要素。三个要素中间，行为人再次实施犯罪的人身危险性是作为核心的因素，已然之罪和未然之罪的判断都围绕其展开。对已然之罪的分析并非对行为人罪责的评价或归属，只有当已经实施的犯罪对于行为人的人身危险性具有说明意义的范围内才具有意义；未然之罪的判断需要以已然之罪为基础，需要与行为人的人身危险性相联系。三个要素所综合说明的，是行为人再次实施犯罪的可能性，也就是社会安全利益的重要性。在此之外，需要在社会安全利益与行为人的自由权益之间，进行合比例性的考量。

要而言之，运行于法治国家基础之上、比例原则界限之内的保安处分，会是一项适当且正当的刑事制裁制度。

第四，保安处分可能是正当的制度。

不论从哪一角度理解正当性，经过前面三个方面的应然论证，一般层面的保安处分的抽象正当性基础应当是具备的。可是，实践操作当中出现的双轨制危机特别是保安监禁危机仍然可能会使保安处分的发展偏离应有的轨道，使其失却其正当性。在此，指出保安处分的风险和软肋当然是必要的，因为可能一切实际上并非想象的那么美好。

在刑事制裁体系内部，刑罚与保安处分双轨之间的相互交织和彼此混同愈加明显。一方面，根据对刑罚的目的或功能的统一论理解，刑罚在罪责抵消的报应本质之外，亦应具有积极和消极的一般与特殊预防目的，特别是对于刑罚的执行而言，应以个别预防导向地对行为人施以改造措施为手段，以期实现促进行为人再社会化的目的，这与保安处分的目的并无二致；另一方面，对于部分的保安措施而言，对保安一面的强调以及对改善一面的忽视使得保安处分一般预防甚至是报应的效果日益明显，对此，当以非剥夺自由的吊销驾照措施以及剥夺自由的保安监禁措施最为严重。总体来看，报应与预防的两面对峙显然不再是区分刑罚与保安处分的有效标准，特别是预防目的对于刑罚的设置、科处、裁量和执行的影响，使得刑罚与保安处分的距离越来越近，成为不过是实现同一目的（预防犯罪）的不同手段而已。

刑罚的日渐目的化并非全然是坏事情，但是，刑罚与保安处分的名异而实同可能导致的不利后果在于罪责原则的消逝。对于保安处分而言，罪责原则既非根据亦非限制。不受罪责原则限制的保安处分越来越多地具有了刑罚的功能，这对于罪责刑法而言明显是致命的，这种危机集中地体现于保安监禁措施之上。

1998年《性犯罪惩治法》颁行以来，保安监禁的复兴之势清晰可见。区别于其他的保安措施，保安监禁的科处以完全责任能力人为对象，以行为人对其犯罪行为存在罪责并因此被实际科处甚或被最终执行了监禁刑罚为条件；但与其他的保安措施一样，保安监禁并不受罪责原则的约束和限制，因此保安监禁的科处与执行并不取决于行为人对其行为所应负罪责的有无及其程度，保安监禁期限未定甚至是不附期限。由此，保安监禁刑外之刑、罚后再罚的实质愈加清晰，加之保安监禁的执行与监禁刑罚之间并无二致，被监禁者与被收容者大多只是处于同一监所的不同部门而已，故而保安监禁愈加坐实了"出了一个监门又进一个监门"的诟病。欧洲人权法院和德国联邦宪法法院的判决终于能够给保安监禁的迅猛发展踩了一脚刹车，然而，作为保安监禁危机的应对方案，德国联邦宪法法院提出和发展、立法者落实和贯彻的"界分要求"，也就是使被收容者的处遇相较于被监禁者"更好一点"或者说"略好一点"，在执行处遇上将保安监禁与监禁刑罚界分开来，显然并不能够完全克服保安监禁的危机。

保安监禁措施，如果具有正当性，也只能专注于这一措施本身，而非以监禁刑罚作为直接或间接的参照和对比。作为国家权力的一种具体行使方式，保安监禁的正当性只能从比例原则当中推导出来。在"界分要求"的基础上，进一步思考如何基于对已然犯罪及犯罪人的更为全面的考察，来更加准确地预测行为人的人身危险性，从而更加有效地预防严重犯罪的再次发生；并且在将被收容者的损害降到最低的前提下，在执行过程中有效消减行为人的人身危险性，仍然是"正在进行"的保安监禁改革未决的核心议题。推而广之，更加准确地对行为人再次实施犯罪的人身危险性进行预测、更加有效地对行为人施以改善措施以消减其再次实施犯罪的人身危险性，是所有保安措施的共同进步和发展方向。

此外，不容省略的是，虽然学术不分国界，研究无远弗届，但可以肯定的是，德国的保安处分制度并不需要一个外国人（特别是一个本国刑法典当中尚不存在保安处分制度的局外人）殚精竭虑地为其找寻正当性基础和依据，对德国保安处分制度的研究，如果不止于单纯的故事性猎奇或者知识性介绍，那么，研究的目的，无非是想探知保安处分究竟是他山之石，还是淮南之橘。然而，限于本文的研究视域和笔者的研究能力，对于中国的问题，最终只能是问题多于答案，但毕竟，提出问题是解决问题的第一步。

首先，当我们谈及保安处分，我们是在说什么？

因其与监禁刑罚的类似，因其期限的全然不定，因其对象的惯犯属性，因其对罪责原则的可能冲突，保安监禁素来都是保安处分正当性证明当中最为薄弱的一环，也是保安处分的研究者，特别是批评者的重点关照对象。保安监禁的正当危机甚至一度成了保安处分行将就木的表现甚或代名词。然而，最成问题的保安监禁，同时也是所有保安措施当中保安处分的因素最少最小的，可以说，保安监禁实质上是介于刑罚与保安处分之间的中间措施。必须承认，对于保安监禁的正当证明与改革需要，方向和道路都是清晰的，但最终是否能够真正地取得实效，尚属未知。

在此之外，剥夺自由的收容于精神病院措施和收容于戒除瘾癖的机构措施，以及非剥夺自由的行状监督、吊销驾照和职业禁止措施，并未出现严重的合法性或正当性危机。因此，作为前提，我们应当将关注的重点置于以上典型的保安措施之上。鉴于我国刑法当中也有对精神病人进行强制治疗的相关规定，保安处分实际上并非如此遥远或者那么可怕。

其次，如果我们需要保安处分，我们需要的是什么？

不得不说，我国刑法当中对精神病人收容治疗的规范设计、制度规划和执行效果堪忧；必须承认，我国刑法并不承认犯罪人的醉酒状态、嗜酒癖好、吸毒瘾癖等会对犯罪人的归责能力或曰刑事责任能力造成影响，简单的"醉酒的人犯罪，应当负刑事责任"的规定（《中华人民共和国刑法》第18条第4款）以及原因自由行为的单薄论证，并不能理想地解决上列人群的刑事制裁问题；必须认识到，不管是对禁止令性质的争议，还是对隐性双轨的阐发，尚未能够使保安处分获得一个相对公允和客观的评价；必须看到，《刑法修正案九（草案）》虽然意欲在我国刑法当中增加职业禁止规定，但对于职业禁止的定性，必定会有保安处分还是附加刑罚的争议，而定性上的区别必定会直接地对职业禁止的科处、裁量和执行等各个方面产生影响，鉴于保安处分的敏感性，可以预见将其定性为附加刑的极大可能，但这能够真正实现职业禁止应有的功能和目的将是大有可疑的，如此等等。如果认可保安处分的正当存在，至少能够为相关的刑事制裁制度的设计提供另一种哪怕仅供参考的可能，而非闻保安处分之名即色变。

再次，如果我们不需要保安处分，那我们需要的又是什么？

按照现代学派的实证立场和科学态度，"有几分事实说几分话"应当是最为基本和根本的治学和研究姿态。

当然，实证立场对于犯罪论和刑罚论两个部分的可能影响是大不相同的。就犯罪论而言，其虽然不能完全地与社会生活分离，但犯罪论的建构和进化主要是依托于形而上学的抽象构造，从客观到主观，从行为到行为人，从结果无价到行为无价，从自然意义到规范意义再到社会意义的行为概念，从道义责任到规范责任到社会责任再到人格责任，犯罪论体系的理论论证和体系演进根植于社会发展的不同阶段，但并非对于社会现实亦步亦趋，而是相对超脱和独立的。也可以说，犯罪论的观点和立场主要涉及应然层面的隔空对话，是无法以社会现实对之进行证立或证否的。极端一点来看，如果一时一地的学者主张回归到完全的客观责任、结果无价、自然行为、道义责任等，其他人可以指摘其没有道理，却不能诟病其绝对错误，因为理论主张和体系建构只有成不成立之别，而无正确错误之分。古典时期的刑罚论也是如此，满足于对刑罚本质以及罪刑关系的抽象推演和逻辑关联，也是一种典型的形而上学的意蒂牢结（ideology）。

现代学派的基本主张催生了犯罪学这一刑法学当中的科学，行为人因素、现实视角、实证方法开始慢慢进入人们的视野并成为主流。发展至今，刑罚或者说刑事制裁措施的正当与否，并不是一个不断地以"我认为"就能够解决的问题，而是需要不停地通过"我发现"为之提供依据和基础。对于保安处分而言更是如此，人身危险性预测、犯罪数据统计、犯罪概率统计、监禁现状统计、监禁人群分析、监禁机构设置、监禁措施设计，等等，诸如此类的实证研究虽然任重道远，但却构成对保安处分必要与否、正当与否的直接证明或者说明。然而，各种原因共同作用，至少在当下，此类研究和数据在国内并不存在。而且因为刑罚措施科处和执行与犯罪人群监禁和改造的"神秘化"，至少在短期内难以见到这一窘境有任何改观的端倪。巧妇尚且难为无米之炊，如果对于保安处分必要或正当与否的判断是基于推断甚或臆断而得出的，则将从根本上完全失却论证的资格和结论的可信。对于犯罪和犯罪人的科学研究和实证分析对于犯罪学和刑法学同样是不可或缺的，而保安处分更是一项关涉诸刑法学科的实践制度。

倘若我们能够将关注的目光由书本中的法律转向行动中的法律，将分析的重点由抽象统一的犯罪转向多样具体的犯罪人，将研究的旨趣由形而上学的抽象构建转向科学导向的实证调查，我们不难发现犯罪论的局限、罪责的限制、刑罚论的僵化甚或刑法的不足。在刑罚之外，在罪责之外，保安处分的必要性产生于实际的犯罪预防需求；保安处分的适合性来自实践的执行效果；保安处分的适当性有赖实际的执行经验。保安处分是一项实践的制度，其正当性来自实践、面向实践也归于实践。

参考文献

一、德文专著

［1］ Amelung, Knut, Rechtsgüterschutz und Schutz der Gesellschaft. Untersuchungen zum Inhalt und zum Anwendungsbereich eines Strafrechtsprinzips auf dogmengeschichtlicher Grundlage. Zugleich ein Beitrag zur Lehre von der „Sozialschädlichkeit" des Verbrechens, Frankfurt a. M. 1972.

［2］ Aschaffenburg, Gustav, Das Verbrechen und seine Bekämpfung, Heidelberg 3. Auflage 1921.

［3］ Aschrott, Paul Felix, Die Reform des Reichsstrafgesetzbuchs 1. Allgemeiner Teil, Berlin 1910.

［4］ Bae, Jong-Dae, Der Grundsatz der Verhältnismäßigkeit im Maßregelrecht des StGB, Frankfurt a. M. , 1985.

［5］ Bae, Jong-Dae, Der Grundsatz der Verhältnismäßigkeit im Maßregelrecht des StGB, Berlin 1985.

［6］ Bartsch, Tillmann, Sicherungsverwahrung. Recht, Vollzug, aktuelle Probleme, Baden-Baden 2010.

［7］ Bender, Soledad, Die nachträgliche Sicherungsverwahrung, Frankfurt a. M. 2007.

［8］ Binding, Karl, Handbuch der deutschen Rechtswissenschaft, Band 1, Leipzig 1885.

［9］ Binding, Karl, Die Normen und ihre Übertretung. Eine Untersuchung über die rechtmäßige Handlung und die Arten des Delikts, Band 1, Normen und Strafgesetze, Leipzig 1872.

［10］ Binding, Karl, Grundriss des Deutschen Strafrechts, Leipzig 7. Auflage

1913.

[11] Birkmeyer, Karl Von, Was lässt von Liszt vom Strafrecht übrig? Eine Warnung vor der modernen Richtung im Strafrecht, Berlin 1907.

[12] Bockelmann, Paul, Studien zum Täterstrafrecht, Berlin 1939.

[13] Bockelmann, Paul, Schuld und Sühne, Göttingen 1958.

[14] Bohnert, Cornelia, Zu Straftheorie und Sta at sverständnis im Schulenstreit der Jahrhundertwende, Pfaffenweiler 1992.

[15] Bruns, Hans-Jürgen, Strafzumessungsrecht, Köln 2. Auflage 1974.

[16] Bull, Hans Peter, Die Staatsaufgaben nach dem Grundgesetz, 2. Auflage 1977.

[17] Dessecker, Axel, Gefährlichkeit und Verhältnismäßigkeit. Eine Untersuchung zum Maßregelrecht, Berlin 2004.

[18] Eser, Albin, Die strafrechtlichen Sanktionen gegen das Eigentum. Dogmatische und rechtspolitische Untersuchungen zu Einziehung, Unbrauchbarmachung und Gewinnverfall, Tübingen, 1969.

[19] Exner, Franz, Die Theorie der Sicherungsmittel, Berlin 1914.

[20] Frisch, Wolfgang, Prognoseentscheidungen im Strafrecht. Zur normativen Relevanz empirischen Wissens und zur Entscheidung bei Nichtwissen, Heidelberg 1983.

[21] Frister, Helmut, Strafrecht Allgemeiner Teil, München 6. Auflage 2013.

[22] Göppinger, Hans / Bock, Michael, Göppinger Kriminologie, München 6. Auflage 2008.

[23] Hussung, Daniel Joachim, Sicherungsverwahrung, in: FS für Kühne, Frankfurt a. M. 2009.

[24] Jakobs, Günther, Strafrecht Allgemeiner Teil. Die Grundlagen und die Zurechnungslehre, Berlin 2. Auflage 1993.

[25] Jansing, Jan-David, Nachträgliche Sicherungsverwahrung. Entwicklungslinien in der Dogmatik der Sicherungsverwahrung, Münster 2004.

[26] Jescheck, Hans-Heinrich / Weigend, Thomas, Strafrecht. Allgemeiner Teil, Berlin 5. Auflage 1996.

〔27〕 Jhering, Rudolf von, Der Kampf ums Recht, Wien 1872.

〔28〕 Jhering, Rudolf von, Der Zweck im Recht, Band 1, Leipzig 1877.

〔29〕 Jhering, Rudolf von, Der Zweck im Recht, Band 2, Leipzig 1886.

〔30〕 Kaiser Günther / Schöch Heinz, Strafvollzug, Heidelberg 5. Auflage 2002.

〔31〕 Kaiser, Günther, Befinden sich die kriminalrechtlichen Maßregeln in der Krise? Heidelberg 1990.

〔32〕 Kalous, Angela, Positive Generalprävention und Vergeltung, Regensburg 2000.

〔33〕 Kaspar, Johannes, Verhältnismäßigkeit und Grundrechtsschutz im Präventionsstrafrecht, Baden-Baden 2014.

〔34〕 Kinzig, Jörg, Die Sicherungsverwahrung auf dem Prüfstand. Ergebnisse einer theoretischen und empirischen Bestandsaufnahme des Zustandes einer Maßregel, Freiburg i. Br. 1996.

〔35〕 Köhler, Michael, Einführung, in: Franz v. Liszt, Der Zweckgedanke im Strafrecht (1882/83), Berlin 2002.

〔36〕 Langelüddeke, Albrecht, Die Nachuntersuchung der Entmannten, Stuttgart 1953.

〔37〕 Liszt, Franz von, Lehrbuch des Deutschen Strafrechts, Berlin 22. Auflage 1919.

〔38〕 Liszt, Franz von, Strafrechtliche Aufsätze und Vorträge, Band 1 (1875—1891), Berlin 1905.

〔39〕 Liszt, Franz von, Strafrechtliche Aufsätze und Vorträge, Band 2 (1892—1904), Berlin 1905.

〔40〕 Marx, Karl / Engels, Friedrich, Werke, Band 19, Berlin (DDR) 9. Auflage 1989, S. 335.

〔41〕 Maurach, Reinhart / Gössel, Karl Heinz / Zipf, Heinz, Strafrecht Allgemeiner Teil 2, Heidelberg 8. Auflage 2014.

〔42〕 Maurer, Hartmut, Staatsrecht Band 1, 6. Auflage 2010.

〔43〕 Meier, Bernd-Dieter, Strafrechtliche Sanktionen, Berlin 4. Auflage 2015.

〔44〕 Merkel, Adolf, Lehrbuch des Strafrechts, Stuttgart 1889.

［45］ Mushoff, Tobias, Strafe-Maßregel-Sicherungsverwahrung. Eine kritische Untersuchung über das Verhältnis von Schuld und Prävention, Frankfurt a. M. 2008.

［46］ Nedopil, Norbert, Forensische Psychiatrie, Berlin 2000.

［47］ Rasch, Wilfried / Konrad, Norbert / Rasch, Adelheid, Forensische Psychiatrie, Stuttgart 3. Auflage 2004.

［48］ Rebhan, Axel, Franz v. Liszt und die moderne défense sociale, Hamburg 1963.

［49］ Rengier, Rudolf, Strafrecht Allgemeiner Teil, München 6. Auflage 2014.

［50］ Roxin, Claus, Strafrecht. Allgemeiner Teil, Band 1, München 4. Auflage 2006.

［51］ Ruske, Alexander, Ohne Schuld und Sühne. Versuch einer Synthese der Lehren der défense sociale und der kriminalpolitischen Vorschläge der modernen deutschen Hirnforschung, Berlin 2011.

［52］ Schmidt, Eberhard, Einführung in die Geschichte der Deutschen Strafrechtspflege, Göttingen 3. Auflage 1965.

［53］ Schmidt, Richard, Die Strafrechtsreform in ihrer staatsrechtlichen und politischen Bedeutung, Berlin 1912.

［54］ Schneider, Peter, Pressefreiheit und Staatssicherheit, Weilerswist-Metternich 1968.

［55］ Schöbener, Burkhard / Knauff, Matthias, Allgemeine Staatslehre, München 2. Auflage 2013.

［56］ Schöch, Heinz, Kriminalprognose, Berlin 2007.

［57］ Stäcker, Therese, Die Franz von Liszt-Schule und ihre Auswirkungen auf die deutsche Strafrechtsentwicklung, Baden-Baden 2012.

［58］ Stooss, Carl, Motive zu dem Vorentwurf eines Schweizerischen StrafgesetzbucheS. Allgemeiner Teil, Basel 1893.

［59］ Stooss, Carl, Vorentwurf zu einem Schweizerischen Strafgesetzbuch. Allgemeiner Teil, Basel 1893.

［60］ Stratenwerth, Günter, Tatschuld und Strafzumessung, Tübingen 1972.

[61] Stree, Walter, Deliktsfolgen und Grundgesetz. Zur Verfassungsmäßigkeit der Strafen und sonstigen strafrechtlichen Maßnahmen, Tübingen 1960.

[62] Streng, Franz, Strafrechtliche Sanktionen. Die Strafzumessung und ihre Grundlagen, Stuttgart 3. Auflage 2012.

[63] Vogel, Joachim, Einflüsse des Nationalsozialismus auf das Strafrecht, Berlin 2004.

[64] Vormbaum, Thomas, Einführung in die moderne Strafrechtsgeschichte, Berlin, Heidelberg 2. Auflage 2011.

[65] Welzel, Hans, Das deutsche Strafrecht, Berlin 11. Aufl. 1969.

二、德文期刊论文

[1] Bartsch, Tillmann, Neues von der Sicherungsverwahrung—Konsequenzen des bundesverfassungsgerichtlichen Urteils vom 04. 05. 2011 für Gesetzgebung und Vollzug, Forum Strafvollzug 2011.

[2] Birkmeyer, Karl von, Gedanken zur bevorstehenden Reform der deutschen Strafgesetzgebung, GA 1901.

[3] Boetticher, Kröber / Müller-Isberner, Böhm / Müller-Metz, Wolf, Mindestanforderungen für Prognosegutachten. NStZ 2006.

[4] Bruns, Hans-Jürgen, Die Maßregeln der Besserung und Sicherung im StGB-Entwurf 1956, ZStW 1959.

[5] Esser, Robert, Sicherungsverwahrung, JA 2011.

[6] Frisch, Wolfgang, Das Marburger Programm und die Maßregeln der Besserung und Sicherung, ZStW 1982.

[7] Frisch, Wolfgang, Die Maßregeln der Besserung und Sicherung im strafrechtlichen Rechtsfolgensystem, ZStW 1990.

[8] Frommel, Monika, Die Rolle der Erfahrungswissenschaften in Franz von Liszt's „gesamter Strafrechtswissenschaft", Kriminalsoziologische Bibliographie 1984.

[9] Höffler, Katrin / Kaspar, Johannes, Warum das Abstandsgebot die Probleme der Sicherungsverwahrung nicht lösen kann. Zugleich ein Beitrag zu den Aporien der Zweispurigkeit des strafrechtlichen Sanktionssystems, ZStW

2012.

[10] Hörnle, Tatjana, Der Streit um die Sicherungsverwahrung. Anmerkung zum Urteil des 2. Senats des BVerfG vom 4. 5. 2011, NStZ 2011.

[11] Kaenel, Peter, Carl Stooss und das zweispurige System der Strafrechtsfolgen, schwZStrR 1984.

[12] Kinzig, Jörg, Das Recht der Sicherungsverwahrung nach dem Urteil des EGMR in Sachen M. gegen Deutschland, NStZ 2010.

[13] Kinzig, Jörg, Die Neuordnung des Rechts der Sicherungsverwahrung, NJW 2011.

[14] Kinzig, Jörg, Die Sicherungsverwahrung-bewährt oder obsolet?, ZRP 1997.

[15] Kreuzer, Arthur, Neuordnung der Sicherungsverwahrung: Fragmentarisch und fragwürdig trotz sinnvoller Ansätze, Strafverteidiger 2011 (2).

[16] Landau, Herbert / Greven, Karl, Streit um die nachträgliche Sicherungsverwahrung-Pro, ZRP 2002.

[17] Laubenthal, Klaus, Die Renaissance der Sicherungsverwahrung, ZStW 2004.

[18] Leipold, Klaus, Das Urteil des Bundesverfassungsgerichts zur Sicherungsverwahrung, NJW-Spezial 2011.

[19] Lilienthal, Karl von, Der Stooßsche Entwurf eines schweizerischen Strafgesetzbuches, ZStW 1895.

[20] Liszt, Franz von, Die deterministischen Gegner der Zweckstrafe, ZStW 1893.

[21] Müller-Christmann, Bernd, Die Maßregeln der Besserung und Sicherung, JuS 1990.

[22] Oetker, Friedrich, Rechtsgüterschutz und Strafe, ZStW 1897.

[23] Pollähne, Helmut, Gutachten über „die Behandlungsaussichten" im Maßregelvollzug, R&P 2005.

[24] Pösl, Michael, Die Sicherungsverwahrung im Fokus von BVerfG, EGMR und BGH, ZJS 2011.

[25] Renzikowski, Joachim, Das Elend mit der rückwirkend verlängerten und

der nachträglich angeordneten Sicherungsverwahrung, ZIS 2011.

[26] Schäfer, Frank Ludwig, Carl Stooss (1849—1934). Eine Geschichte der Strafrechtskodifikation in drei StaAllgemeiner Teilen, Jahrbuch der Juristischen Zeitgeschichte 2013.

[27] Schmidt, Eberhard, Kriminalpolitische und strafrechtsdogmatische Probleme in der deutschen Strafrechtsreform, ZStW 1957.

[28] Schöch, Heinz, Das Urteil des Bundesverfassungsgerichts zur Sicherungsverwahrung, GA 2012.

[29] Singelnstein, Tobias, Anmerkung zu BGH, Urt. v. 21.06.2011 – 5 StR 52/11, ZJS 2012.

[30] Stooss, Carl, Verbrechen und Strafe kriminalpolitisch untersucht, schwZStrR 1901.

[31] Stooss, Carl, Zur Natur der sichernden Maßnahme, MschrKrim 1911/12.

[32] Stooss, Karl, Strafe und sichernde Maßnahme, schwZStR 1905.

[33] Stooss, Karl, Zur Natur der sichernden Maßnahmen, schwZStR 1930.

[34] Streng, Franz, Die Zukunft der Sicherungsverwahrung nach der Entscheidung des Bundesverfassungsgerichts, JZ 2011.

[35] Ullenbruch, Thomas, Verschärfung der Sicherungsverwahrung auch rückwirkend-populär aber verfassungwidrig? NStZ 1998.

[36] Volkmann, Uwe, Fremdbestimmung-Selbstbehauptung-Befreiung. Das BVerfG in der Frage der Sicherungsverwahrung, JZ 2011.

[37] Zimmermann, Till, Das neue Recht der Sicherungsverwahrung (ohne JGG), HRRS 2013.

三、德文文集

[1] Bockelmann, Paul, Franz von Liszt und die kriminalpolitische Konzeption des allgemeinen Teils, in: Franz von Liszt zum GedächtniS. Zur 50. Wiederkehr seines Todestages am 21. Juni 1919, Berlin 1969.

[2] Eser, Albin, Zur Entwicklung von Maßregeln der Besserung und Sicherung als zweite Spur im Strafrecht, in: FS für Müller-Dietz, München 2001.

[3] Koch, Arnd, Binding vS. v. Liszt. Klassische und moderne

Strafrechtsschule, in: Eric Hilgendorf / Jürgen Weitzel (Hrsg.), Der Strafgedanke in seiner historischen Entwicklung. Ringvorlesung zur Strafrechtsgeschichte und Strafrechtsphilosophie, Berlin 2007.

[4] Moos, Reinhard, Franz von Liszt als Österreicher, in: Franz von Liszt zum Gedächtnis: Zur 50. Wiederkehr seines Todestages am 21. Juni 1919, Berlin 1969.

[5] Nowakowski, Friedrich, Zur Rechtsstaatlichkeit der vorbeugenden Maßnahmen, in: FS für Weber, Bonn 1963.

[6] Rosenberg, Hans, Wirtschaftskonjunktur, Gesellschaft und Politik in Mitteleuropa 1873—1896, in: Hans-Ulrich Wehler (Hrsg.), Moderne deutsche Sozialgeschichte, Köln, Berlin 3. Auflage 1970.

[7] Roxin, Claus, Franz von Liszt und die kriminalpolitische Konzeption des Alternativentwurfs, in: Franz von Liszt zum GedächtniS. Zur 50. Wiederkehr seines Todestages am 21. Juni 1919, Berlin 1969.

[8] Roxin, Claus, Schlussbericht, in: Neumann, Ulfrid / Prittwitz, Cornelius (Hrsg.), Kritik und Rechtfertigung des Strafrechts, Frankfurt a. M. 2005.

[9] Sax, Walter, Grundsätze der Strafrechtspflege, in: Bettermann / Nipperdey / Scheuner (Hrsg.), Die Grundrechte, Band 3, 2. Auflage 1972.

四、德文法律评注

[1] Feest, Johannes / Wolfgang Lesting, Kommentar zum Strafvollzugsgesetz, Köln 6. Auflage 2012.

[2] Fischer, Thomas, Beckscher Kurz-Kommentar zum StGB, 62. Auflage 2015, StGB § 62.

[3] Gemmeren, Gerhard van, in: Münchener Kommentar zum StGB, 2. Auflage 2012, StGB § 61.

[4] Gemmeren, Gerhard van, in: Münchener Kommentar zum StGB, 2. Auflage 2012, StGB § 62.

[5] Kinzig, Jörg, in: Schönke / Schröder Kommentar zum StGB, 29. Auflage 2014, StGB § 62.

[6] Pollähne, Helmut, in: Nomos Kommentar zum StGB, 4. Auflage 2013,

StGB § 61.

[7] Pollähne, Helmut, in: Nomos Kommentar zum StGB, 4. Auflage 2013, StGB § 62.

[8] Pollähne, Helmut, in: Nomos Kommentar zum StGB, 4. Auflage 2013, StGB § 69.

[9] Schöch, Heinz, in: Leipziger Kommentar StGB Online, 12. Auflage 2008, StGB Vor § § 61 ff.

[10] Schöch, Heinz, in: Leipziger Kommentar StGB Online, 12. Auflage 2008, StGB Vor § 61.

[11] Schöch, Heinz, in: Leipziger Kommentar StGB Online, 12. Auflage 2008, StGB § 62.

[12] Sinn, Arndt, Systematischer Kommentar zum StGB, 8. Auflage 2014, StGB § 62.

[13] Ullenbruch, Thomas / Drenkhahn, Kerstin / Morgenstern, Christine, in: Münchener Kommentar zum StGB, 2. Auflage 2012, § 66.

[14] Ziegler, Theo, in: Beck'scher Online-Kommentar StGB, StGB § 62.

五、中文文献

[1] [法] 奥古斯特·孔德. 论实证精神 [M]. 黄建华, 译. 南京: 译林出版社, 2014.

[2] 甘雨沛. 比较刑法学大全（下册） [M]. 北京: 北京大学出版社, 1997.

[3] 刘仁文. 废止劳教后的刑法结构完善 [M]. 北京: 社会科学文献出版社, 2015.

[4] 苗有水. 保安处分与中国刑法发展 [M]. 北京: 中国方正出版社, 2001.

[5] 张桂荣. 行政性保安处分制度的构建——以改革劳动教养及相关制度为视角 [M]. 北京: 群众出版社, 2010.

[6] 陈忠林. 我国劳动教养制度的法律困境、价值危机与改革方向——关于制定《强制性社会预防措施法》的设想 [J]. 法学家, 2004（4）: 121–132.

[7] 储陈城. 劳教违法行为的归宿——基于对"保安处分说"和"二元分流说"的批判分析 [J]. 法学, 2014 (8): 105 – 113.

[8] 侯保田. 我国现行法中的保安处分 [J]. 法律科学, 1994 (4): 7.

[9] 刘仁文. 保安处分与中国行政拘禁制度的改革 [J]. 法治研究, 2014 (6): 13 – 20.

[10] 刘仁文. 后劳教时代的法治再出发 [J]. 国家检察官学院学报, 2015, 23 (2): 146 – 154, 176.

[11] 刘仁文. 劳教制度的改革方向应为保安处分 [J]. 法学, 2013 (2): 5 – 11.

[12] 卢建平. 法国违警罪制度对我国劳教制度改革的借鉴意义 [J]. 清华法学, 2013, 7 (3): 108 – 125.

[13] 梅传强. 论"后劳教时代"我国轻罪制度的建构 [J]. 现代法学, 2014, 36 (2): 30 – 41.

[14] 莫洪宪, 王登辉. 从劳动教养事由的类型化看制度重构 [J]. 法学, 2013 (2): 19 – 26.

[15] 时延安. 劳动教养制度的终止与保安处分的法治化 [J]. 中国法学, 2013 (1): 175 – 191.

[16] 王刚. 我国劳动教养制度之废除与法律制裁体系之完善 [J]. 政治与法律, 2014 (1): 78 – 87.

[17] 袁林, 姚万勤. 用刑法替代劳教制度的合理性质疑 [J]. 法商研究, 2014, 31 (6): 88 – 97.

[18] 周光权. "危险个人"的确定与劳动教养立法 [J]. 法学, 2001 (5): 28 – 29.